공간민주화

공간민주화

발행일	2025년 11월 12일
지은이	이영석
펴낸이	손형국
펴낸곳	(주)북랩

출판등록 2004. 12. 1(제2012-000051호)
주소   서울특별시 금천구 가산디지털 1로 168, 우림라이온스밸리 B동 B111호, B113~115호
홈페이지 www.book.co.kr
전화번호 (02)2026-5777   팩스   (02)3159-9637

ISBN   979-11-7224-961-8 03540 (종이책)

작가 연락처 문의 ▸ ask.book.co.kr

전용 게시판에 문의를 남기시면 저자에게 직접 전달됩니다.

(주)북랩 성공출판의 파트너

북랩 홈페이지와 SNS에서 다양한 출판 솔루션을 만나 보세요!

홈페이지 book.co.kr   •   **블로그** blog.naver.com/essaybook   •   **출판문의** text@book.co.kr

카톡채널 북랩

도시의 불평등을 넘어, 공존의 길을 묻다

공간민주화

도시의 농부들에게

청와대 이전에서 이태원 참사까지,
도시를 통해 본 대한민국 민주주의의 민낯!

이 책은 묻는다.
어디서 사느냐가 아니라, 어떻게 함께 살 것인가를.

이영석 지음

북랩

| 일러두기 |

* 이 책은 저자가 2023년 1월부터 2025년 9월까지 개인 블로그에 올린 총 62편 중 28편을 선별해서 묶은 것으로 일부 수정하고 새로운 원고를 추가하였습니다.
* 작성 당시의 시대적 상황을 그대로 전달하고자 공간정책 발표 직후의 실제 작성 날짜를 기록했습니다.
* 단행본은 『 』 기타 시, 잡지, 신문, 영화 등은 〈 〉로 표기했습니다.
* 이미지 저작권은 책 말미에 정리하였습니다. 다만 퍼브릭 도메인, 저작권이 명기되지 않은 이미지는 별도로 기입 하지 않았습니다. 저작권자가 확인되는 대로 별도의 허락을 받도록 하겠습니다
* 기타 이미지들은 관련 홈페이지나 저자의 제작들이 포함되어 있습니다.
* 인명, 지명 등의 외래어는 국립국어원 외래어표기법에 맞춰 표기하되 일부는 관용적 표현을 따랐습니다.

표지 사진 - 연합뉴스 제공

집으로 가는 길

향후 헌법 개정 과정에서 "부의 양극화, 서울 집중 구조를 해결하기 위해서는 주거권을 보장하는 내용이 필요하다"고 한 시민이 말했다. 문형배 전 헌법재판소장의 공정과 상식에서 출발한 주거권 보장의 필요성을 역설한 인터뷰 내용이다. 그는 "'모든 국민은 인간으로서의 존엄과 가치를 가지며 행복을 추구할 권리를 가진다. 국가는 개인이 가지는 불가침의 인권을 확인하고 이를 보장할 의무를 진다.'라는 헌법 10조가 제일 와 닿았다"고 이야기한다.

그와 함께 개헌에 더 필요한 내용으로 "주거권을 명시했으면 좋겠다. 서울은 집이 없어서, 지방은 집이 남아서 난리다. 부의 양극화가 일어나고 있는데 대표적인 예가 집이다. 집을 투자의 대상이 아니라 기본권의 목적물로 만드는 게 필요하다. 그렇게 기본권을 명시하면 국가의 정책 우선순위가 바뀔 수밖에 없다. 기본권을 보장하기 위해 국가가 노력해야 하는데 이렇게 하면 국민들에게 적절한 주거를 제공하고 사회주택을 만들어야 할 의무가 생기는 것이다. 집이라고 하는 건 가족들과 함께 따뜻하게 밥을 먹고 이야기를 나누고 미래를 꿈꾸는 그런 공간이 되어야지, 큰 부자가 되려고 투자 또는 투기 수단으로 집이 사용된다는 건 비극이다."라며 헌법에 '주거권 보장'을 명시할 것을 강조했다. 국가의 기본인 헌법기관의 수장으로서 그리고 지방에 거주하는 대한 국민의 한 사람으로서 '헌법의 기본권으로서 주거권'의 명시를 제안한 그의 혜안에, 필자가 이 책에 담으려는 모든 내용이 함축되어 있었다. 집은 누구나 가장 잘 알고 있는 모든 것이기 때문이다.

공간은 물리적 영역이고 민주화는 사회적 이념의 행동 영역이다. 공간은 인간의 사회경제활동의 영역이며 인간 문화와 인간의 삶을 담는 그릇이다. 인간의 경제활동의 결실이 공간이란 형태로 나타난다. 그 과정에 환경의 제 분야에서 비전·계획·설계·시공 등 물리적 공간 실현의 수단들이 작동하여 우리 인류의 문화가 형성되어 왔다. 이런 공간들이 국가의 국력과 문화를 상징하고, 개인에게는 권위와 부를 형성하고 있다.

공간의 형성 과정은 돈과 기술로만 이루어지는 것이 아니다. 국민이 합의한 정치적 합리성과 투자를 위한 정책의 효율성을 기반으로 한 민주적인 공론화의 과정이 필요함을 잊고 우리는 관습적으로 공간 활동을 지속하여 왔다. 하늘, 공기, 숲, 물, 땅 및 자연의 가치를 망각하고 근대화를 거쳐 도시화 및 문명화를 추구해 왔다. 인류에게 부와 편익을 제공해 온 이러한 가치는 자본주의의 성장과 함께 발상의 전환이 필요한 시점에 도달했다.

이 책에서는 '공간민주화'를 정치민주화와 경제민주화가 결합되어 공간의 민주화가 이루어진다는 관점에서 이해를 돕도록 기술하였다. 이러한 구상은 윤석열 정부가 들어선 후 진행되는 공간정책들이 세 가지 가치가 상호 모순된 정책의 연속임을 인지하게 되었다. 정치의 도덕성, 효율적 경제성, 공간의 합리성이 배제된 채, 현실과 학문적 괴리의 골이 깊은 정책들로 초토화되어가는 국토를 방관만 할 수 없어 지나간 정책들을 정리해 보았다. 우수하고 성공적인 벤치마크 대상 정책들이 현실에서는 시사하는 바가 많겠지만, 정부 정책 실패의 사례를 분석하여 공간민주화를 지향하는 성공 사례들을 예시하는 방식으로 기술하였다.

건축가는 '집에서 출발하여 집으로 돌아간다'는 말이 있다. 인간은 건축 속에서 생활하며 휴식하고 도시 안에서 교류하며 일한다. 사람들은 본능적으로 우리를 둘러싸고 있는 환경을 너무나 잘 알고 있다. 공간민주화는 '공정과 상식' 수준의 삶의 질을 회복하는 환경권 및 사회권을 말한다. 누구도 가르쳐 주지 않는다. 그러나 '알고 있지만 실현하려고 하지 않는 공간환경의 사각지대'다. 민주주의는 당연한 가치가 아닌 것처럼 공간민주화도 저절로 실현되지 않는다.

2025년 9월
이영석

　　최근 전 세계의 사회상은 현대 인류사를 지배해온 민주주의와
자본주의의 한계를 노출하고 있다. 세계 각지에서 진행되는 명분
없는 전쟁과 무법천지의 국제경제 질서 및 기후 환경의 위기는 '재
난의 국제화Globalization of Hazard' 시대의 공포를 전해주고 있다. 여
기에 윤석열 정부의 계엄선포는 한국 민주주의를 파멸시켰지만,
시민들에 의한 민주주의의 회복 과정은 세계에 민주주의의 한계
를 극복할 수 있는 정치 혁명의 모델이 되고 있다.

　　이 책은 개인 블로그 〈집으로 가는 길〉의 내용을 보완 정리한 것
이다. 코로나의 비대면 시기가 지나 퇴임 후, 친구와 건강을 찾아
나태하지 않고 세상과의 소통을 위해 문화 강좌에서 습득한 블로
그를 실행하였다. 내용은 윤석열 정부의 인수위 시절 발표된 첫
공약 '청와대 이전'에 대하여 이전移轉 과정의 모순을 일간지에 발
표한 것에서 시작되었다. 그 후 정부의 도시 공간 정책 시행과 관

런하여 사회적으로 이슈화된 사항에 대한 개인적인 소견들을, 공간적 지식과 경험을 바탕으로 블로그 조회수와 무관하게 자유롭게 역사적인 기록으로 남기기로 하였다.

그러던 중 사회적 갈등은 고조되고 '공정과 상식'을 넘어선 정책들의 지속적인 발표로 정부는 국가 발전과 민주화에 역행하는 방향으로 질주하고 있었다. 단순히 '공간정책에 대한 비평'으로 시작하였지만 불합리한 정책 결정 과정에서 일상의 공간계획의 한계와 연계된 '공간의 민주화'가 필요하다는 인식에 이르게 되었다. 한글 창제의 원대한 이상처럼 효율성과 다양성을 극대화할 수 있는 포용적인 공간적 가치와 시스템이 실현될 수 있는 세상을 건설할 필요를 인지하게 되었다.

건축 및 도시계획 분야는 건설의 영역이다. 건축은 인류 문화의 상징이며 건설은 인간과 함께하는 경제활동의 장이다. 도시는 인류의 그리고 민족의 문화와 역사의 표상이다. 사회권의 보루인 내 집을 갖고 싶다는 소박한 인간의 욕망에서 시작하여 더 좋은 곳으로 이주하고, 더 나은 살기 좋은 세상을 건설하고픈 마음은 인간의 공통된 정서다. 우리의 공간 환경이 지속가능하고 더불어 살기에 행복한 세상이 되기 위해서는 합리적이고 포용적인 가치의 전환이 필요하다.

책의 내용과 구성은 전술한 바와 같이, 정부의 공간 정책이 발표될 때마다 필자의 개인 블로그에 수록한 내용 중 발췌하여 정리하였다. 비평과 함께 우수 성공 사례를 비교하여 소개하였다. 책 편집 과정에 내용의 분류를 위해 블로그의 순서 변경과 시대적 가치를 고려하여 발표 날짜를 명시하였다. 책의 구성은 1장 청와대 개방과 대통령실 이전, 2장 용산 시대의 도시공간정책, 3장 계엄령과 공간민주화, 4장 공간민주화의 가치와 미래, 5장 주택 및 부동산 정책의 방향, 6장 재개발·재건축과 공간민주화 투쟁이다.

이 내용들은 일반 시민들이 열린 마음으로 받아들여 '도시 공간의 민주화'를 정착시키는 계기가 될 수 있으면 필자로서 더 바랄 것이 없다. 우리의 도시공간에서 잊고 있던 가치와 잃어버린 공간을 회복할 수 있는 마음의 안식처가 되기를 간절히 바란다.

감사의 글

샤르트르는 『지식인을 위한 변명』에서 "지식인이란 자기 내부와 사회 속에서 구체적 진실에 대한 탐구와 지배자의 이데올로기 사이에 대립이 존재하고 있음을 깨달은 사람이다."라고 강조하였습니다. 우리 대한민국은 '저항하는 시민들과 소극적인 임무 수행의 군경들' 덕분에 내란에서 부활하였고, 그들과 같은 용기 있고 행동하는 지식인들 덕분에 이 책을 출간하게 되었음에 깊은 감사를 드립니다.

이 책이 발간되기까지 참고가 된 각종 출판물과 신문·방송·유튜브의 선구적 지성인들의 지혜의 결실에 감사를 드립니다. 그동안 여러 자료의 제공과 아이디어의 지원에 조력해 주신 유홍준 국립중앙박물관장님과 건축가 유현준 교수님의 도움에도 깊은 감사를 드립니다. 그리고 노인건강타운 작은도서관 문금숙 어르신의 정성스런 배려에 감사를 드립니다. 이와 함께 블로그에 발표와 동시에 민폐를 끼쳐온 정다운 벗들과 지인들의 격려와 비판에 더할 수 없는 깊은 감동을 전합니다. 더불어 삼 년여간 집필에 전념할 수 있도록 용기와 도움을 준 아내와 가족들에게 사랑의 마음을 전하고 싶습니다.

더불어 이 책의 출간에 협조해 주신 북랩 출판사 관계자 여러분의 노고에 감사를 드리며, 이 책과 블로그 〈집으로 가는 길〉에 따뜻한 관심과 눈길을 보내주시는 애독자 여러분들에게도 감사를 드립니다.

차 례

1장   청와대 개방과 대통령실 이전

2장   용산 시대의 도시공간 정책

3장   계엄령과 공간민주화

청와대 개방과
대통령실 이전

대통령 집무실 용산 이전 논란, 소통이냐 안보냐?

2022.3.29

　국가의 상징 공간 '청와대'가 이전한다고 한다. 이 내용은 윤석열 정부의 인수위 시절 발표된 첫 공약 '청와대 이전'에 대하여 이전 과정의 모순과 사회적 파장의 우려를 발표한 일간지 내용을 소개한다.[1]

　그곳이 어떠한 곳이길래 국민과 소통할 수 없다는 것일까?

　청와대 주변에서 학교를 다녔고, 용산 미군 주거단지의 건설관리 업무를 담당하고, 합동참모본부 이전 예정지인 남태령 주변에서 장기간 거주한 필자로서는 대통령 집무실 이전이 남다르게 다가오는 심정을 금할 수 없다. 방과 후 청와대를 가로질러 광화문 앞 버스정류장까지 청와대 정원과 광장을 즐겁게 산책하던 추억이 새록새록하다. 용산은 한국 속 이국적 영토로 남아 있다가 시민공원이 되어 돌아온다고 해서 환영했던 기억이 난다. 남태령은

청와대 전경

청와대 대정원에서 보이는 서울 도심과 남산

　조선시대부터 한양에서 충청, 전라, 경상도 삼남으로 통하는 유
일한 도보길이었고, 수도방위사령부가 있어 서울을 지키고 있다.
이 세 곳은 정치 안보의 중심지로서 행복도시로의 이전이 불가능
한 국가의 중추 기능을 맡고 있다.

　외국인들이 생각하는 가장 한국적 이미지의 공간이 청와대란
다. 청와대는 미국의 백악관과 견줄 수 있는 대한민국의 상징적
국가 브랜드다. 다우닝가나 엘리제궁 같은 집무실은 평지에 건립
되어 공원들과 가까운 곳에 입지하고 있다. 청색의 한옥 기와집
이 넓은 평지에만 있었다면 그토록 강한 인상을 남기지 못했을 것
이다. 그것은 바로 뒤의 북악산이 병풍 같은 손길로 감싸주기 때
문이며, 이는 국가원수의 안위를 보장하는 근거가 되었다. 서울이
아름다운 것은 역사적 문화 자산으로 가득 차 있는 축복도 있지
만, 도시 안에 높은 산과 하천이 함께 이루는 금수강산의 대표적
인 입지이기 때문이다.

국가의 주인은 국민인가, 대통령인가. 청와대 이전은 누구와 협의해야 하는가. 국민, 현 대통령, 전직 혹은 미래의 국가원수가 될 수도 있다. 다우닝가는 말할 것도 없고 백악관이나 엘리제궁의 입주자들은 불만이 많아도 공간을 조정해가며 국민을 존중하고 감사한 마음으로 임무를 완수하였다. 의미가 막중한 공간을 단기에 이전 논의한다는 것은 국가의 미래개발 수단인 도시계획의 절차적 무용론을 보여주는 것 같아 아쉬움이 남는다.

미군과의 협의는 기약 없는 미래다. 용산 미군기지의 이전이 5년 이상 남은 상황에서 기지의 오염된 땅을 서둘러 받아 공원만 조성하면 될 일은 아니며, 공원 조성에 또 수년이 소요될 예정인데 공원에서 국민과 소통한다는 게 임기 내에 가능할 것인가? 집무실 이전도 국민의 의견을 최소한 수렴하는 절차를 밟는 것이 진정한 소통의 시작은 아닐까. 또한, 서촌과 북촌의 경복궁 주변은 조선 이래 600년 넘게 상징적인 역사문화공간이므로 인왕산과 북악산의 전경은 미래세대를 위해 보존되어야 한다. 용산은 국가공원의 입지만으로도 천혜의 국민적 관심의 대상이 되었는데 부동산개발 논쟁이 이는 이유는 무엇인가. 고도 제한이나 추가 안보시설 등은 기존의 규제만으로도 충분할 것이므로 공원이 조성되어도 변화의 가능성은 없을 것이다.

국제 정세의 변화와 코로나 상황에서 차기 정부의 가장 중요한 부처는 외교부와 국방부가 될 가능성이 높다. 도시개발에서 협의가 어려운 부처가 국방부인데, 그동안의 장벽은 허세였나, 사람에 충성하는 것인가? 안보와 국방을 맡는 주요 부처를 몰아내고 대통령 집무실로 하겠다는 생각은 철거하고 재개발하는 식의 권위주의적 발상이요, 국가와 국민의 수호자에 대한 멸시다. 청와대 경내의 개방은 지금도 예약을 받아 이뤄지고 있다. 소통을 위해서라면 청와대의 개방 공간을 추가하거나, 행정의 효율적 소통을 위한 공간 건설, 경복궁의 후정에서 청와대의 전정과 연결될 수 있으면 충분하다. 국민들의 자유로운 이동이 진정한 소통이며, 국민이 느끼지 못할 때가 정치의 태평성대다.

경복궁 정문 광화문

청와대 정문 앞 경복궁 후문 신무문

용산 미군주거단지 근무 시절의 필자

대통령 집무실 이전과
청와대의 역사

2023. 2. 13

    대통령 집무실 이전과 관련하여 사회적 이슈가 된 내용을 주요 주제별로 정리하여 보았다. 첫 번째 주제는 대통령 집무실 이전과 청와대의 역사로 하였는데 청와대는 '국가 원수가 거주하는 가장 큰 집'이기 때문이다. 청와대를 중심 키워드로 할 때, 생각나는 주제들은 청와대의 역사, 청와대 주변 지역, 북악산과 인왕산, 청와대 개방 등이 있다.

경복궁과 청와대 터의 역사

경복궁 중건과 후원 조성
    고려 숙종은 1104년 훗날 한양(지금의 서울) 지역을 남경으로 삼아 이궁離宮을 두었는데 이것이 청와대의 첫 모습이다. 조선 건국

후 도읍을 옮겨야 한다는 주장과 함께 청와대 자리는 역사에 다시 등장했다. 1394년 조선의 첫 임금인 태조 이성계는 한양으로 천도하기 위해 '신도궁궐조성도감新都宮闕造成都監'이라는 특별 기구를 만들었다. 고려 숙종 때의 사료와 남쪽으로 내려가 궁궐을 지어야 한다는 신하들의 의견을 수용하여 만들어진 궁궐이 바로 경복궁이다. 임진왜란으로 불타 경복궁이 폐허가 된 이후 조선의 임금들은 주로 창덕궁에 거주했다. 270여 년간 폐허로 남아 있던 경복궁의 복원 공사가, 고종 즉위 후 시작되어 3년 후 1868년 경복궁은 조선왕조의 법궁이 되었다.

친경전과 팔도배미

후원 서쪽 칠궁과 맞닿은 곳에 경농재와 '팔도배미'라는 논이 있다. 임금이 해마다 봄에 신하들을 거느리고 경논재에서 8도에서 올라온 곡식의 종자를 팔도배미에 심는 친경행사를 치렀다. '풍년을 내다본다'는 관풍루 앞에는 팔도배미가 펼쳐져 있었다. 팔도배미는 한반도를 기하학적으로 비스듬한 사다리꼴 형태의 조선 팔도를 위치와 넓이를 고려해 8개 구획으로 나누어 표현하였다. 이후 경농재에 일본 관사들이 들어오면서 단계적으로 철거되었는데, 현재는 청와대 영빈관이 들어서 있다.

경무대의 융문당과 융무당

후원의 중심 건물은 과거시험을 치르기 위한 융문당과 융무당이다. 창덕궁의 춘장대에 해당하는 이 공간이 경무대이다. 과거시험 무과를 치르기 위한 넓은 마당을 중심으로 북쪽에는 융문당이 남향으로, 동쪽에는 융무당이 서향으로 넓은 월대(月臺) 위에 배치되어 있었다. 활쏘기를 비롯한 무과시험이 치러져 경무대는 광장처럼 넓었다. 지금의 청와대 상춘재, 녹지원, 경호처 및 비서실 자리를 아우르는 지역이다. 위성사진으로 보면, 상춘재 자리에는 융문당이 있었음을 추정해 볼 수 있다.[2]

용문당 용무당 - 문화재청, 사진으로 보는 경복궁, 2006

이처럼 경무대는 조선시대부터 사용됐던 명칭이다. 고종 당시 경복궁을 중건할 때 후원 구역까지 빽빽이 들어차게 된 건물들로 인해 경복궁은 과거의 후원이었던 공간마저 사용할 수 없을 만큼 비좁아졌다. 그러자 경복궁 후원의 기능을 현재의 청와대 지역으로 옮겨 새롭게 대신하면서부터 얻게 된 명칭이 경무대다. 경무대는 융문당과 융무당을 함께 아우르는 곳, 특히 융문당과 그 앞 넓은 마당까지 아우른 구역이라고 할 수 있다. 융문당의 후문 이름이 경무문(景武門)인 것도 이를 뒷받침하고 있다.

조선충독 관저 건립

1910년 한일합병 이후 경무대 후원은 경복궁과 함께 조선충독부 관할로 넘어갔다. 러일전쟁 승리의 보상금으로 용산에 화려한 총독 관저를 지었으나, 1926년 조선총독부 건물이 경복궁에 들어오면서 용산의 총독 관저와 멀리 떨어져 있게 되어 일제는 조선총독부를 경복궁 안에 지으면서 현재 청와대 자리에 새 총독 관저를 경복궁 후원 옛 수궁 자리에 짓게 된다.

일제는 1929년 조선 통치 20년 기념으로 대규모 조선박람회를 경복궁과 이 후원에서 열었다. 곧 1939년 경무대 자리에 조선총독 관저를 건립하면서 기존 건물 모두를 철거하였다. 1945년 해방 이후 미군정이 들어오면서 주한미군사령관 하지 중장은 경무대를 관저로 사용하였다.

조선총독부 옛터와 천하제일복지 표지판

조선 총독 관저 - 유홍준

청와대의 역사적 기원

경무대에서 청와대로

1948년 대한민국 정부수립 후 이승만 대통령은 경무대를 집무실 겸 관저로 사용하고 경무대라고 불렀다. 1960년 4·19혁명 이후 탄생한 제2공화국의 윤보선 대통령은 독재정권을 연상시킨다는 이유로 '경무대'라는 명칭을 바꾸겠다고 선언한 후, 자신이 직접 쓴 휘호로 '靑瓦臺'라는 글씨를 새겨놓았다. 이로써 1960년 12월 30일 경무대는 청와대로 공식 개명됐다.3

현재의 청와대

박정희 대통령은 집무실 겸 관저로 사용하고 주변의 일부 시설과 정원만 정비했다. 노태우 대통령 시절 집무실이 좁고 관저와 함께 사용하는 것이 불편할 뿐 아니라 조선 총독 관저를 그대로 사용하는 것은 대외적으로 바람직하지 않다는 주장이 제기되어 1991년 현재의 모습으로 준공되었고, 옛 총독 관저는 청와대 구관으로 그대로 남겨두었다.

청와대 본관 건물은 연건평 2,564평의 거대한 규모로 2층 한옥 모양의 본채를 중심으로 좌우에 단층 한옥 모양의 별채를 배치하고 지붕에는 약 15만 장의 청기와를 얹었다. 내부는 배우자의 집무실과 접견실, 연회장, 식당이 있고, 2층에는 대통령 집무실, 접견실, 회의실이 있다. 건물 앞의 넓은 잔디 마당은 국빈 환영 행사와 육해공군 의장대의 사열이 행해지던 곳이다.

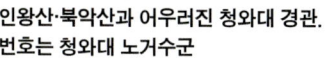

인왕산·북악산과 어우러진 청와대 경관.
번호는 청와대 노거수군

영빈관과 분수대 광장

1993년 문민정부 김영삼 대통령은 '역사 바로 세우기' 차원에서 조선총독부 건물 철거와 함께 청와대 구관인 옛 조선총독 관저도 철거했다. 문재인 대통령의 광화문 내통령 시대는 대통령 집무실에 반드시 필요한 지하 벙커와 헬기장 등의 부지를 광화문 인근에서 찾을 수 없어 현실적으로 실현 불가능하다고 발표했다.4

대통령 관저

대통령 관저는 1990년 완공하여 앞마당을 중심으로 본채, 별채, 대문채, 사랑채, 회랑으로 구성되어 있고 목재는 전부 금강송을 사용했다. 입구에는 '인수문仁壽門'이라는 현판이 걸려 있다. 대통령과 그 가족의 거주 공간으로 생활공간인 별채, 전통 양식의 뜰과 사랑채 등으로 구성됐다. 관저 건물만은 생활공간으로서 부적합하지만, 청와대 자리는 예로부터 '천하제일복지'라고 칭송되는 길지이다.

청와대 관저의 입구인 '인수문仁壽門'이라는
현판

상춘재

청와대라는 이름은 본관 건물에 '푸른 기와'를 덮은 데서 유래됐
다. 청기와가 우리나라를 대표하는 문화재 중 하나이며 동시에 영
어 명칭인 'Blue House'가 미국의 백악관을 뜻하는 'White House'
와 비견된다고 해 채택됐다. 이후 청와대라는 명칭은 지금까지 대
한민국을 대표하는 문화재이자 대통령의 집무실 및 관저 등으로
사용되는 장소의 총체적 상징으로 불리고 있다.5

녹지원 주목과 산책길

올려다본 서울의 가치

- 인왕산 북악산, 겸재의 서촌

2023. 2. 23

건축물 높이 제한 폐지 - 서울, 광주

서울의 자연 올려다보기

    도시환경 개선을 위해 서울시는 35층 규제를 해제하고 '신통기획 가이드라인'을 올해(2023년) 안에 마련할 전망이다. 광주시도 건물 층수 제한을 2년 만에 폐지하기로 하였다. 지역에 창의적인 스카이라인을 형성할 수 있도록 차등 관리한다는 것이다. 정부의 가치관의 차이인지 부동산 논리의 변화에서 비롯된 것인지 도시개발을 위한 욕망의 지향점은 항상 '더 높은 곳'을 향하고 있다. 이념이 사라진 도시개발의 정체성은 무엇인가?

그러나 다른 곳은 변해도 변하지 않을 곳이 있다. 이곳은 서울의 원도심 정치경제의 중심지 경복궁 주변의 서촌이다, 겸재 정선이 한양에서 인왕산과 북악산의 가치를 인지하고 그것을 기록으로 남겨두었기 때문이다. 인공물의 존재가 산과 바위 물 하늘 등 자연의 가치를 능가할 수 없는 깊은 뜻을 전해주고 있다. 누가 붓으로 남긴 〈인왕제색도〉의 보물 경관을 파괴할 용기가 있는지 물어보고 싶다. 올려다본 서울의 자연의 가치를 찾아 떠나자!

서울토박이

유홍준 교수가 최근 저술한 『나의 문화유산답사기 서울편』 사대문 안 동네에는 '서울토박이 조사'라는 말이 나온다. 1960년대에 처음 사대문 안 서울 알토박이 조사가 시작되었는데, 당시는 "신고하면 주민세만 더 내라고 할지 모른다"는 부정적 반응이 있었다. 그 후 1993년 서울시 정도 600년 사업의 일환으로 '선조가 1910년 이전의 한성부에 정착한 이후, 현 서울시 행정구역 내에 계속 거주해오고 있는 시민'으로 확정해 조사한 결과, 서울 시민 1100만 명 중에 1만 3,500여 명(0.1%)에 해당한다. 이와 유사한 내용으로 수년 전에 전국 광역시에 거주하는 시민들을 대상으로 한 조사에서는 지역 토박이가 삼분의 일 정도 된다는 결과를 들은 적이 있다. 대도시 거주자 중에 그 지역 출신이 30여 퍼센트 정도라는 것이다. 지역의 쇠퇴를 경험하는 지방의 대도시에서는 이 수치가 더 증가할 가능성이 있다.

서촌의 유래

경복궁에서 청와대 정문으로 가는 주요 접근로는 경복궁 좌측의 역사가 깃든 효자로와 인왕산으로 향하는 큰길 자하문로가 있다. '서울촌놈' 유홍준 교수가 어릴 때는 서촌이라는 말이 없었다고 한다. 그런데 요즘은 인왕산 아랫동네를 서촌이라고 부르고 있는데, 조선시대 서촌은 한양의 서쪽인 서소문 정동 지역을 지칭하였다. 근래 서촌이란 말은 북촌 한옥마을에 대응하는 서쪽의 한옥마을도 있다는 것을 나타내기 위한 전통마을 경쟁에서 유래하였다고 할 수 있다.[6]

인왕제색도 감상

고(故) 이건희 삼성그룹 회장의 고미술 기증 목록 중 단연 눈에 띄는 것은 겸재 정선의 〈정선필 인왕제색도〉(국보 제216호)이다. 비온 뒤 인왕산을 그린 그림으로 미술적, 역사적, 문화재적 가치가 매우 뛰어난 작품이다. 그가 76세 때인 영조 27년(1751년) 그렸는데, 북악산 남쪽 서록 즉 청와대 별관 서쪽 산등성이에 올라 인왕곡 일대를 바라보며 비안개가 개이는 정경을 장쾌한 필법으로 휘둘렀다. 비에 젖은 뒤편 암벽의 매끄러운 질감을 나타내기 위해 먹물을 가득 묻힌 큰 붓을 반복해서 아래로 내리긋는 대담한 필치를 구사했다. 좀 더 가까이에 있는 능선과 나무들은 섬세한 붓질과 짧게 끊어 찍은 작은 점으로 실감 나게 표현했다. 이제까지 산수화가 중국의 것을 모방하여 그린 데 반해, 직접 우리 경치를 보고 그린 진경산수화로서 미술사적으로 높이 평가되는 걸작이다.

겸재 정선의 붓 - 도시경관의 가이드라인

노자는 인간 세상의 모든 것은 자연 상태와 자연 질서 속에서 원만하다고 했다. 자연을 숭상하는 것은 인위적인 것을 싫어함이요, 인간이 노력한다고 해도 자연의 도에는 이르지 못하기 때문이다. 먼지 낀 욕심과 마음의 혼돈을 깨끗이 씻어내어 제자리에 돌려놓는 길은 자연 속에 묻히는 것이다. 이러한 동양의 정신을 담아 조선의 도읍 한양의 기개를 자연 그대로의 모습으로 담아낸 큰 그림이 〈인왕제색도〉이며 여기서 한양의 품격을 읽을 수 있다고 한다.7 이 그림들은 현대 '서울 도심부 도시개발의 가이드라인'이 되었다.

한양의 행정구역은 5부 52방으로 나뉘었는데, 경복궁 서측 지역은 통상 장의동, 줄여 장동壯洞으로 불리었다. 겸재 정선의 〈장동팔경첩〉에는 필운대·옥류동·청풍계·백운동까지 북악산과 인왕산 일대 명승이 다 들어 있다. 즉, 서촌의 옛 이름은 장동이었다. 1914년 행정개편 이후 집과 인구가 늘어 효자동·궁정동·창선동·통의동·적선동·청운동·신교동·옥인동·통인동·누상동·누하동·채부동·필운동 등 13개 동이 되었다.

자하문로

자하문로는 서촌을 경복궁역에서 세검정으로 가는 남북으로 관통하는 편도 4차선의 폭넓은 간선도로다. 북악산 백운동에서 흘러내린 개천이 인왕산 옥류동·수성동에서 발원한 개친과 합류헤, 큰 계류를 형성해 청계천으로 들어가는 것을 1920년대 상류를 제외하고는 모두 복개했기 때문이다. 청운초등학교 앞을 지나는 개천은 1959년 복개되었다. 서촌의 맨 윗동네는 청운동이다. 자하문로를 따라 올라가면 금청교·자수교·신교 등의 사라진 옛 다리 이름들이 그대로 남아 있다.

청풍계

청운초등학교를 지나 경기상업고등학교가 있고 큰길 건너 경복고등학교가 있다. 그 위로는 인왕산과 북악산 골짜기의 옛 유적지로 향하게 된다. 우리나라 고지도에는 길을 중심으로 그려져 있지만 자연지리를 겸해 이름난 골짜기들이 동洞과 계溪로 표시되어 있고, 동이 계보다 넓다. 인왕산 아래에는 옥류동·백운동·청풍계

가 빠짐없이 나와 있다. 청풍계는 청운초등학교 후문에서 좌측 위로 난 가파른 비탈길에 있는 골짜기다.[8]

청풍계 - 지도의 백운동에서 청계천이 시작됨.
고려대박물관 소장

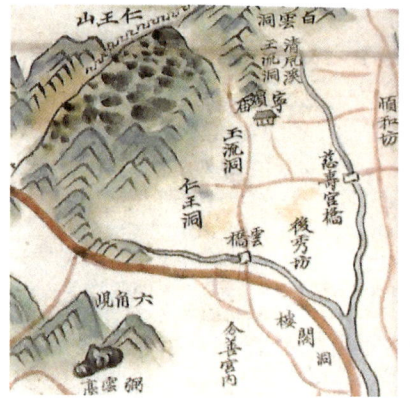

여지도에 포함된 도성도 - 이석우, 서울대규장
각 소장

청송당, 대은암, 도화동

겸재의 그림은 화면은 작은데 많은 이야기를 담고 있어 큰 그림이 된다. 자연을 거스르지 않고 그 흐름과 규모에 맞추어 나무도 심고, 집도 짓고, 사람도 거처하여 공존하려는 자세가 역력하다. 서양의 그림은 사람이 우선이고, 자연은 배경으로 세우는 경우가 많으나, 동양의 그림은 자연인 산, 강, 바위들이 큰 자리를 차지하고 사람이나 집은 자연의 한 부분으로 다소곳이 함께한다. 자연이 먼저이고 사람은 그 흐름과 도를 따라간다.[9]

청운동 일대는 조선시대 명사들이 많이 살았다. 청운초등학교 자리에서 송강 정철이 출생했고, 경기상업고등학교 교정에는 청송 성수침의 집터가 있다. 〈청송당도〉청송단 이 건물은 후에 그의 제자인 율곡 이이와 우계 성혼의 학통을 이어받은 서인들에게는 하나의 성지처럼 되었다. 경복고등학교 뒤편 창의로 길 건너편 북악산 기슭에는 중종 때 남곤이 살던 집이 있었다. 남곤의 집에는 대은암大隱岩이라는 큰 바위가 있는 것으로 유명했다. 정선의 **〈장동팔경첩〉**에 나오는 명승이다. 대은암 아래 바위에는 도화동천桃花洞天이라는 암각 글씨가 있어 명사들이 애호하는 장소였다. 경복고등학교 교가 첫 구절에서 이를 칭송하고 있다. 그러나 필자는 졸업할 때까지도 무슨 뜻인지도 모르고 불렀다.

대은암 도화동 이름난 이 곳
북악을 등지고 솟아난 이 집
조상이 지나던 자취를 밟고
새로이 배우러 모여든 동무

〈독서여가〉 정선 - 간송미술관 소장

경복고등학교 교정에 있는 〈독서여가〉 동판 안내석. 겸재 정선의 집터가 있었음을 알리고 있다

겸재 정선의 생애

겸재 정선(1676-1759)은 서울 장동, 현재 경복고등학교 자리에서 태어나 평생 살았다. 지금의 종로구 청운동·효자동 일대다. 겸재는 자신과 후원자들이 살던 이곳 여러 명소를 진경산수에 담았다. 이곳은 조선시대에는 지명이 유란동 난곡이었는데, 정선은 이곳에서 52살까지 살다가 이후 인왕산 아래 인곡정사(인왕유거, 옥인동 20)로 이사해서 84세까지 그림의 완숙기를 살았다. 이곳을 1746년 자신의 그림으로 남겼다. 〈독서여가도〉가 그것인데 어느 한가로운 날 툇마루에 나와 앉아 망중한을 보내는 자신의 모습이 담겨있다.[10] 몰락 양반의 후손인 겸재가 드물게 남긴 인물화도 있다. '경

교명승첩' 속 〈독서여가도〉나 〈인곡유거〉는 그의 자화상으로도 읽힌다. 책 많은 집에서 독서하는 선비의 모습이다. 문인화가이고 싶었지만 집안 형편 탓에 주문받은 그림을 끝없이 그려야 했던 겸재의 결핍이 거기 있다. 83세로 장수한 덕분에 많은 그림이 오늘에까지 이어질 수 있었다.

유홍준 교수는 1961년 경복중학교에 입학했다. 고등학교를 타교를 졸업해서 중학교 동창들이 유 교수에게 명예졸업장을 준다고 동창회에 나오라고 초청했다는 이야기가 나온다. 대통령을 명예 당대표로 추대한다는 과장된 충성 경쟁도 이해가 되지는 않지만, 모처럼 유머 있는 정치에 웃을 수 있어 좋았다. 사대문 안의 서울에 대한 상세한 기술 덕택에 『나의 문화유산답사기』를 사보게 되었다. 그 바람에 선배님을 알게 되어 기쁘다. 필자는 1971년 경복중학교를 졸업하며, 학교 문패를 떼어내는 중학교 마지막 졸업식의 감동적인 순간을 기억하고 있다. 그와 함께 교실 유리창 너머 수업 시간에도 우리의 마음을 사로잡는, 겸재도 감동한 인왕산의 고귀한 자태를 잊을 수가 없다.

경복중고등학교 시절, 경복중학교 마지막 졸업식 날 문패 제거 장면

경복고 교실에서 보이는 인왕산의 위용, 인왕제색도는 이 정도 조망점에서 그려진 것이다.

인왕산 경관을 살리기 위한 역사적 노력

중종의 왕비인 단경왕후가 궁에서 쫓겨난 뒤 경복궁이 보이는 이곳에 치마를 걸어 중종이 볼 수 있게 했다는 애틋한 사연이 깃들어 치마바위란 별명도 있다. 반면, 일제강점기에 조선총독이 청년들의 전시 동원 수단으로 이용하기 위해 병풍처럼 거대한 글씨를 바위에 새겨놓아 자연경관을 훼손하여, 민족의 자존심에 먹칠

한 치욕적인 역사 지우기를 경험하였다.

그리고 일제 말기에는 땔감을 위한 벌채로 민둥산만이 남아 있었다. 학창시절에는 여기에 나무도 심고 소풍도 가고 송충이도 잡으러 간 기억이 난다. 송충이를 잡은 나무젓가락 끝에서 전달되는 생명의 전율은 월척을 낚은 강태공의 손맛 그 이상의 공포였다.

병풍바위, 일제시 청년 전쟁동원의
대자 구호의 흔적 - 유홍준

아름다운 경복고 교정에서 보이는 인왕산

수성동 계곡과 기린교, 수많은 문인들이 절경을 시에 담았다.
간송미술관 소장 - 이석우, 유홍준

그림 속 계곡 아래에 걸쳐 있는 기린교는 도성 내 유일하게 제자리에 원형 보존된 6m 길이의 통돌로 만든 긴 다리로 역사적 가치가 높다. 기린교는 옥인아파트를 철거하다가 우연히 발견한 것인데, 겸재가 〈수성동도〉에서 남겨 놓아 찾을 수 있었다.

도시경관 파괴 아파트 철거됨 - KBS제공

수성동 계곡은 2010년 서울시 기념물 제31호로 지정되었다. 이곳을 들렀던 추사 김정희는 이런 시를 남기고 있다.

"수성동에서 비를 맞으며 폭포를 보고 심설(沁雪)의 운(韻)을 빌린다.

골짜기 들어오니 몇 무 안 되고, 나막신 아래로 물소리 우렁차다."

겸재 그림을 근거로 한
아파트 철거 및 수성동 계곡 복원

옥인아파트 철거 과정

〈수성동도〉한 장의 그림이 서울 도시경관을 확 바꾸었다. 아파트와 콘크리트로 뒤덮인 수성동 계곡의 주거지들을 허물고 도시환경을 통째로 바꾸는 기적을 낳았다. 현재의 수성동 계곡은 아래의 과정을 거쳐

철거 전 옥인아파트와 수성동 모습
- 이석우, 겸재 정선

형성되었다.

종로구는 1971년 건축되어 인왕산 주변 경관을 해친다는 지적을 받아 온 옥인아파트 9개동을 철거하고 수성동 계곡 복원 공사를 마무리했다. 조경전문가와 문화전문가, 서촌주거공간연구회가 30여 차례의 회의를 거듭하여 겸재 정선의 지경산수화를 그대로 복원하는데 성과를 거두었다. 〈장동필경첩 '수성동'〉에 등장하는 정자 '사모정'을 전문가 자문을 얻어 재현하고, 아파트 철거 자리에 남아 있는 바위를 두드러지게 돋우었다. 계곡 양쪽에 전통 방식의 돌쌓기를 하는 등 그림 속처럼 암석 지형 회복에 중점을 두었고 계곡 부근에 있던 전통 조경방식으로 구부러진 소나무, 버드나무, 벚나무, 회화나무, 느티나무를 제거하였다.[11]

2011년 11월2일 '서울시 도시계획위원회'에서 옥인동 185-3번지 옥인동 시범아파트 부지를 원래의 지형 지세로 원상회복하여 원형의 경관을 조성한다는 역사적인 결정을 하였다. 문화재인 돌다리 및 청계천의 원류지를 보전하고, 역사와 자연이 어우러진 문화공간으로 한양의 역사성을 되살리는 내용이다. 결국 노후 아파트 9개 동 265세대를 철거하고, 부대시설인 관리실과 경로당도 제거하였다. 철거하더라도 방문 이용자들이 이를 기억하도록 일부 구조물을 남겨 놓았다.[12]

이 아파트에 거주한 친구가 있어 자주 놀러간 적이 있던 필자에게는 아름다운 추억의 장소가 사라져버려 아쉬움이 충격으로 남는다. 하지만, 저층 아파트라서 이보다 더 높은 곳이라도 더 높은

청계천 발원지임을 알리는 수성동 계곡 안내판.
아파트 철거 후 되살아난 수성동 계곡 전경
- 이석우, 문화체육부

건물로 재개발할 수 있는 충분한 여건을 갖추었는데도, 철거를 결정한 서울 시민들의 숭고한 뜻에 찬사를 보낸다!

겸재가 남긴 인왕산·북악산 주변 - 청와대와 용산 지역개발의 유혹 극복이 과제

조선시대 이후 경복궁 주변에서 올려다보이는 이 정경은 수도 서울 도심 경관의 상징이다. 평면상의 건축물로는 광화문과 청와대의 경관이 서울의 상징적인 이미지로 남겨져 있다. 조선 이래 현대에 이르기까지 수도 서울의 중심이며 도심의 한복판에서 보이는 인왕산의 이 자태는 국제도시 서울의 상징이며, 외국인들이 감동하는 진경(珍景)으로 남아 있다.

청와대 개방과 대통령집무실 용산 이전은 두 지역에 개발의 유혹을 제공하는 계기가 될 수 있다. 청와대 개방으로 주변 지역 주민은 지역의 개발을 기대하고 있고, 용산의 주민들은 집무실 이전으로 오히려 개발의 기대가 높아졌다고 말한다. 국가원수의 공간 존재로 개발이 제한되는 것은 이해가 가능한데, 용산은 집무실이 이전해서 왔다고 개발이 될 것이라는 논리는 이해가 되지 않는다. 오히려 더 제한을 받을 것이므로 말장난인 셈이다. '무인기' 사태가 그것을 말해준다. 부동산 상승기의 피해는 '도시경관 파괴'와 '전세사기' 및 '영끌의 회한'만이 남기 때문이다.

정선이 남겨준 〈인왕제색도〉는 서울 본래의 모습이며 우리가 보존해야 할 소중한 가치다. 이것은 국제도시 서울의 역사적 도시경관을 보존해야만 하는 도시경관 보전의 가이드라인인 셈이다. 겸재 정선의 마음을 읽어 후손에 물려줄 서울의 가치를 보존하는 것은 우리 세대에게 부여된 임무가 아닐까?

도시경관 보전이 잘 된 인왕산의 아름다운 주거지 우측 경복고등학교, 좌측 청와대 앞 무궁화 동산

서울시, 청계천 상류 지천 모두 복원한다

　서울시의 '청계천 상류 지천 복원 타당성조사 및 기본계획' 보고서에 따르면 시는 2018년 공사 착공이 확정돼 기본·실시설계 용역 중인 백운동천 외에 삼청동천·옥류동천 등 다른 지천들도 장기적으로 복개 시설물을 철거하고 생태하천으로 복원할 계획이다. 백운동천은 북악산 서쪽 인왕산 동쪽의 백운계곡에서 발원해 청계천으로 흐르는 하천이다. 옛부터 더위를 식히는 명소로 '청풍계'라고도 불렸다. 옥류동천은 인왕산 아래 옥류동·수성동 부근에서 발원해 경복궁 옆 의통방 사재감 부근에서 백운동천으로 흘러드는 지천이다. 조망 경관이 빼어나 조선시대 권문세가의 별서지로 이용됐다. 삼청동천은 북악산 동쪽의 사동과 수침동에서 발원한 물길로, 중학천이라는 이름도 갖고 있다. 조선시대 양반들이 풍류를 즐기고 서민들이 빨래를 하던 곳이다.

복원계획

　옥류동천은 수성동계곡(옥인동 179-1)에서 효자동 우리은행 지점 앞(백운동천 합류점)까지 910m 구간이 복원 대상이다. 복개돼 도로 또는 하수도로 사용되고 있다. 백운동천의 경우 자하문로로 된 상류는 현 기존 도로를 3~4차로로 축소하여 복원함. 옥류동천은 현재 옥인길·자하문로7길로 구성돼 있는데, 하천복원 시 도로폭이 좁아져 교행이 불가능한 상태이나, 단기적으로 복원 공사가 불가능하지만 복원을 위한 여러 단계를 진행하여 중·장기 과제로 추진한다는 계획이다.

시의 전략

청계천 상류 지천 복원 사업은 전체적으로 타당하며, 시행이 쉬운 사업부터 추진한다. 다만 사업 시행 시 교통난 등 지역 주민들에게 피해가 예상되어 거버넌스 체계를 구축해 사전 여론을 수렴하여 주차·교통문제 해결한다. 가장 쉬운 백운동천 사업부터 시행하기로 하고, 옥류동천·삼청동천은 중장기 과제로 남겨두었다.[13]

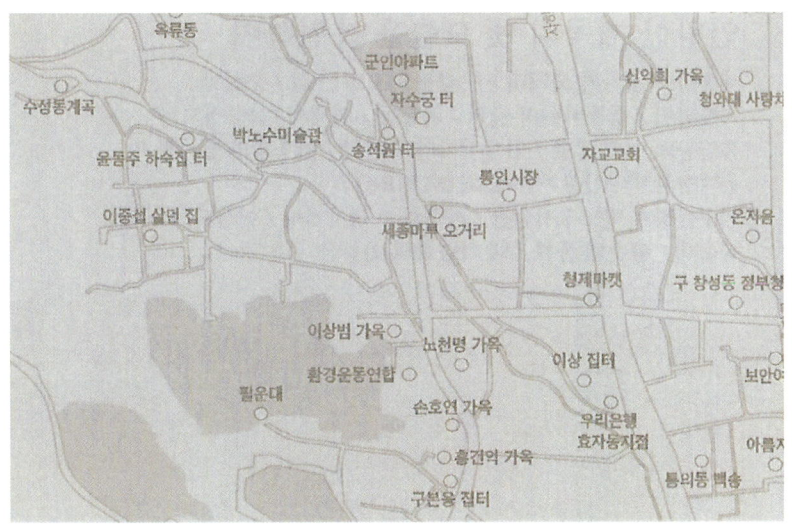

서촌의 곡선 길은 천의 물길을 복개한 골목길이다
- 유홍준

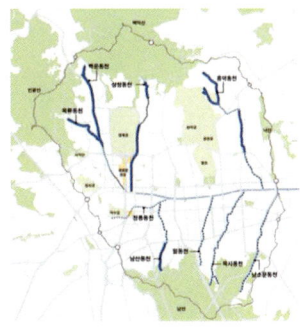

**서울 도심부 물길 회복 방안, 굵은
파란줄이 옛 물길 회복 구간임**
- 서울시

2장

용산 시대의
도시공간 정책

세월호와 이태원 참사의
공간민주화

2024. 11. 16

인재人災에 약한 우리 사회의 자화상

　어제 수능시험이 끝났다. 곧 대학입시 면접이 시작된다. 그런데 이태원 참사 같은 일이 일어날지도 모르는 위험한 장소가 여기에 또 있다. 매년 반복되는 각 대학입시 면접 날의 서울 지하철역 입구다. 수많은 인파, 양방통행, 대로와 연결된 좁은 골목, 경사로 등은 참사 사고가 날 수 있는 조건을 다 갖추고 있다. 비나 눈으로 바닥이 미끄럽기라도 하다면 더욱 우려되기에 사전에 경고를 보내고 싶다.

이태원역 출입구의 애도 조화 - 경향신문 제공

이태원 참사 2주기가 지났다. 핼러윈 데이란 글로벌 문화축제가 재난 상황이 되어버린 역사가 되었다. 희생자들과 유가족분들에게도 애도를 표하며, 세월호와 이태원 참사가 세계인들에게도 믿어지지 않을 것 같은 불가사의로 남았을 것이다. 재개발을 흔히 '외과수술'에 비유하기도 한다. 이렇게 보면 세월호와 이태원 참사는 '급성 뇌경색'에 비유할 수 있다. 승객과 보행자의 이동이 차단되어 치명적인 사고로 연결되었다고 할 수 있기 때문이다. '무엇이 왜 급성 뇌경색을 일으켰느냐?'가 논란의 핵심이다.

이 사건들의 공통점은 '물리적 공간에서 자유로운 이동이 불가능한 상황에 이른 참사'였다는 점이다. 누가 혈기 왕성한 우리의 젊은이들의 발복을 잡았는가? 혹사는 교통사고로 폄훼하는 발언도 있지만, 제한된 공간에서 발생한 '이동의 구속'이라는 관점에서 공간민주화라는 새로운 시각으로 바라보고자 한다.

세월호와 이태원 참사

안전불감증이 부른 참사

우리나라의 안전불감증은 사회적으로 커다란 재난의 원인이 되고 있다. 해상공간 세월호와 도시공간 이태원 이 두 공간에서 발생한 참사의 원인과 과정을 공간적 관점에서 비교해보고자 한다. 배는 조선업의 산물이다. 조선은 영어로 Naval Architecture인데 '바다의 건축'이다. 민법상 배는 규모가 커서 동산 또는 부동산不動

産으로 취급되기도 한다. 지구의 3분의 2가 바다이니 육지와 가까운 섬들은 해로를 이용해 배로 이동하고, 그 섬들을 중심으로 생활의 근거를 마련해왔다. 그러다가 관광이 지역의 주력산업으로 발전한 제주도 같은 지역도 많아졌다. 이제는 기후변화로 재난에도 견디는 해상도시와 북극항로도 구상 중이다.

세월호 사건은 부푼 꿈과 기대를 안고 학창시절 최고의 수학여행을 가던 학생들에게 일어난 안타까운 사고였다. 사전에 안전한 탈출을 했어야 마땅하지만 조끼를 입고 바다로 뛰어들도록 안내라도 하였더라면 한줄기 빛이라도 되었을지 모른다. 아무 것도 하지 못하고 기다리게만 만들었다는 것이 온 국민들에게 고통과 분노의 원인이다.

이태원 사건은 핼러윈 축제의 현장으로 가던 젊은이들의 꿈을 앗아가 버린 상상할 수 없는 악몽이다. 골목길은 젊은이들에게 사랑받는 도시공간이기도 하고 생활의 터전이기도 하다. 서울의 구도심지가 그렇듯이 이태원 주변은 구릉지이므로 이러한 골목길도 남아있는 서울의 상징 공간 중의 하나다. 활기차게 번화한 국제도시 서울의 한복판 도시공간에서 서로가 서로의 갈 길을 막아버린 청춘들의 가슴 아픈 기억이다.

세월호와 이태원 참사의 공간적 회한

이 두 가지 사건에 공통적인 특징이 있다. 희생자들은 혈기왕성한 청년들이었지만, '움직일 수 없는 상황'이 만든 공간에 갇혀 희생되었다는 점이다. 공간의 이용에는 계획과 운용 및 관리가 필요한데 이들에게는 공간 관리의 부실 및 부재에 의한 참사로 돌아왔다. 세월호의 무책임한 안내방송은 비난받아야 하며, 축제 방문객들의 사전 재난경고의 목소리에도 불구하고 안내와 통제가 결여된 무정부 상태의 공포의 트라우마다.

2014년 건축계의 노벨상인 프리츠커상을 수상한 일본인 반 시게루 건축가는 빈번한 재해와 지진 피해자들에게도 건축가적 책임을 느끼고 재난지역에서 종이로 세상을 구하는 건축가가 되었다. 같은 맥락에서 최근에 우리에게 고통을 준 사고와 피해자들에게 건축·공간계획가들도 책임감을 느끼는 자성의 기회로 삼아야 한다.

이태원 도시개발의 역사

조선 말기 서울은 '무덤의 도시'

오늘날 고급 주택들이 즐비한 이태원·한남동, 마포 노고산 주변은 일제강점기인 1930년대 만 해도 도성 외곽의 다른 구릉지들처럼 집단 매장지였다. 묘지는 죽음에 대한 부정적 인식, 공중위생, 미관상 이유 등으로 대표적 기피 시설로 받아들여진다. 그러나 인구가 많고 땅은 좁은 서울의 경우 그럴 여건이 되지 않았다. 급속한 인구증가 속에 도시 빈민들은 묘지를 터전으로 삼았고, 빈민촌과 뒤섞인 묘터는 다시 주택과 아파트 단지로 바뀌어 갔다.

일제의 식민지 도시개발 위해 19개 공동묘지 고시

일제는 조선 병합과 함께 시구개정(市區改正·경성시가지계획)을 통해 가로망 정비, 토지구획정리 등 도시 확장을 추진하였다. 그 과정에서 도성 밖에 산재한 공동묘지가 계획추진에 큰 걸림돌로 작용했다. 조선총독부는 이에 따라 1912년 6월 20일 묘지 사용을 통제하는 〈묘지규칙〉을 발표하였다. 총독부가 인정한 공동묘지 외에는 사유지라 하더라도 묘지를 설치할 수 없고, 한국 사회에서 금지됐던 화장을 합법화하는 내용이 골자였다. 이어, 1913년 9월 1일 '경성공동묘지 19개소'를 고시하였다.[14] 그 후 경성공동묘지는 도시 확장 계획에 포함되면서 단계적으로 주택지구로 변화해 갔다. 묘지는 민가와 달리 대단위 토지를 손쉽게 확보할 수 있는 장점이 있어 개발지로 주목받았다.

〈경성 공동묘지 19개소 고시〉

구분	공동묘지
1913년 고시 경성공동묘지	미아리 1, 2묘지, 이문리 묘지, 두모면 장내리 묘지(광진 능동), 두모면 수철리 묘지(금호동, 옥수동), 신당리 묘지(신당동), 이태원 1, 2묘지(이태원, 한남동), 만리현 봉학산 묘지(아현동), 염동 묘지(염리동), 여의도 1, 2묘지, 동교리 1, 2묘지(동교동), 연희 묘지(연희동), 신사리 묘지(은평 신사동), 남가좌 묘지(서대문), 평창 묘지, 신둔리 묘지(고양 효자동) 등 총 19개소
추가 신설 공동묘지	이태원 모범묘지(1914), 홍제동 묘지(1929), 미아리 길음 묘지(1930), 망우리 묘지(1933) 등 총 4개소

공동묘지 이전 시 '유관순 열사의 묘' 무연고 묘로 합장

1906년 군사시설인 용산기지가 조성되면서부터 배후 주거단지로 이태원 묘지 활용의 필요성이 제기되었다. 이태원 묘지는 이태원동, 한강동(한남)에 산재했다. 이태원은 남산을 등에 지고 남쪽으로 한강을 대하고 관악산을 바라보는 명당 중 명당으로 선호됐다. 이태원 참사가 발생한 지역도 과거 이태원 묘지 구역에 해당된다.

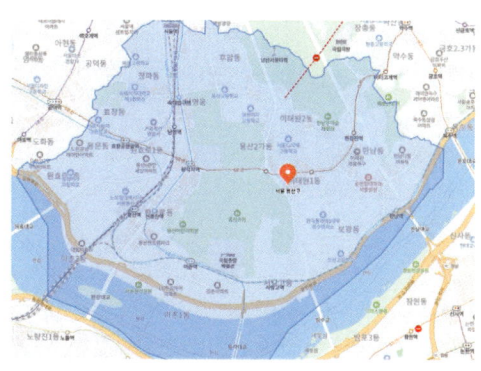

용산구 한남동(이태원) 공동묘지 위치, 옛 서울은 무덤의 도시였다.

1920년대 초반 분묘가 2만기를 넘어 포화상태에 이르고 1930년대 접어들면 4만기를 초과했다. 1937년 이태원 제1묘지(이태원, 한남동 일원의 묘지)의 택지화로 고급 주거지가 조성되면서 3만 7,000여 기 분묘 가운데 무연고 묘를 한꺼번에 화장해 망우리 묘지에 합장했다. 이때 이태원 공동묘지에 안장되었던 유관순 열사의 묘가 1935년 망우리로 이장할 때, 아우내 장터에서 부모님 모두 순국한 유관순 열사는 무연고 묘로 분류되면서 여기에 합장되었다. 유홍준 교수는 "유관순 열사의 넋을 우리가 이렇게밖에 기릴 수 없게 되었다니 참으로 가슴 아픈 일이다"라고 비통해하고 있다.[15]

일제는 신당동 주택조성사업 성공 이후 삼각지에서 신당리로 이어지는 남산주회도로(이태원로)가 개통되며 1939년 이태원 묘지는 한남토지구획정리지구로 지정되

이태원묘지 무연분묘 합장비, 2만 8천 혼백 속에 유관순 열사도 그중 한 사람이다 - 유홍준

고 12만 4,000평의 토지가 고급 주택단지로 변모했다. 이태원 공동묘지도 신당동처럼 일본인을 위한 전원도시를 지향했지만, 곧 일본이 패망하면서 광복 이후 서울의 부촌으로 자리 잡게 되었다.

세월호와 이태원의 교훈

참사의 성격 비교

두 참사는 공간에서 발생한 사건이라는 공통점이 있으나 세월호는 '이동의 자유가 제한된 공간'인 반면, 이태원은 정반대로 이동 선택의 자유가 부여된 '열려있는 도시공간'이다. 전자는 침몰 상황을 후자는 초과밀 상황을 인지할 수 있었다. 문제는 '기다려라'는 안내 방송이 치명적이었고, '질식할 것 같다'는 신고 전화가 있었는데 무시되었다. 최고의 공간 관리자인 선장이 먼저 탈출하였으며, 차량과 사람의 이동을 유도할 경찰의 교통 단속도 없었다. 사후 대응도 책임 전가 및 진실 은폐에 급급하였고, 교통 통제나 무정차 통과 등의 조치도 없었다. 결과적으로 세월호는 무책임한 공간 관리였고, 이태원은 안전조치를 위한 도시 관리 행정 부재 및 교통 통제 조치 실종의 무정부 상태였다는 비판이 일었다.

세월호와 이태원 참사 성격 비교

구분	세월호	이태원
사건연도	2014	2022
인명피해	304명	159명
사건현장	이동 제한된 선박	열린 도시공간
사건인지	침몰 상황	초과밀 상황
위험안내	기다림 안내 방송	시민들의 절규와 신고
대처상황	사고 방치 관리자 탈출	사고 방관
사고대응	구조 실패	주민과 시민구조대
사후조치	진실 은폐	책임소재 부재
사전 미조치	정확한 안내 방송과 승무원 안내	군중압착 예방을 위한 군중관리, 무정차통과
시고원인	무책인한 공간 관리	도시관리 및 교통통제 실종의 무정부상태

부실한 군중 관리의 정치적 책임

군중 압착은 항상 참사 예방을 위한 정부의 관리 문제와 맞물리기 때문에 '정치적 문제'가 된다. 영국의 군중 압착 전문가인 에드윈 길레아 교수는 "119 등으로 신고 전화가 오면 군중 관리 훈련을 받은 경찰을 위험한 지역에 빨리 배치했어야 한다. 주최자가 없는 행사에 수많은 인파, 양방통행, 대로와 연결된 좁은 골목, 경사로 등은 참사의 재료들이기 때문이다. 참사를 막는 유일한 방법은 사람의 수를 제한하는 일이다. 적어도 골목에서 일방통행이 될 수 있도록 유도했어야 한다. 군중압착 예방은 복잡하고 어려운 일이 아니고 상식적인 일이다. 안타깝게도 계획 및 관리의 부실이다"[16]라고 말했다.

경찰이 관여하기 때문에 항상 정치와 연관될 수밖에 없다. 더 많은 관리 인력 배치와 위험 신고에 더 빨리 반응해야 한다. 관리가 중요하므로 이 모든 것에는 항상 정치적 요소가 있다. 당국이 조기에 위험 완화 조치를 충분히 하지 않은 책임이 있다. 영국 힐즈버러 참사의 경우 참사의 책임이 경찰에게 있다는 점을 확인하기까지 너무 오랜 시간이 걸렸다. 정부가 스스로를 보호하려고만 하면 참사에서 교훈을 얻을 수 없다.

부실한 도시 관리 및 불법 증축 대응

이태원의 경우 우리나라 도시행정의 고질적인 문제가 내재되어 있다. 세월호도 공간적으로는 붕괴된 것으로 볼 수 있기에, 건축이라는 관점에서 불법 증축으로 인한 안전 문제의 빌미를 제공하고도 벌금으로 대응하여 왔다는 공통점이 있다. 이태원이 호텔 부속 불법 증축 시설물로 과밀 보행 이동 시 병목현상을 초래하여 사고의 원인을 제공했을 가능성도 지적되고 있다. 건축법에서는 기본적으로 '**도로**는 자동차 통행이 가능한 4m 이상의 도로(건축법2조)를 말하며, **대지**는 도로에 2m 이상이 접해야 한다(건축법44조)'고 명시하고 있다.

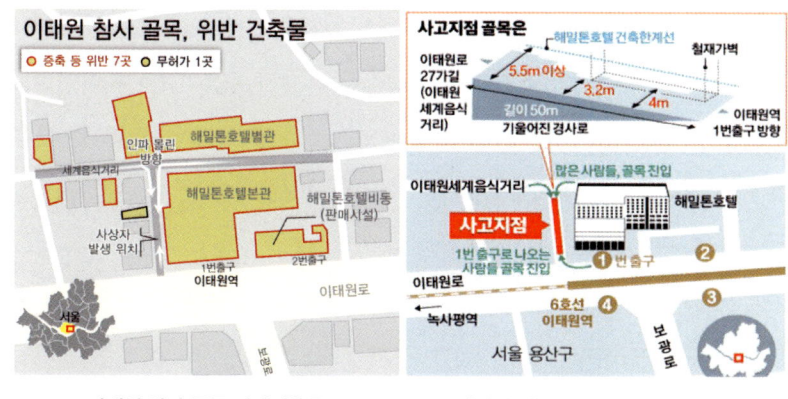

이태원 참사 골목 위반건축물
- Newsis 제공

이태원 참사 골목 도로폭과 경사도
- 중앙일보 제공

이태원 해밀톤호텔 경사진 골목 입구(하, 상). 사고 3주기에 조성된 '기억과 안전의 길' 추모공간

　실제로 해밀톤호텔의 경우 본관, 별관, B동(판매시설) 등 3개 동이 모두 위반건축물로 나타났다. 해밀톤호텔 본관은 세계음식문화 거리 쪽 북측 주점의 테라스 17.4㎡를 무단 증축해 사용했다. 이 불법 테라스는 원래 5m 가량의 도로 폭을 3~4m까지 줄어들게 만든 원인이 됐다. 또한 사고가 난 골목길에 맞닿은 호텔 본관 옆쪽에는 폭 1m, 길이 10m 가량의 철제 가벽을 편법으로 설치해 놓았다. 2016년 구청의 지적을 받고 천정 등 일부만 철거하고, 철제 가벽은 남겨둔 것이다. 이로 인해 사고가 난 골목의 폭이 약 4m에서

3.2m로 좁아지게 됐다. 당시 해밀톤 호텔은 2013년부터 본관과 별관에서 모두 무단 증축이 적발돼 위반건축물로 등록됐지만 약 9년간 이행강제금 5억여 원을 내고 버텨왔다. 이는 건물주가 무단 증축 등을 통해 얻는 임대료 수익이 구청에 내야 하는 이행 강제금 규모보다 대체로 크기 때문이다.[17]

이와 관련 소방방재 전문가는 "불법 건축물이 얻을 수 있는 이익보다도 손해가 훨씬 더 크도록 처벌을 강력하게 할 수 있고, 필요한 경우 공공의 안전에 대해서 심각한 위해를 주는 경우에는 강제로 철거할 수 있는 권한을 지자체에 부여를 해야 한다"고 주장한다.[18]

일본 총리실 직속 기구인 '교통안전대책위원회'에는 위원으로 담당공무원, 경찰, 교통전문가 그리고 '교통문제와 관계없는 일반시민'이 포함되어 있다. 전문가도 인지하지 못하는 것을 '교통 문제와 관계없는 일반시민'이 찾아내는 경우가 많다고 한다. 주민과 생활인들은 지역사회의 문제를 가장 잘 알고 있기 때문이다. 그래서 찾아가는 행정이 필요한 것인지도 모른다. 일상 행정에서는 문제점으로 인지하지 못하는 상황에서, 정권의 눈치만 보거나 주민의 단발성 민원 해결 위주의 도시계획과 교통행정으로는 시민의 생명과 안전 및 지역의 발전도 기약할 수 없다.[19] 프리츠커상을 수상한 건축가 반 시게루는 빈번한 재해와 지진 피해자들에게도 건축가적 책임을 느껴 글로벌 재난지역을 위해 종이로 세상을 구하는 건축가가 되었다

같은 맥락에서 최근 우리 사회에서 커다란 고통을 받은 국민들

과 피해자들에게 세월호와 해밀톤호텔 공간의 '불법 증축과 설계 변경' 등에 대해 건축·공간계획 및 도시관리 행정도 건축윤리의 책임에서 자유로울 수 없다는 점을 인지하여야 한다.

공간 민주화의 사회적 공감대

안타깝고도 돌이킬 수 없는 참사의 반복은 우리 사회의 안전불감증이 어디에서부터 출발하고 있는지 돌아보는 계기가 되었다. 공간에서 발생한 세월호와 이태원 참사는 민주주의의 기본권인 이동권移動權이 제한을 받는 '이동移動의 구속'에서 비롯되었다. 전자는 '비자발적 이동 제한'인 반면, 후자는 '과도한 이동의 자유'가 오히려 이동을 구속시킨 과유불급過猶不及으로 인재人災에 대한 책임소재의 문제로 귀착되고 있다. 도시의 목표 중에 '걷고 싶은 도시'를 지향하는 지방자치단체가 많아지고 있으며. 최근은 '황토 맨발길' 만들기가 유행처럼 번지고 있다. 이처럼 자유로운 이동권은 공간 민주화와 연계되어 있다. 자유로운 이동은 기본적 인권이며 교류와 경제 활동의 원동력이다.

두 참사에서 볼 수 있듯이 비자발적 이동 제한은 인명의 상실로 연결되었다. 정부와 행정, 경찰 등 참사의 원인과 책임의 소재를 밝히는 것은 사고의 재발 방지와 국민의 생명을 보호하여야 할 국가의 마땅한 역할이다. 최근 양평고속도로 노선 변경 및 창원산단 지정 과정은 목표를 상실한 국가가 안개 속으로 표류하는 것 같아

이태원 현장 진입 가로 입구에 설치된 '보행원활' 교통안내판

국민을 불안하게 한다. 이처럼 공공공간의 부실 설계·관리·운영도 국민의 생명과 재산에 중대한 영향을 줄 수 있다는 사실을 확인하였다. 이는 공간민주화의 범주가 이동권으로 확장되고 있음을 증명한다.

유럽에는 거리와 골목마다 역사나 문화유산들을 기록으로 남겨 놓아 거리가 풍요롭게 느껴진다. 유명인의 탄생지와 작품 제작 장소, 파리의 빅토르위고역, 건물 전면에 건축가의 이름 남기기 등 인간 모두의 손길과 호흡이 하나의 세상이요 역사다. 우리에게 부족한 점이 있다면 기록을 지워버리려는 그릇된 관행을 오늘날도 목도하고 있다. 현재 진행되는 이야기가 후대에는 지혜로 남을 수 있다. 이태원은 이후 주변의 세 군데 진입공간에 '보행원활 Not Crowded'이란 녹색 교통안내판이 설치되었고, 그날은 '기억의 길 Memorial Alley'로 추모 공간을 마련해 놓았다.

'우리에겐 아직 기억해야 할 이름들이 있습니다'란 도로표지석을 뒤로하고 '기억과 안전의 길'을 떠나는 발걸음이 무겁다. 서두에서 언급했듯이 우리도 매년 각 '대학 면접시험장 근처의 지하철 역 출입구'의 상황이 군중 압착의 조건을 다 갖추고 있다는 점을 지적하면서 안전한 대한민국을 기원해 본다.

회귀분석형 양평 고속도로 노선 변경,
경제적 투자에서 권력형 투기로!

2023. 7. 16

　최근 재개발 아파트의 2차례 붕괴 및 GS건설의 지하주차장 붕괴와 '전면 재시공' 결정은 건설 부조리와 부실시공이 판치는 안전 불감증의 세상이다. 주택공급 초과 시점에 주택가격 하락의 경착륙을 막아주는 하늘의 뜻인지도 모르겠다. 대통령실 이전이나 고속도로 노선 변경은 추진 속도와 기간에서 합리적인 사고로는 예상할 수 없다는 것과 절차적인 도시 및 도로 관련 법령의 준수와는 거리가 멀었으며, 초법적 권위주의적 발상이라는 점에 공감을 느낄 것이다. 두물머리 6호선 국도를 타고 돌아가는 수도권 시민들의 젖줄인 서울양평고속도로 노선 변경이 공정과 상식으로 해결되기를 바라는 심정이다.

　이번 고속도로 노선 변경 해프닝은 1%의 실수도 보이지 않는 부동산 투자 기법의 최고봉이다. 이태원 사고와 이번 사건을 대하고 나니 침묵하는 대중과 '하인리히 법칙'이 떠오른다. 하나의 대형사고 뒤에는 29번의 작은 사고와 300번의 가벼운 징후가 있다고 해서 '1:29:300 법칙'이 생겼다. 산업 현장뿐만 아니라 국가와 개인에까지 적용되면서 많은 사람이 신뢰하는 법칙으로 자리 잡았다. 여기에 무모한 권력의 야욕으로 괴물 같은 선거구를 탄생시킨 '게리맨더링'이 겹쳐 보인다.

권력의 야욕을 상징하는 괴물 선거구 '게리맨더링'

건설은 경제 분야다. 건설산업은 순환적인 경기 민감 업종이며 5~6년 주기로 반복되는 상승과 하강 사이클이 나타난다. 일반적인 투자에서는 지역개발의 조짐과 함께 사전에 매입하여 투자를 한다. 그런데 최고 수준 개발이익이 기대되는 투자는 계획 노선의 변경을 통한 전략적 수익 창출이라 할 수 있다. 이것은 일반인들은 감히 상상조차 하기 어려운 수단이다.

정치 경제적 이익 추구 어디까지 갈 수 있나?

게리멘더링과 회귀분석형 양평 고속도로 노선 변경 비교

정치적 이득을 위한 선거구 조작과 경제적 최대 이득 추구를 위한 회귀분석형 양평고속도로 노선 조작에 보이지 않는 손의 조화의 유사성이 돋보인다. 1812년 매사추세츠 주지사 엘브리지 게리가 자신에게 유리하게 선거구를 만들어서 괴물과 같은 형상이 된 것을 조롱하는 말Gerrymandering이다. 전설상의 괴물 샐러맨더Salamander와 비슷하다고 하여 '게리'를 합성해 게리맨더링이라는 용어가 탄생한 것이다. 건국의 아버지들 중 1인이었고, 제5대 부통령도 지낸 거물 정치인이었다.

이에 비해 양평 고속도로는 토지소유자의 여러 곳에 분산된 토지들에서 경제적 최대 이익을 보장하기 위해 도로의 연결부JCT와 노선을 끌어들이고 있어 회귀분석의 결과와 같다. 공공성의 상실과 공공개발이익의 사유화 우려가 있다.

정치 경제적 이익 추구의 위험

구분	개리멘더링	양평 고속도로 노선 변경
분야	정치적	경제적
목적	선거구 획정	지역균형 발전
결과	선거구 기형 창출	공공성 상실
비판	양당 간 담합의 정치-카르텔	공공개발의 사익 추구

개발호재와 부동산 투자 이론: 토지 3승의 법칙

개발 사업이 이루어지면 사업이 진행되는 과정에 가격이 급등하는 시기가 3번 나타나며, 단계마다 3배 정도 상승하여 부동산 삼승의 법칙이라고 한다. 지가가 오르는 시점은 개발계획의 발표, 공사의 착공, 사업의 완료 시기 등 세 번의 시기가 있다. 즉, 고속도로IC나 철도 역세권이 오르며, 공사가 착공되면 개발 과정이 가시화되고, 공사 완료로 개통되면 편익이 체감되어 또다시 상승하게 된다.

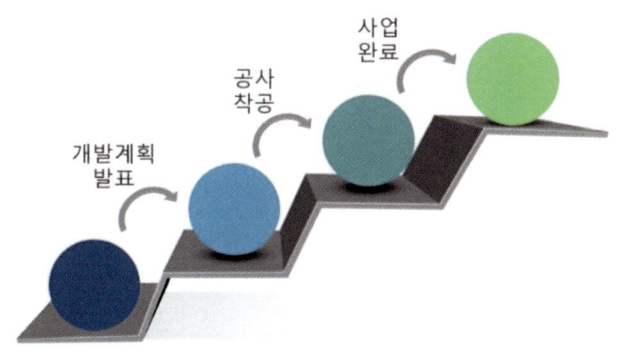

부동산 투자 - 부동산 삼승의 법칙

고속도로 개발 추진 과정

고속도로 건설을 위한 사전 계획

예비타당성 조사 도입 배경

오늘날 선진국이든 개발도상국이든 한 나라의 정부지출의 효과
는 지대하다. 정부지출에는 국방, 교통, 통신과 같은 사회간접자
본의 건설, 자원개발, 인력관리, 과학기술촉진 등 넓은 분야가 포
함되고 있다. 정부지출이란 모두 예산 속에 편성되어 집행되는 것
으로서 정부의 입장에서는 부족한 자원을 어떻게 하면 효율적으
로 사용할 수 있는가 하는 점이 중요 관심사이다. 정부가 공공투
자사업을 선정하는 데는 충분한 분석이 있어야 하며 현명한 선택
이 요구된다. 정부가 행하는 대부분의 사업은 대규모 사업이므로
한번 잘못된 선택을 한 경우 발생하는 피해가 크고 또 장기적이기
때문이다.[20]

예비타당성 조사는 국토균형개발을 위한 철도 도로 등 도시기
반시설의 전국적인 요구에 타당한 지원 근거 마련을 위해 1999년
에 도입되었다. 예비타당성 조사 결과 예타보고서의 타당성이 인
정될 경우 예산편성이 가능하다. 건설 복지 등 사업비 500억 이상
은 기재부 예비타당성 검사를 거쳐야 국가재정계획으로 인정되며
국가 종합도로계획도 수립해야 한다.

비용편익분석(BC분석, Cost-Benefit Analysis**)**

비용편익분석은 사업으로 발생하는 편익과 비용을 비교해서 시
행 여부를 평가하는 분석 방식이다. 사업 시행으로 수반되는 장래
의 편익과 비용을 현재가치로 환산한 뒤, 총편익을 총비용으로 나
눈 비율이 1 이상이면 경제적 타당성이 있다고 판단한다. 예비타
당성조사 등 공공투자사업의 타당성 분석 시 주로 활용된다. 즉,
여러 대안 가운데 가장 효과적인 대안을 찾기 위해 각 대안이 초

래할 비용과 편익을 비교·분석하는 기법이다. 그러므로 비용편익 분석(B/C)이 사업 결정의 기준이다.

서울-양평 고속도로 제도적 검토

예비타당성 분석의 절차는 국토부가 기재부에 신청을 한다. 국토부가 양서면 안으로 예타를 아슬하게 0.82로 통과하였다. 1이하면 안되는 것인데, 지역균형발전을 고려해서 인정해 주는 정성적인 분석이다. 변경안이 더 낫다고 하지만 처음부터 그랬으면 더 잘 나왔을 터인데 의혹이 제기되는 것이 당연하다. 예비타당성 조사 통과 후, 총사업비 관리 지침에 의하면 총사업비가 15% 이상 증가하거나, 교통량 수요가 30% 이상 감소 시, 감사원이나 국회의 요구가 있을 시 기재부가 타당성 재조사를 하여야 한다.

KDI에서 수행한 예비타당성 보고서 내용 속의 주민 의견 요약

수도권 동남권의 간선 교통망 형성 + 수도권 제1순환선 및 서울 - 춘천 고속도로 정체 해소에 크게 기여 + 노선의 시급한 추진이 반드시 필요하다.

서울-양평 고속도로 노선 변경

서울-양평 고속도로의 역할 및 위상

서울-양평 고속도로는 수도권 교통 문제 해결의 중심축이다. 서울-양평 고속도로는 경기 하남시 감일동에서 양평군 양서면까지 27㎞ 구간을 잇는 왕복 4차선 고속도로 건설사업이다. 수도권 제1순환고속도로만으로는 부족해, 광역인 제2순환고속도로가 건설 중이다. 여기에 나들목IC인 남양평과 양평 사이에 현재 논란인 서울-양평고속도로의 연결부의 위치 변경이 문제로 지적되고 있다. 서울-춘천고속도로와의 연계는 물론, 중부내륙고속도로와 수도권 2차 순환선 및 서울-양평고속도로가 만나는 주변 지역은 경기 동남부 교통의 요충지이며 지역개발의 관심이 집중될 수밖에 없는 전략적인 곳이다.

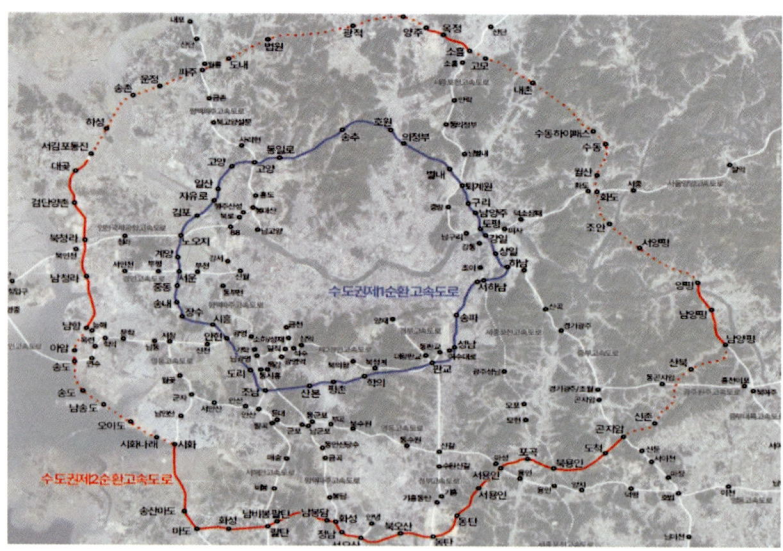

수도권 제1, 2순환고속도로 - 국토부

서울 -양평 고속도로 노선 변경의 실상

2031년 개통될 예정인 서울~양평 고속도로 건설과 관련해 대통령 처가의 부동산 특혜 논란이 일고 있다. 2년 전 예비타당성 조사를 통과한 고속도로 종점을 국토교통부가 김건희 여사 일가의 부동산 보유지 부근으로 바꾼 것이 의혹의 핵심이다. 국도 6호선 교통량을 분산하기 위해 추진된 2017년 첫 계획 단계부터 2019년 국토부의 '광역교통 2030'까지 양평 두물머리 근처인 양서면을 종점으로 상정한 이 노선은 2021년 4월 예비타당성 조사, 6월 환경영향평가를 통과했다. 양서면을 종점으로 하면 관광객들이 몰리는 두물머리 인근의 교통난을 해소할 수 있다는 것이 사업 취지였다.

그러나 윤 대통령 취임 두 달 후인, 2022년 7월 국토부가 양평군과 노선 변경을 논의했고, 2023년 5월 8일 종점을 양평군 강상면으로 변경한 '서울~양평 고속국도 건설사업 결정내용'을 공개했다. 기획재정부의 예타를 거쳐 국토부의 타당성 조사가 진행 중인 상황에서 도로사업의 종점이 바뀐 것은 유례없는 일이다. 양평군도 "경제성을 재분석해야 한다"는 의견을 국토부에 냈다고 한다. 노선 변경이 교통량 분산에도 도움이 되지 않고, 주민들과의 협의 절차도 없었다고 한다. 더욱이 새로운 종점인 강상면 일대가 김건희 여사 일가의 부동산 보유지라는 점은 의혹을 증폭시킨다. 3월 공개된 윤 대통령 재산 신고 내역을 보면 장모와 처가는 강상면 일대에 축구장 3개 넓이(2만 2,663㎡) 규모의 부동산을 보유하고 있다. 윤 대통령이 검찰총장 재직 시절 명의신탁 의혹이 불거진 곳이기도 하다.[21]

2021 국가간선도로망 종합계획 속의 기존안과 변경안의 비교

서울-양평 고속도로는 2021국가간선도로망(종합)계획 속에서 동서9축(춘천, 양양행)과 연결되는 동서9축의 지선을 형성하고 있다. 즉, 국가교통망에서 춘천과의 연결을 통한 교통 분산을 목표로 한다. 이러한 관점에서 변경안은 국가도로망 종합계획(도로법6조-도로건설은 이 계획에 부합하여야 한다.)을 위반한 계획이며, 동서9축과의 불합리한 연결을 보여주고 있다.

국토부의 서울-양평 고속도로 계획안에는 2안이 기존안(27㎞)보다 2.2㎞ 늘어나면서 사업비가 상당액 증액이 예상된다. 수년간 유지됐던 사업을 왜 대통령이 취임하자마자 변경했는지, 김 여사 일가에 개발 호재를 몰아주기 위해 노선 변경을 추진한 것 아니냐는 뒷말이 나올 수밖에 없다. 여기에 원희룡 국토부 장관은 국회 국토위에서 "실무 부서의 의견일 뿐 전면 재검토를 지시했다"고 하였으나, 곧이어 장관의 7월 6일 사업 백지화 선언에 대해서는 '국가 의사결정 시스템의 중대한 위기'라고 지적받고 있다.

양평고속도로 분기점 위치, 원안 1안과 변경 2안 - 국토교통부, 한겨레 제공

서울-양평 고속도로 개발가능성과 논란 해결 방안

강상면 처가 부동산 개발가능성 검토

고속도로의 건설로 일반적으로 2~3배의 지가 상승이 가능하다. 변경안을 가정하여 개발가능성을 검토하면, 교통접근성에서 나들목(IC)과 고속도로 연결점(JCT)이 인접하고 강남과 20분 도달거리이며, 개발 호재에도 수용되지 않는 바로 인근 지역은 개발이익이 보장되는 투자의 최적지이다.

기존 소유 토지들은 그동안 형질변경 등 개발 행위 절차를 거쳤다. 기존 소유 토지에 주거지를 개발하면 300세대의 공동주택 건설이 가능하다. 공흥리 부지는 10여 년간 허가 안 나다가 최근 2022년 하반기에 허가된 것이 우려스럽다. 선산이 있는 곳도 등록전환 후 지목을 여러 번 순차적으로 변경함으로써 필지 분할, 등록 전환 등을 하여 개발 의사가 있는 것으로 예상할 수 있다.[22]

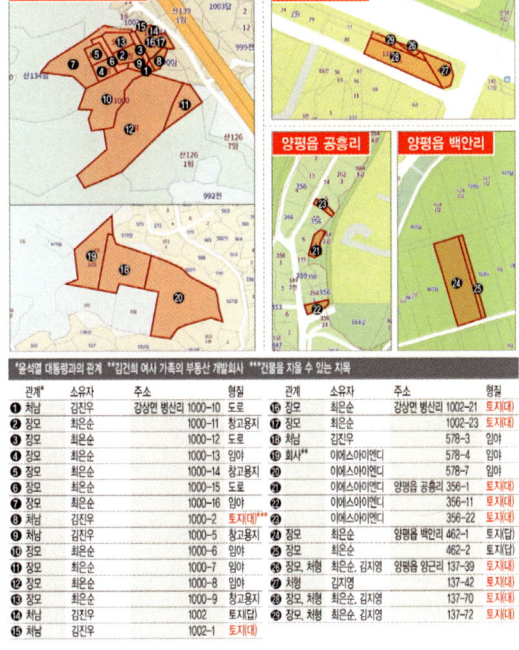

*윤석열 대통령과의 관계 **김건희 여사 가족의 부동산 개발회사 ***건물을 지을 수 있는 지목

관계*	소유자	주소	형질	관계	소유자	주소	형질
❶ 처남	김진우	강상면 병산리 1000-10	도로	⓰ 장모	최은순	강상면 병산리 1002-21	토지대
❷ 장모	최은순	1000-11	창고용지	⓱ 장모	최은순	1002-23	토지대
❸ 장모	최은순	1000-12	도로	⓲ 처남	김진우	578-3	임야
❹ 장모	최은순	1000-13	임야	⓳ 회사**	이에스아이앤디	578-4	임야
❺ 장모	최은순	1000-14	창고용지	⓴	이에스아이앤디	578-7	임야
❻ 장모	최은순	1000-15	도로	㉑	이에스아이앤디	양평읍 공흥리 356-1	토지대
❼ 장모	최은순	1000-16	임야	㉒	이에스아이앤디	356-11	토지대
❽ 처남	김진우	1000-2	토지대***	㉓	이에스아이앤디	356-22	토지대
❾ 처남	김진우	1000-5	창고용지	㉔ 장모	최은순	양평읍 백안리 462-1	토지답
❿ 장모	최은순	1000-6	임야	㉕ 장모	최은순	462-2	토지답
⓫ 장모	최은순	1000-7	임야	㉖ 장모, 처형	최은순, 김지영	양평읍 양근리 137-39	토지대
⓬ 장모	최은순	1000-8	임야	㉗ 처형	김지영	137-42	토지대
⓭ 장모	최은순	1000-9	창고용지	㉘ 장모, 처형	최은순, 김지영	137-70	토지대
⓮ 처남	김진우	1002	토지답	㉙ 장모, 처형	최은순, 김지영	137-72	토지대
⓯ 처남	김진우	1002-1	토지대				

양평 나들목 주변 필지 소유 현황 - 한겨레 제공

서울-양평 고속도로 논란 대응 방안

국토위 상임위에서 논의 가능하며 국정조사를 요구할 수도 있다. 국회 국정감사에서 가능한 수단은 충분하며. 국토부 공무원의 협조가 예상된다. 원점 재검토는 합리적인 방안이지만, 백지화는 직권 남용이다. 시민이 의혹 제기 시 더 좋은 이유를 설명해야 한다. 국민을 혼란시키는 데 논란이 많으므로 진실을 밝히는 게 국회의 역할이다. 예비타당성 검토는 시간 노력 등이 많아 다시 하는 경우는 거의 없다. 노선 변경 등에 대해서는 국가재정법 50조에 의거 타당성 재조사를 해야 한다. 국회 의결로 가능하며 결과를 수용하면 된다.[23]

나가며

국가 경제의 침체와 더불어 건설경기의 후퇴가 우려되는 상황에 장마 시작부터 전대미문의 호우로 인명과 재산의 피해가 극심하다. 작년의 상처가 치유되기도 전에 안전에 대한 대비 소홀로 더 큰 고통을 목도하고 있다. 국민의 안전과 복지를 보살펴야 할 정부는 도대체 어디에 있는지 묻고 싶어진다.

수도권 동부 교통난 해소를 목적으로 시작한 주민 숙원사업이 의혹에 휩싸여 있다. 경제 정의를 무시한 인간의 탐욕과 권력의 남용을 용서할 수 있는 우리 인내의 한계를 테스트하는 무모한 도전에 직면해 있다. '하인리히의 경고'와 '게리맨더링'의 교훈이 겹쳐져 다가오는 심정이다. 공공개발에서 개발이익을 사익화하려는 대담한 시도로 소유 토지의 위치와 개발가능성 및 보상 등을 고려한 경제적 이익을 극대화하려는 '양평고속도로 노선 변경'은 초법적 권위주의적 발상이라는 점이 놀라울 뿐이다. 최근의 이태원 참사나 서울-양평 고속도로 노선 변경이 실수의 확률로도 가늠할 수 없는 하인리히법칙의 정상이기를 바란다.

> □ **건축 상식**
>
> 도로: 건축법2조 - 자동차 통행이 가능한 4m 이상의 도로
> 대지: 건축법44조 - 대지는 도로에 2m 이상이 접해야 한다.

개방형 수장고와 반환선물창고
- 보이지 않는, 보고 싶은 공간 개방화 추세

2023. 12. 8

박물관의 영역: 전시관·수장고의 경계를 넘어서

건축은 문화의 공간이며 역사를 창조하고 간직하는 삶의 중심 공간이다. 건축 공간은 허虛와 실實의 대비이며, 실을 이용하는 것이 아니고 허를 차지하는 것이다. 보는 관점에 따라 보이는 공간과 보이지 않는 공간이 있다. 즉 보이는 공간은 허虛이고 보이지 않는 공간은 실實이다. 개미와 땅굴을 생각하면 이해가 된다.

건축 공간 중에는 보여주지 않는 부분도 있다. 집과 도시공간에서는 설비가 들어간 공동구가 있고, 병원에서는 의료인들만 접근 가능한 수술실이 그렇고, 은행이나 대기업 비서실에는 금고도 있으며, 박물관·미술관 등의 문화공간에서는 수장고가 그것이다. 문화의 대기소이며 재충전을 위한 안식·정비공간이다. 이들의 공통점은 누가 보는지는 몰라도 CCTV의 존재 여부가 사회적 논란이

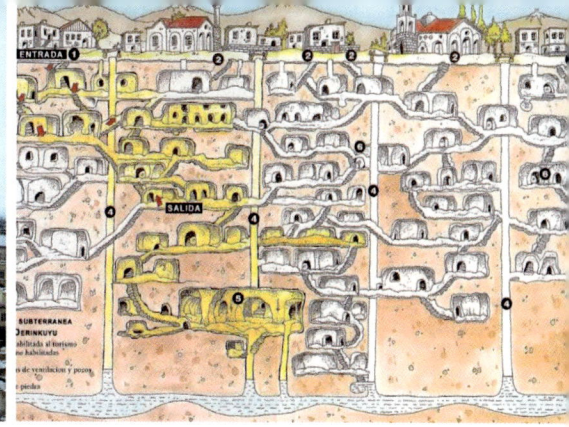

터키 데린쿠유의 지하 동굴도시가 있는 비둘기 마을. 보이는 건물들 밑이 지하도시이다.

데린쿠유 지하도시 단면도 - 나무위키

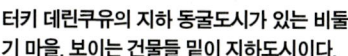

되는 곳이다. 문화공간으로서의 '반환선물창고'도 국민과의 소통의 관점에서 살펴보고자 한다.

로마를 여행하다 보면 '도시와 거리가 온통 박물관 같다'는 느낌이 든다. 여기에 덧붙여 '유럽 여행하려면 이태리는 마지막에 가라'는 말도 해주고 싶다. 그 멋진 유럽의 다른 나라들에서 받는 감동이 줄어들까 봐 하는 소리다. 그러면 어디서부터 어디까지가 박물관인가? 안에도 있고 밖에도 있고, 더욱이 있어도 안 보이는 것도 더 많기 때문이다. 지금 이 모든 것을 다 보여주는 방향으로 박물관의 영토가 넓어지고 있다.

패러다임의 전환과 수장고의 개방

비공개 영역에 자리한 수장고를 대중에게 공개하는 박물관이 늘어나고 있다. 박물관의 패러다임이 '소유'에서 '공유'로, '수집'에서 '활용'으로 변하면서 소장품과 수장고도 접근가능한 콘텐츠로 인식하는 것이다. 보관과 보존을 우선시하던 수장고에 전시와 연구 기능을 결합한 소위 '개방형 수장고'가 새로운 트렌드로 자리

잡았다.[24]

　수장고收藏庫는 박물관이나 미술관에서 소장품을 보존하는 곳인데, 미술관형 수장고는 보관하는 소장품을 미술관 전시품처럼 시민에게 보이는 수장고로 전면 공개하는 것이다. 전시실만 둘러보고 떠나는 문화공간 방문자는 수장고 위치를 파악하기 어렵다. 유물을 보관하는 수장고는 박물관에서 가장 은밀한 공간으로 꼽힌다. 이렇듯 수장고는 관람객에게는 미지의 영역이지만 박물관 관계자들에게도 익숙하지 않은 장소다. 애초, 보안에 중점을 두고 설계한 곳인 데다 직원들이 다니는 루트와도 전혀 겹치지 않아 마치 존재하지 않는 것처럼 느낀다. 영화에서나 볼 수 있는 것처럼 일정한 온습도를 유지하고 도난을 방지하고자 두꺼운 벽으로 둘러싼 수장고는 휴대폰도 잘 터지지 않으며, 수장고 담당 학예사와 보안 담당 직원 등 최소 두 명과 미리 약속하고 동행해야 문이 열리는 비밀스러운 공간이다.

한국 사례: 국립민속박물관 파주

　국립민속박물관이 2021년 7월 23일 정식 개관한 '국립민속박물관 파주'는 서울 종로구 본관에 있던 유물을 보관하기 위해 지은 시설이자 국내 최대 민속자료센터이다. 국립경주박물관과 국립현대미술관 청주관 등이 내부에 개방형 수장고를 마련하기도 했으나, 지금까지의 수장고와는 다른 개념의 전시실 같은 수장고를 지향한다. 높이 10m가 넘는 유리 타워 개방 영역인 로비는 파주관의 아이콘이 되었다. '보물창고' 혹은 '금단의 문'이 열렸다는 표현도 등장했다.

소장품과 시설 규모

연면적이 약 1만㎡인 파주관에는 국립민속박물관 소장품의 약 80%인 자료 8만 6천270건, 14만 3천381점이 있다. 아카이브 자료 81만 4천여 건도 보관한다. 수장고는 모두 16개. 그중 15개를 국립민속박물관이 사용하고, 나머지 하나는 대한민국역사박물관이 쓴다.

파주 수장고 단면도 - KOCIS 해외문화홍보원

개방형수장고

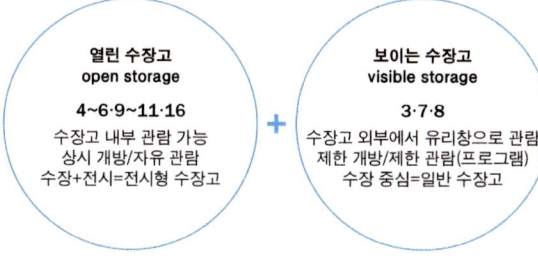

열린 수장고
open storage

4~6·9~11·16
수장고 내부 관람 가능
상시 개방/자유 관람
수장+전시=전시형 수장고

+

보이는 수장고
visible storage

3·7·8
수장고 외부에서 유리창으로 관람
제한 개방/제한 관람(프로그램)
수장 중심=일반 수장고

파주관의 아이콘 개방형 로비

구분	수장고	관람 형태
열린 수장고 open storage to public	4~6, 9~11	자유 관람, 내부 상시 개방
	16	자유 관람, 내부 상시 개방
보이는 수장고 visible storage; exhibition space to public	3, 7, 8	유리창 관람, 외부 상시 개방 내부 제한 관람(수장고 투어·교육 프로그램 운영 예정)

파주관에는 일반 박물관과 같은 전시장이 없다. 대신 관람객이 직접 들어갈 수 있는 '열린 수장고', 창을 통해 내부를 들여다볼 수 있는 '보이는 수장고', 민속아카이브 등이 있다. 수장고 외에도 민속자료를 검색하고 볼 수 있는 민속 아카이브, 보존과학 원리와 사례를 소개하는 열린 보존과학실, 어린이들이 수장고와 유물 보존 환경을 익히는 체험실, 소장품 정보를 제공하는 대형 미디어 아트가 있는 영상실 등이 마련됐다.

박물관의 숨은 보물창고, 수장고 탐방

국립민속박물관 파주의 문을 열고 들어서면 높이 10m가 넘는 유리 타워, 거대한 유리 진열장이 3개나 설치돼 있다. 전시형 수장고인 '열린 수장고' 덕분에 로비가 거대한 전시 공간처럼 느껴진다. 진열장에는 도자기와 토기가 가득하며, 1층과 2층에 있는 유물을 모두 합치면 5천579건, 6천601건에 달한다. 로비를 장식하는 열린 수장고는 1층이 4~6수장고이고, 2층은 9~11수장고이다. 각각의 수장고 내부로 들어가 유물을 자세히 살펴볼 수도 있다.

관리 및 이용 방법

수장고는 유물의 보관 및 관리에 중점을 둔 만큼 일반 전시에서 볼 수 있는 유물 설명은 따로 없다. 대신 수장고마다 키오스크를 둬 유물 근처에 적힌 관리 번호 등을 검색해 자세한 내용을 찾아볼 수 있다. 열린 수장고에 있는 자료는 유물 번호 외에 각자의 자리 번호가 있다. 높은 곳에 있는 자료는 시선이 닿지 않아 보기가 힘든데, 대형 단말기인 키오스크를 이용하면 이미지와 정보를 확인할 수 있다.

내부는 시원하고 쾌적하다. 수장고는 기본적으로 온도 20도·습도 50% 안팎을 유지한다. 입구 왼쪽에 있는 16수장고는 형태나 지역 등에 따라 유물을 배치했으며 전시실과 분위기가 흡사한 열린 수장고이다. 소반, 떡살, 반닫이 등 나무로 만든 민속 유물 471점이 있다. 개방형 수장고의 목적은 결국 정보 공유다. 일반인들이 유물을 재미있게 살펴보고, 제품 개발과 창작 활동을 하는 사람들에게 다양한 민속자료에서 영감을 얻을 수 있다.

로테르담 '개방형 수장고' 디포 보이만스
판 뵈닝언 - MVRDV 홈페이지

개방형 수장고 모습

국내 최초 미술관형 수장고 2028년 개관

모든 소장품을 시민과 공유할 수 있는 개방형 '보이는 미술관형 수장고'가 오는 2028년 서울 서초구 서초동에 첫 선을 보일 예정이다. 보유한 모든 소장품과 미술품의 복원 과정까지 전부 공개하는 국내 최초의 사례다. 개방형 수장고는 최근 세계적인 박물관·

미술관의 새로운 패러다임이며 선도적인 시대의 아이콘이다. 세계는 뮤지엄 운영 방식을 관리·수집에서 시민과 소통하는 개방·활용으로 바꾸어나가는 추세를 반영하고 있다. 네덜란드의 디포 보이만스 판 뵈닝언은 약 15만 점 이상의 작품을 수장하면서 시민에게 개방된 미술관형 수장고다. 최근 서울시에서 여기를 방문하고 계획을 발표하였다.

서리풀 특별계획구역 개발사업

해당 부지는 국군정보사령부가 2013년 경기도 안양으로 이전한 후 10년 가까이 공터로 남아 있었다. 서리풀 특별계획구역 개발사업은 구 국군정보사령부 부지에 수장고와 함께 업무시설과 판매시설을 만드는 사업이다. 수장고 건립에 예산 약 1260억이 투입된다. 대지면적은 5,800㎡(1754평), 연면적 1만 9,500㎡(5898평)이다. 예산은 '서리풀 특별계획구역 개발사업'의 기부채납으로 조성된다.

서울시 소유 소장품 전시 현황

이 수장고는 국내 최초로 보유한 모든 소장품과 미술품의 복원 과정을 100% 공개할 예정이다. 수장고에는 공예·조각·회화 등 서울시 대표 소장품 10만 점이 전시된다. 현재 서울시가 보유하는 소장품은 약 45만 점 정도로, 이중 5%인 2만 2,500점만 공개되었다. 지금까지 빙산의 일각만을 보았을 뿐이다. 나머지 자원들은 일부 연구자나 관계자들만 관람이 허용될 뿐, 일반인의 접근은 허용되지 않았다. 이번 수장고 개장과 함께 숨겨진 소장품들이 관객을 찾아갈 예정이다.

설계공모 및 선정 방안

서울시는 이번 수장고 설계 공모를 위해 건축계의 노벨상으로 불리는 '프리츠커 상' 수상자들을 대거 초청하였다. 런던 시청, 런던 밀레니엄 브릿지를 설계한 포스터 앤 파트너스Poster+Partners사와 바이에른 뮌헨의 홈구장인 알리안츠 아레나를 설계한 헤르조그 드 뫼롱사Herzog&de Meuron 등 총 7명의 건축가를 초청하였다.

심사위원단은 보이는 수장고 설계 공모에 참여하는 건축가들에게 다음과 같은 질문을 하고, 참여자들은 설계안에서 이 질문들에 답해야 한다.

▲ 미술관형 수장고의 미래비전은 무엇이며 설계안은 어떻게 기여하고 있는가?
▲ 제출된 계획은 독창적이고 혁신적인가?
▲ 대상지의 기후조건에 대응한 기술적·환경적 혁신을 특히 외관에 어떻게 적용하였는가?
▲ 혁신적인 전시와 수장을 위한 아이디어는 무엇인가?

서리풀 보이는 수장고 설계당선작 선정

서울시는 지난 12월 공개 프리젠테이션을 거쳐 최종 설계자를 선정하였다. '서리풀 보이는 수장고' 국제설계공모 최종 당선작에 프리츠커 건축상을 수상하고 런던의 테이트 모던 미술관 및 베이징올림픽 주경기장을 설계한 스위스 '헤르조그 앤 드뫼롱 사Herzog & de Meuron 社' 작품이 선정됐다. 단순하고 우아한 기하학적 형태, 태양광 패널을 사용한 지속가능한 건물, 소장품을 단계적으로 발

견해 가는 독창적인 개방형 수장고이다.[25]

　서리풀 개방형 수장고 국제설계공모전은 기부채납 건축물의 첫 설계 공모사례로 민간과 공공이 상생하는 모델이다. 서울시는 수장고 건립을 통해 도시경쟁력을 높이는 창의적 건축물이자 서울을 대표하는 문화 랜드마크가 탄생하기를 기대하고 있다.

서리풀 당선작 조감도 - 서울시　　　　　　　**단면도** - 서울시

외국 사례

　박물관의 패러다임이 '소유'에서 '공유'로, '수집'에서 '활용'으로 변하면서 소장품과 수장고도 접근 가능한 콘텐츠로 인식하는 것이다. 단순한 '창고 개방'이 아닌 '박물관 시스템'의 공유라고 할 수 있으며 다양한 형태로 발전하고 있다.

- ▲ 런던의 빅토리아 앤 앨버트 박물관Victoria and Albert Museum, V&A: 소장품 일부만 '보이는 수장고visible storage'로 공개.
- ▲ LA의 더 브로드The Broad: 수장고 자체에 유리창을 설치해 내부

공간을 살짝 엿보게 함.

▲ 바젤의 샤우라거Schaulager나 로테르담의 데포 보이만스 판뵈닝언Depot Boijmans Van Beuningen: 아예 '수장형 박물관'을 만들어 건축물 자체가 수장고 역할을 함.

작품의 뒷면 보기

전시장에서 만나는 작품은 대부분 관람객이 몰입할 수 있도록 정면으로 설치한다. 게다가 보호막 없이 노출되는 작품의 파손 위험을 줄이고자 관람객과 적정 거리를 유지해 가까이서 보기가 어렵다. 그런데 개방형 수장고는 다르다. 전시 목적보다는 효율적인 보관과 보존에 초점을 맞추어 설계한 공간이기에 항온·항습 시스템을 갖춘 유리장이나 수납형 랙에 작품을 설치, 가까이에서 작품의 뒷면이나 밑면까지 볼 수 있다.

올해 거대한 개방형 수장고 형태로 개관한 데포 보이만스 판뵈닝언 역시 히로니뮈스 보스Hieronymus Bosch와 렘브란트Rembrandt 같은 예술가의 주요 작품 앞·뒷면을 다 공개한다. 각 작품에 담긴 역사를 관람객의 눈으로 직접 확인할 수 있는 새로운 기회를 부여한다. 브뤼헐Brueghel의 '바벨탑(c.1568)' 뒷면에 찍힌 커다란 흰색 스탬프는 과거 이 작품이 스페인 왕비 엘리사베타 파르네세Elisabetta Farnese(1692~1766)의 소장품이었음을 증명하는데, 이는 일반적으로는 쉽게 볼 수 없는 정보다. [26]

열린 수장고에서 작품의 뒷면을 바라보는 사람들 - 노블레스

데포 보이만스 판뵈닝언의 수장고, 개방형 수장고 내부 3.35m 높이 중앙 아트리움이 있다.
- MVRDV 홈페이지

소통하는 수장고, 디지털 스토리지

박물관은 소장품 정보를 디지털화해 또 하나의 수장고, 즉 디지털 스토리지를 오픈한다. 국제박물관협의회ICOM가 발표한 '새로운 박물관의 정의'에 따른 키워드 '지식 공유'와 '공동체의 참여'에 걸맞은 모델로 뉴욕의 브루클린 미술관Brooklyn Museum과 암스테르담의 반 고흐 미술관Van Gogh Museum 등을 들 수 있다.

▲ 브루클린 미술관: 홈페이지의 컬렉션 메뉴에서 방대한 소장품 정보를 제공한다. 소장품의 정면, 측면, 윗면의 이미지는 물론 각종 디테일 컷 등 객관적이고 상세한 시각 정보를 전달한다. 기본 정보는 물론 애플리케이션에서 대중의 질문을 받아 그 답변을 공개하며 그야말로 소통형 박물관의 롤모델 역할을 한다.

▲ 반 고흐 미술관: 소장품 정보와 관련 기록을 촘촘히 엮어 공개

반 고흐 미술관 홈페이지

반 고흐 미술관은 두 건물이 통로로 연결되어 있다

하고 작품과 작가 이야기를 주제별 콘텐츠로 만들어 홈페이지의 'Art & Stories' 메뉴에서 제공한다. 팬데믹 이후 새로운 콘텐츠를 채워 2020년 7월에 다시 문을 연 반 고흐 미술관 홈페이지는 연간 약 425만 명이 방문할 정도로 주목을 받고 있다.

박물관이 수장고와 소장품 정보를 공개하는 데에는 사실 위험도 따르지만 결과적으로 문화 연구와 보존에 큰 도움이 될 것이라고 본다. 더욱 다양한 형태로 관람객과 소통하고 공유하면서 온·오프라인 양방향의 발전이 기대된다.

반환선물창고의 성격과 문화적 가치

국립박물관과 가까운 용산에 공원만 생기는 것이 아니고, '반환
선물창고'도 있다는 소식에 박물관의 수장고가 떠올라 이 글을 쓰
게 되었다. 사회적 관심사가 된 반환선물창고는 '어디에 있으며,
어떻게 생겼고, 어떠한 사연들로, 어떠한 선물들이 있을까?' 궁금
해하는 국민들이 많은 것 같다. 단순한 '창고 개방'이 아닌 '청와대
박물관 수장고'로도 고려해볼 만한 역사적 가치가 있기에 그 의미
를 상상해 본다.

박물관 수장고와 반환선물창고 비교

구분	박물관 수장고	반환선물창고
공간목적	작품의 효율적인 보관과 보존	선물의 효율적인 보관과 보존
공간특성	관계자도 익숙하지 않은 장소	호기심을 자극하는 장소
존재인식	존재하지 않는 것 같은 공간	존재해도 믿어지지 않는 공간
보관방법	일정한 온습도 유지 시스템	포장상태로 보관
보호장치	유리장이나 수납형 랙에 작품 설치	언론에 공개 여부
접근거리	가까이서 작품의 뒷면, 밑면도 볼 수 있다.	내용물은 볼 수 없음
공간효과	작품에 담긴 역사를 관람객의 눈으로 직접 확인	선물에 담긴 사연을 시민의 눈으로 상상 확인
보안시설	도난 방지위한 두꺼운 벽	최고 수준 보안
통신보안	휴대폰도 잘 터지지 않음	외부 통화 가능할 수도
통행조건	최소 두 명과 미리 약속 동행해야 열리는 비밀스러운 공간	사전 선물 제공 의사 및 경호원의 보안 검색
실존여부	물리적·디지털 공간	심리적 공간
미래가치	일반인에게 보이는 수장고	청와대에서 개방될 수 있는 안목이 높은 문화수장고 수준

후신라와
용산 토루(土樓)

2024. 10. 1

　오늘은 4,357주년 개전질이다. 시기 2500년경 학생들은 교과서에서 이런 역사를 배울지도 모르겠다. 옛날 옛날에 2022년 후신라가 탄생하였다. 서울에서 집무실과 관저를 용산공원 부지와 인근 지역으로 하였으며, 일제로부터의 해방 후 수도 서울의 대통령 관저 청와대를 국방부가 있는 용산공원 부지로 이전하여 토루를 건설하였다. 그들의 지지기반은 대구경북을 비롯한 영남이지만, 부산경남의 지지가 약화되며 대구경북만이 그들의 '정치적 토루'로 남게 되었다.

　대통령 경선 토론 중 손바닥에 왕王자를 쓰고 나와 새 왕조의 시조로 모시게 되었다. 지지기반이 대구경북과 영남이라 통일신라를 계승하는 '후신라'가 되었다. '사람에 충성하지 않는다'며 사람에 충성하기를 바라고, 제국을 수립하여 절대군주가 되었다. 그리고 국민과의 소통을 위해 청와대를 떠나더니, 국민과의 대화가 어러운 국방부에 들어가 '용산 토루'를 건설하여 국방부의 비호를 받으며 국민과의 소통과 안보를 잊은 국가원수가 되었다.

토루와 용산토루의 정치·사회적 비교

토루와 '용산토루'와의 정치적·사회적·물리적 현상을 비교 분석하면 흥미로워진다. 토루의 탄생 배경과 성격이 당대 우리 사회의 시대적 흐름과 유사하다. 토루는 전란을 피해 숨어든 유민들의 보금자리이기 때문이다.

구성원

'어디서 저런 사람들만 모아 놓았냐?'는 국민적 관심사에 대한 이해를 돕기 위한 여정이다. 중국 토루는 몰락한 제국의 귀족들이 씨족공동체에서 출발한 주거문화인 반면, 용산토루의 친일파 뉴라이트가 국기에 대한 경례를 의도적으로 망각하는 상황이다.

정책결정자와 책임감

아버지를 아버지라 부르지 못하듯이, 정책의 결정자이면서 자신의 이름을 내세우는 이가 없다.

결속력과 업무추진력

각자의 씨족사회가 세월과 더불어 세력이 약화되듯이, 맹목적인 권위에 복지부동하는 공직 사회는 업무추진력을 상실하였다.

세력의 약화와 분열 가시화

패망과 함께 권력 상실에 따른 씨족공동체화 현상처럼, 정체불명의 파편화된 국정농단 세력의 노출 및 분열 가시화가 진행되는 역사적 전환점에 도달하고 있다.

토루 – 중국 제국의 교체기 등장한 요새형 아파트

토루 건설의 정치·사회적 배경

토루는 중국 제국의 교체기에 정치·경제적 문제로 남쪽 오지로 집단이주한 중앙의 기득권층들이 개발한 주택 유형이다. 중국인 특성상 원주민들과의 갈등을 피하고 개투나 비적, 맹수와 같은 외부의 공격에 대응하기 위해 폐쇄적으로 만든 공동주택으로, 현대의 아파트에 비교되기도 한다. 건물별로 같은 성씨를 가진 사람들이 모여 살기 때문에 그 자체로 집성촌과 같은 역할을 하며 'xx루樓'와 같은 이름을 가진다.

13세기 송-원 교체기나 17세기 명-청 교체기 등 급변기에 주로 발생했다. 이들은 토착 비적들의 약탈에 맞서 요새를 세우고, 낯선 곳에서 일족끼리 뭉쳐 살아야 했다. 유네스코 문화유산으로 지정된 것만도 46채나 된다. 냉전 시기, 미국의 고공 정찰기 U2기가 이 희한한 구조물을 발견하고 비밀 핵미사일 기지라고 오인했다는 일화도 있다. 중국 푸젠福建성 일대에 2만여 개나 산재한 이 구조물들은 800년 전부터 세워진 집합주택, 토루土樓다.[27] 복건성 서북지방은 여러 산들로 둘러싸여 해발 600m 내외에 있는 토루는

토루 배치 형태 - wiki media

**터키 지하도시 입구의 거대한 바위문.
외적침입 방지용** - 나무위키

객가客家족의 전통 가옥이다.

객가인은 원래 중원의 한족이 전란을 피해 4세기 초, 10세기 초, 13세기 말 이후 남하하여 지금의 강서, 광동, 복건3성의 접경지역으로 이주하여, 현지 민족과 함께 생활하며 현지 토착인과 구별되는 언어를 사용하였다. 중국의 여러 민족 가운데에서도 독특한 민족으로 교육열, 생존력, 혈족 중심의 단결력이 강하고 정치에 대한 관심이 높은 것으로 알려져 있다. 토착인은 지리적 조건이 좋은 평원지역을 차지하고 있어, 이주한 그들은 산이 많은 복건, 광동 동부 일부 지역에 집중적으로 거주하고 있다.

토루의 공간 구조

토루는 현대의 공동주택으로서 중정을 가진 단일건축물로 여러 동이 하나의 마을로 형성되어 주변 환경과 조화롭게 구성되어 있다. 15세기부터 20세기에 걸쳐 지은 방어 목적의 집단주택으로서 60~70세대의 큰 토루부터 3~5세대의 작은 것까지 크기도 다양하고, 원형 토루가 대표적이지만 사각형이나 오각형 등의 형태도 있다. 오봉루五鳳婁라 불리는 지붕의 높이가 다른 형태의 토루 등으로 매우 다양하게 건립되었다.

쌀, 차, 담배 경작지 사이에 여러 층으로 건설된 거대한 건축 토루의 출입구는 방어를 위해 단 하나의 문으로 되어있다. 터키 고대인의 토굴 출입구는 지름이 2m가 넘는 **맷돌 형태의 돌**을 세워놓은 점과 유사하다. 10~13cm 두께의 철판으로 보강한 나무문을 달아서 문만 닫아걸면 하나의 요새가 된다.

안쪽에 개방형 마당이 있고, 마당을 중심으로 원형이나 사각형으로 조성되었고. 2m의 두꺼운 흙벽은 찹쌀과 나무 조각들을 섞어 견고하게 만들었다. 흙벽에 기대어 3~5층의 목조 틀을 세워 방을 만들고 안마당 쪽으로 통행용 복도를 두었다. 한 세대는 1층에 주방, 2층에 창고, 3층 이상에 침실을 둔 수직 복층형이다. 주방들로 둘러싼 안마당 중앙에 사당을 두어 씨족의 조상을 모시고, 객실과 가축우리, 우물 등 공동시설을 두었다. 외벽에는 일절 창이 없고 상부에 방어용 총구들만 나 있다. 반면 내부는 행랑으로 둘러싼 개방된 곳으로 모든 일상의 공용공간이다.

토루의 건축적 특성

토루는 독특한 중국 주거 건축으로서 거대한 규모 및 평면·단면 구성에서 신선함보다 경이롭기까지 하다. 이런 취약한 생존 환경에서 만들어진 거대한 살림집, 한 마을이 모두 한 집에 모여 사는 집이 바로 토루다. 토루의 가장 큰 특징은 세 가지다.[28]

첫째, 대가족 집체주택이다. 이주와 정착 모두 대가족이 힘을 합쳐야 했으니 자연스러운 결과다. 훗날 늘어날 가족을 염두에 두고 당장 필요한 것보다 큰 집을 짓기도 했다. 방들이 표준화·통일화된 것도 집체성의 한 단면이다.

둘째, 방어성이다. 도적 떼도 적지 않았고 야생동물 역시 일상
생활에 위협이 되었기 때문이다. 대문과 내부로는 개방되어 있지
만, 외벽은 벽체가 단단한 데다 창문도 적어 상당히 폐쇄적인 구
조다. 대문은 별도의 방어 기능을 보강했다. 집은 크지만 대문은
하나이고 문짝 바깥 면은 철판을 입히기도 한다. 화공에 대비해
대문 위쪽에 방화수 시설까지 한 것도 있다. 마당에는 식수용 우
물이 필수적이다. 장기간 봉쇄를 당했을 때를 대비하기 위함이다.

셋째, 상이한 문화적 요소들이 결합되었다. 방이 표준화된 것은
군영건축軍營建築 요소이고, 조당은 유교적 종법 제도의 요소이며,
목가구는 현지 건축의 요소다. 토루는 서로 다른 문화적 요소들이
자연스레 결합된 것이다.

평면 구조변화

토루는 처음에는 정방형이 많았고 훗날 사회가 안정화하면서
개방성이 강조된 장방형으로, 나중에는 건축기술이 발전하면서
원형 토루로 변해갔다. 원형 토루는 지진에 강한 구조였고, 건축
공간을 최대로 확보한다는 면에서도 유리했다. 성처럼 폐쇄된 형
태로 15m의 높은 흙벽을 지름 60m의 큰 원형으로 쌓고, 벽 내부
에는 건물 띠를 둘러 지붕을 얹는다. 토루는 보통 2층에서 6층 정
도로 구성되어 있다. 외부 창은 1층에는 없으며 2층 이상에 작은
창을 내어 군사 방어용으로 사용하고 있으며, 채광창은 주거 부분
인 상층에 설치하였다.

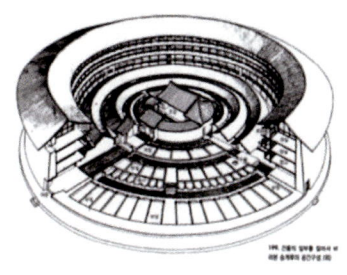

승계루 조감

승계루 평면

방어를 위해 고층에 창을 설치한 승계루　　　**내부중정 구조** - 나무위키

　평면구성은 1층은 주방, 식당 및 축사, 2층은 식품저장 등의 창
고로 사용되며, 3층 이상은 침실이다. 외벽의 기단은 3m에 달하
며, 벽두께는 1.5m 이상으로 위로 갈수록 줄어들며, 외벽은 황토
(삼합토)를 다진 흙벽돌을 쌓았다. 외벽 안쪽으로는 판재와 기둥으
로 구성하여 방 앞에 복도 즉, 주랑走廊을 설치하였다. 내부는 개
방적 평면구성과 중앙에는 중정中庭으로 공용시설인 사당, 학당
등의 시설을 갖추고 공동의 생활공간으로 만들었다. 각 세대 내에
는 방화벽을 구축하여 화재 시 현대와 같은 방화구획으로 전체 세
대가 피해를 입지 않도록 하고 있다. 또한 토루 아래 땅속으로 굴
을 파고 들어오는 적에도 대비했고, 대문 위에 물을 담아 불을 이
용한 적의 공격에도 대비하였다. 토루는 구운 벽돌을 사용하지 않
아 친환경적이며, 두꺼운 흙벽은 단열, 축열, 방어 및 지진에도 견
디는 구조로 합리적, 과학적, 생태적 친환경 건축이다.

토루의 왕, 승계루

　19~20세기, 푸젠 출신의 화교들은 해외에서 큰 성공을 거두었고 고향에 다시 거대한 토루와 기념물을 세워 토루의 전성기를 맞았다. '토루의 왕'이라는 승계루承啓樓는 1709년에 건설한 최대 토루로 4겹의 동심원 구조다. 직경이 73m, 주랑의 총길이가 229m로 중심의 1륜은 사당, 2륜은 공동서고, 3륜은 2개 층의 객실, 외륜은 4개 층의 세대들로 총 370실이다. 최대 80세대, 400명이 거주하여 요즘 고층 아파트 한 동의 규모다. 토루는 '대가족이 화목하면 만사가 성취된다'는 중국식 씨족주의의 소왕국이었다. 현재도 주민이 살고 있지만 관광사업의 비중이 높아진 모습이 세월의 변화를 실감하게 한다.

승계루 투시조감도

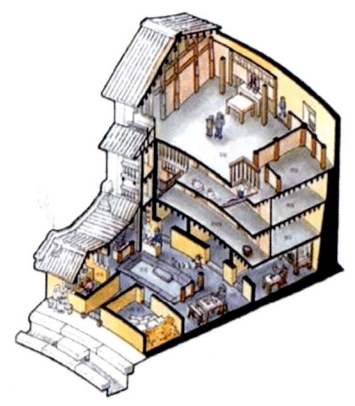

승계루 단면투시도 - 서울대건축사연구실

정주공간 토루의 사회·문화적 가치

토루는 외부의 침입에 대비한 방어적 공간구조를 형성하고 있어 출입구를 1개만 두어 인근의 토루와도 교류와 소통이 적었다. 동시에 창문도 1층에는 설치하지 않고 저층보다 고층에 더 많이 설치하였다. 하나의 토루 자체가 자족적인 생활공동체이며 하나의 세상이었다. 토루 한 채에 한 씨족 전체가 살면서 마을 단위의 기능을 했기 때문에 '씨족 소왕국' 또는 '번잡한 소도시'라고도 불린다.

토루의 특징은 바로 아파트와 같은 공동주택이라는 점이다. 일반적으로 직경이 약 50미터인 원형의 토루에는 약 100여 개의 방과 30~40가구가 거주하며, 최대 200~300명까지 함께 살 수 있다. 객가客家족은 밖으로는 외적을 막고 안으로는 공동체의 결속을 위한 가장 적합한 주거 공간을 창조했다. 가족 단위로 수직적으로 구분하여 거주하고 있으며, 한 가족당 한 층에 있는 방 2, 3개씩 사용한다. 토루는 공동생활과 방어를 위한 형태를 지닌 건축적 전통과 기능을 갖춘 특별한 사례이며, 특히 자연환경과의 조화를 중시한 정주 공간으로서 독특한 가치를 인정받아 2008년 유네스코 세계문화유산으로 지정되었다.

한국 아파트와 토루 비교

한국의 아파트 문화는 우리 사회에 부정적 영향을 주어 배타적인 사회적 환경을 낳는 온상이 되고 있다. 사회적 갈등과 대립, 가계부채 증가의 주요 원인이 되어 국가경제와 국민경제의 성장을 저해하는 요인이 되고 있다. 사회적 양극화 및 대화의 단절은 아파트라는 공동주거가 공동체의 삶에 끼친 부정적 영향으로 볼 수 있다. 소통과 화해보다는 단절과 배제의 배타적인 사회를 형성시키고 있다.

한국 아파트와 토루 비교

구분	토루	한국아파트 주거공간
공간형성 배경	패망한 제국의 귀족 정착마을	이촌향도 정착 주거지
밀도	고밀	고밀
형태	고층	고층
안전	방어용 주거	범죄예방과 외부인 출입금지
소통	생존을 위한 공동체	게이티드커뮤니티(담장쌓기)
주거문화 가치	세계문화유산	부동산 투자수단 전략
사회적 메세지	고립된 씨족사회 성채	이질화된 배타적 성채

토루에서 영감을 얻은 덴마크 티엔트겐 기숙사 - 에듀넷

3장

계엄령과
공간민주화

국민과의 소통을 위한 건축

- 독일 국회의사당

2023. 8. 8

전후 독일 분단과 복구

독일의 강대국화와 전쟁 분단

19세기 후반부터 과학기술을 육성한 프로이센은 프랑스와의 전쟁에서 승리하여, 1871년 빌헬름 1세는 점령한 적국의 파리 베르사유 궁전에서 대관식을 열어 독일 제국의 황제로 추대되었다. 이로써 오스트리아를 제외한 독일어권은 하나의 나라로 통일되었다.

독일 제국 1871년 빌헬름 1세와   프로이센 통일 후 독일영토 - 위키피디아
베르사이유 궁전

독일은 제1차 세계 대전, 제2차 세계 대전에서 두 차례 전쟁 범죄를 범했다. 주로 유대인 중 43%가 학대와 무시 속에서 살해 혹은 사망하였다. 하지만 유대인이 아닌 다른 수많은 사람들도 2번의 전쟁 기간 동안 독일인들에 의해 사망했다. 1945년 5월 나치 독일의 항복으로 제2차 세계대전은 종식되었고 독일은 연합국의 통치를 받기 시작했다. 패전국인 독일의 무정부 상태를 막기 위해 연합국은 1945년 6월 5일부터 4개국에 의해 분할 통치했다. 따라서 독일의 행정권과 통치권은 연합군이 수행하게 되었고, 군대도 해산되었으며 나치의 지도자도 모두 체포되었다.

전쟁의 피해와 전후의 위기

전쟁의 폭격으로 대부분의 산업 시설은 잿더미 속에 묻혀 가동이 중단되었다. 1945년 제2차 세계 대전이 종식되었을 때 독일의 피해 규모를 보면, 교통 시설은 40%, 주거 시설은 15%, 산업 시설은 20%가 파괴되었다. 1945년 독일의 산업 생산량은 1938년 전쟁이전의 3분의 1 수준에 불과했으며, 시장 경제는 제대로 운영되고 있지 않았다. 1945년부터 1949년까지의 독일은 황폐화된 토지가 많아 식량 문제는 빨리 해결되지 못했다. 계속된 영양 부족으로 기아와 고통이 일반화되어 충분한 영양분을 섭취하지 못한 국민들은 전염병에 쉽게 감염되었다.

1945년 전쟁 후 4개국 연합국 점령 지역에는 약 5천만 명의 인구가 살고 있었다. 1946년에는 피난민과 구제국(동프로이센 지역과 슈테텐 지방 등)에서 추방된 독일인의 유입으로 인구가 6천 6백만에 이르렀다. 짧은 기간 동안에 인구는 약 30% 이상 증가하여 주택 수급에 대한 문제가 드러나게 되었다. 그밖에 전쟁 후 독일은 에너지 공급에서도 많은 어려움을 겪었으며 총체적 위기를 겪게 되었다.

미국과 영국의 지역통합

1947년 1월 1일부터 미군과 영국군 점령 지역이 하나로 통합되었다. 이것은 미국의 독일 정책 변화를 의미한다. 미국의 독일 주둔 사령관은 처음으로 서독Westdeutschen이라 불렀다. 이는 소련과 독일 점령 정책의 통일을 기할 수 없다는 것을 예고하는 것이었다. 1947년 모스크바 외무부 장관 회의가 결렬되자 미영 통합지역에서는 경제위원회를 구성했다. 경제위원회가 1947년 구성되어 프랑크푸르트에 상주했다. 이 기구는 52명의 위원으로 구성되었으며, 기독교 연합 20명, 사민당 20명이 선출되어 양당이 균형을 이루었다. 경제위원회의 임무는 경제, 교통, 우편, 재정 그리고 농업에 관해서 법률을 제정할 수 있는 권한을 보유했다. 미국과 영국도 이 기구의 활동을 인정했지만, 본국에서 파견된 약 900명의 전문가들이 독일 경제를 통제하고 감시했다.

마셜 플랜의 독일 재건 효과

한편 이 무렵 미소간 대립이 심화되면서, 1947년 미국의 국무장관 조지 마셜은 하버드 대학 연설에서 전후 유럽의 경제 재건을 위해 차관을 양도하겠다고 밝혔다. 이에 따라 미국의 '마셜 플랜' 정책이 시행되었다. 마셜 플랜은 미국의 독일 정책의 변화로 부유한 유럽 건설을 위해 독일이 반드시 경쟁력 있는 국가가 되어야 한다는 것이다. 독일의 경제 재건을 위해 1947년 8월 서방 연합국은 독일에 가했던 산업 생산량의 제한을 해제했다.

마셜 플랜의 단기적 목적은 전쟁 후 어려움에 처한 유럽을 굶주림과 배고픔, 가난과 절망, 혼란 등에서 구출하는 것이고 장기적인 목적은 서유럽의 경제와 정치를 안정시켜 서방 세계가 자본주의 체제를 확고히 다지는 것이다. 그리고 서유럽의 정치적, 경제적 안정은 소련의 영향력이 서독까지 확대되는 것을 조기에 차단하는 것이다. 이러한 마셜 플랜 정책은 서독의 경제 재건에 절대적으로 기여했는데 마셜 플랜에 의한 원조는 1948년 5월에 시작되었고, 산업 분야의 시설 투자는 1948년 10월부터 시작되었다.

전쟁의 사죄와 독일 부흥

1970년 12월 7일 폴란드와의 관계 정상화를 위한 바르샤바 조약 체결을 위해 빌리 브란트 독일 총리가 방문하였다. 총리로서는 처음으로 폴란드를 방문하여 거행된 이 사죄는 오늘날까지 상징적인 장면으로 남아 있다. 빌리 브란트 독일 총리는 유태인 희생자 추모비 앞에서 무릎을 꿇으며 '헌화로는 충분하지 못하다고 느꼈다'며 전쟁의 사죄를 진심으로 표현하였다.

이에 대해 '무릎 꿇은 것은 한 사람이었으나 일어선 것은 독일 전체였다'고 언론들은 높이 평가했다. 이를 기해 유럽은 독일을 포용하고 유럽의 발전을 위한 하나의 주체국으로 인정하게 되었다. 이후 그의 저서에서 "독일의 비참한 과거사와 살해당한 수백만 명에 대한 가책으로 했던 일"이라며 "말로는 할 수 없을 때 사람들이 하는 일"이라고 설명했다.

무릎 꿇은 빌리브란트 총리, 바르샤바 게토 유대인 추념비에서 폭우 속에 무릎꿇고 참회하는 장면

전쟁에서 파괴된 독일국회의사당 - 나무위키

소통을 위한 건축: 독일 국회의사당

민주주의와 친환경의 결합

제2차 세계대전의 처절한 파괴 후 통일 전까지는 의사당에 돔이 없었다. 1990년 통일독일의 첫 연방의회가 의사당에서 개최되었다. 이후 노먼 포스터Norman Foster의 설계로 재건축이 이루어졌고 1999년 새 건물에서 의회가 개최되었다. 국민과의 소통을 위해 국민들의 감시의 눈과 함께 자연의 채광을 국회 회의장 안으로 끌어들여 민주주의와 친환경을 결합시킨 걸작이다.

국회의사당의 의회토론실 위에 거대한 유리돔을 덮어서, 원 밑의 의회 진행 과정을 내려다볼 수 있다. 유리로 된 기둥은 환기통이며 겉에 거울을 덮어서 아래층의 조명과 환풍을 동시에 해결한다. 밤에는 조명으로 더욱 아름다워 국민들이 사랑하는 명소가 되었다. 밤낮으로 밝게 빛나는 환기통의 독창적인 조형물로 이루어진 국회의사당의 돔은 360도로 베를린 시내와 의회진행 과정을 볼 수 있어 독일 민주주의의 횃불로 상징되고 있다.

독일 국회의사당

국민과의 소통을 위한 친환경 환기통

소통을 위한 국회 기능의 정상화 - 국민의 대표들은 무얼하고 있는가?

혼들리는 대한민국의 민주주의는 어디로 가고 있는가? 가장 기본적인 것으로는 '삼권분립의 파수꾼이며 국민의 대표들의 모임인 국회가 국민을 위해 일하고 있느냐?'일 것이다. 국민들의 자유로운 접근, 국민들과의 소통과 국민에 의한 감시의 눈을 선택한 독일 국회의사당의 미래세대를 위한 친환경 건축을 소개하였다. 최근 우리의 주변에서 일어나는 일련의 사건과 상황들은 국민들의 감시와 소통이 우리의 미래에 얼마나 중요한 것인지를 상기시키고 있다.

국회 세종의사당 건립 확정 통과

국토균형발전의 핵심 정책 중 하나인 국회 세종의사당 건립이 2023년 8월 30일 전체회의에서 18개 국회 상임위 중 12개를 세종의사당으로 이전하는 내용을 담은 '국회세종의사당의 설치 및 운영 등에 관한 규칙안(국회 규칙)'을 통과시켰다. 세종의사당으로 이전하는 12개 상임위 및 국회예산정책처, 국회입법조사처, 국회미래연구원도 세종의사당으로 옮긴다. 해당 상임위의 소관 행정부처가 세종시에 있기 때문에 공무원들이 서울을 오가는 비효율성을 줄일 수 있다.

인류 문화 가치의 상징

- 노벨문학상과 프리츠커상

2024. 10. 30

노벨문학상 수상의 감동

한강과 버킷리스트

2024년 10월 10일 작가 한강은 우리들 모두의 마음속에 숨겨두었던 버킷리스트 중 한 가지를 해결해 주었다고 확신한다. 그것은 우리 모두의 소원이었기 때문이다. 한국인으로서의 정체성과 문화적 자존심을 일깨워 준 시대정신과 함께한 순간이었다.

한강 노벨문학상 수상 강연 - 스웨덴한림원 홈페이지

버킷 리스트는 죽음을 앞둔 사람이 죽기 전에 하고 싶은 일을 적은 목록을 말한다. '노벨문학상' 수상은 우리 한민족 모두에게 통일과 같이 마음속 깊이 숨겨진 꿈을 실현시켜 준 벅찬 감동과 행복을 안겨준 역사적 사건이다. 이 꿈에서 아직도 헤어나지 못하는 분들도 많을 줄로 안다. 황석영 작가는 "한강의 이번 노벨상 수상은 고통과 수난의 치유자이며 해결자였던 한국인과 한국문학이 걸어온 길 위에서 거둔 빛나는 성과다."라며 축하와 경의를 표하였다.[29] 그동안 음악, 드라마, 영화 등으로 세계에 존재감을 보이던 K-컬쳐가 결실을 맺은 한국문화의 결정판이다.

노벨문학상 수상자 규정에 의하면, 기존에 한번은 최종수상자 후보 리스트에 올라야 노벨문학상 수상이 가능하다고 한다. 그래서 이번 한강 작가의 노벨상 수상 소식은 기대하지 않았던 민족적 경사이며 더없이 놀라운 쾌거다!

한국 노벨문학상 수상의 은공隱功

일본은 70년대에 일본어학당, 일본어학원을 설립하면서 일본어 보급을 시작하였다. 이와 함께 번역 수준도 향상되면서 외국에 일본 문학이 자연스레 소개되었다. 그동안 한국 문학계에서도 노벨문학상 수상이 기대되는 훌륭한 작가들도 많았다. 하지만 예술계의 편 가르기 속에서도 최근 한국문학을 알리기 위한 다양한 루트를 개발하면서 한국문학 번역원의 활동은 감동의 원천이 되었다. 영국, 프랑스, 이탈리아 등에 한국문학을 널리 알리는 계기가 되었고, 맨부커상 외국 문학상 수상으로 한국 문학계의 소망이 결실을 이루기 시작하였다.

인류 문화의 상징탑 - 노벨문학상과 프리츠커상

노벨문학상

문화는 국민의 의식 수준이며 다 같이 함께 성장해 가는 측면이 있다. 김중혁 작가는 그 나라의 표정을 읽고 싶으면 '음악'을 듣고, 그 나라의 생각을 보고 싶으면 '영화'를 보고, 그 나라 사람들의 '마음'을 읽고 싶으면 '소설'을 읽으라고 한다. 하인리히의 법칙과 같이 우리 영화도 몇 차례 작은 상을 받으며 큰 상을 받게 되었고, 이제는 영화 문화의 국제적 산실이 되었다.

문학은 서사를 이야기하고 역사를 담는 그릇이며, 건축은 인간의 삶과 생활을 담는 그릇이다. 인간은 역사에 어쩔 수 없이 굴복한다. 하지만 한강은 역사보다 인간이 더 중요한 가치라고 표현하고 있다. 인류 문화의 관점에서 보면, 문학은 인문학적 소프트웨어이고 건축은 자연과학적 하드웨어로서 인류의 문화와 역사의 산물이다. 문학과 건축은 창의력과 삶 등에 기반을 둔 출발선은 같지만, 건축은 모두가 주인이며 모두가 잘 알고 있다고 생각하여 제도와 관습의 벽을 넘어야 하는 능력이 더 요구된다는 차이가 있다. 하지만 역사 속에서 인간의 가치를 발견하여야 함은 문학과 건축이 맥을 같이 한다고 볼 수 있다.

프리츠커상

프리츠커 가문이 운영하는 하얏트 재단에서 매년 "건축예술을 통해 재능과 비전, 책임의 뛰어난 결합으로 사람들과 건축 환경에 일관적이고 중요한 기여를 한 생존한 건축가"에게 수여하는 상이다. '건축계의 노벨상'으로 불리며, 근현대 건축사에서 가장 영향력 있는 건축가라는 위상을 자랑한다.

　프리츠커상은 수상 후보자 명단을 공개하지 않는다. 제출 서류는 지명자 이름과 연락처 뿐이라서, 이름만 들으면 알 수 있을 정도로 저명한 건축가여야 한다는 의미다. 개개인의 창의력과 삶에 기반을 두는 철학, 문학 등 인문학적 지성과 순수 기초과학. 문화·예술 분야에서도 세계의 주목도가 떨어지는 한국의 위상을 고려하면 보다 장기적이고 근본적인 과제로 다가온다.

한국 건축에 부족한 것은?

야마모토 리켄 - 'Townhouse in Pangyo Housing'

　2024년 3월 발표된 '건축계 노벨상' 프리츠커상을 수상한 일본 건축가는 야마모토 리켄이다. 심사위원회는 "그의 공간은 공동체

야마모토 리켄의 지역사회권 개념 - 『마음을 연결하는 집』 p.52

공동체를 회복시키는 판교하우징(2층 현관 공간을 통유리로 설계) - 프리츠커상 홈페이지

를 회복시킨다"고 평가했다. 그는 판교의 타운하우스에서 개최된 주민들과의 축하 모임에서 한국 건축문화의 문제점을 지적하고 있다.[30]

입주 시 80여 퍼센트가 미분양이어서 '판교 미분양 굴욕'으로 불리던 자신이 설계한 공동주택 완공 10년 후, 입주민들은 건축가 야마모토에게 감사 편지를 보냈다는 일화는 깊은 감동을 준다.[31] 우리 사회가 변했다고 생각할 수도 있지만 입주민들이 거주하며 개방성과 소통의 중요성을 인식하게 되면서, 탁 트인 공간을 매개로 이웃 간 교류가 가능한 '주거의 가치'를 발견하게 되었다.

한국 건축 시스템의 문제 - 철학의 부재

"정부의 주택공급 시스템이 가장 문제다. 지출생·고령화 문제도 현재의 주택공급 시스템 때문이라고 지적한다. 1인 가구도 급속히 증가하고 재택근무도 늘어 사람들이 만나고 일할 수 있는 일·가정이 양립할 수 있고 노약자를 보살피기에도 편한 주택이 필요하다."라고 야마모토 리켄은 지적한다.

집은 휴식만을 위해서보다 생산활동을 하고 싶은 사람들이 더 많아졌다. 폐쇄적인 집은 지역사회와의 관계성을 상실한다. 이러한 결과는 팔기 쉽게 주택 내부만을 보여주고, 사생활 보호를 강조하며 이익을 챙기는 민간 주택업자의 홍보의 결과다.[32] 그런데 법과 제도가 가로막고 있다. 일본 건축가 반 시게루는 "국가의 부, 자산가의 권력을 나타내는 수단으로서 건축이 활용됐기 때문이다."라고 비판하고 있다.[33]

1979년 이래 일본은 프리츠커상 수상자가 9명이다. 좋은 집이란 커뮤니티가 살아있는 집이다. 주변 사람들도 함께 좋을 수 있는 집을 만드는 게 건축가의 역할이다. 건축주와 자신의 유명세만을 추구하는 건축가가 아닌, 주변을 생각하고 '건축의 사회적인 역할'을 고민하는 건축가들이 이 상을 받았다. "공동체가 살아있는 공간을 만드는 일은 건축가가 추구해야 할 영구적인 가치다."라고 야마모토 리켄은 주장한다.

한국은 건축가 스스로 책임지게 하는 시스템이 없다. 건축가가 설계·시공 등 끝까지 책임을 져야 한다. 치밀한 건축을 위해서는 건축가가 감리까지 관여해야 한다. 특히 공공건축 프로젝트에서 외국 건축가들에게는 자유를 주면서도 국내 건축가들에게는 정부의 통제가 너무 강하다.

노벨상과 프리츠커상이 지향하는 가치

노벨문학상 수여

노벨문학상은 고결한 이상을 추구하는 문학Lofty Idea이나 이상주

강남구 세곡동 보금자리주택 전경 - 야마모토 리켄, 『전게서』, p.170

의적 경향을 가진 문학Idealistic Tendency에 수여되어 왔다. 그러나 최근 들어 인도주의적 이상이 현재 노벨상의 평가기준이 되었다.[34]

노벨문학상 수상작 언어

순위	국가	수상자 수	언어 사용 인구
1위	영어	32명	약 15억 명
2위	프랑스어	16명	약 2.7억 명
3위	독일어	15명	약 1.3억 명
4위	스페인어	11명	약 5.4억 명
5위	스웨덴어	7명	약 930만 명

자료: 탐구생활에서 재작성

프리츠커상 수여

프리츠커상은 1979년 설립되어 건축계 최대의 영광으로 인식되는 세계에서 가장 권위 있는 건축상이 되었다. 2014년 이후부터는 수상자들의 경향이 공공건축과 사회적 건축에 기여한 건축가에게 수여되기 시작하면서 그 경향이 변했다.

순위	출신 국가	횟수	수상자	비고
1위	일본	8회	9명	2010년 공동 수상
2위	미국	8회	8명	시민권을 얻은 3명 포함
3위	영국	5회	5명	시민권을 얻은 1명 포함
4위	프랑스	3회	4명	2021년 공동 수상
	스페인	2회	4명	2017년 공동 수상
	독일	3회	3명	시민권을 얻은 1명 포함
6위	스위스	2회	3명	2001년 공동 수상
	아일랜드	2회	3명	2020년 공동 수상
	캐나다	2회	2명	
9위	이탈리아	2회	2명	
	포르투갈	2회	2명	
	브라질	2회	2명	10주년 기념 공동 수상

프리츠커상 국가별 수상 횟수 - 나무위키

건축가 반 시게루 - 재난 건축의 아이콘

'공간의 주인공 인간을 재발견한 건축가'라는 공로와 건축적 성과를 인정받아 2014년 프리츠커상을 수상한 일본 건축가이다. 지진과 피해자에 건축가적 책임감을 느끼고 재난 지역에 보호소와 교회, 성당, 학교, 음악당 등을 종이로 건축하여 '종이로 세상을 구하는 건축의 대가'로 불린다.[35]

말라케시 임시주택 - 반시게루 사무실 홈페이지

재난 피해지 뉴질랜드 크라이스트처치 종이
대성당 - 홈페이지

일본 건축가의 철학 - 프리츠커 문학상과 프리츠커 평화상

그동안 일본 건축가들에게 수여된 프리츠커상의 장르를 구분해 본다면 이해에 도움이 될 수 있다. 전술한 반 시게루와 야마모토 리켄 건축가는 커뮤니티의 소통과 교류를 위한 공간민주화를 지향한 건축물들을 설계해 왔다. 반 시게루는 전쟁과 재난으로 파괴된 인류의 평화와 안정된 주거권 보장을 위해 헌신해 왔으며, 야마모토 리켄은 공간 민주화와 거주민들의 복지를 위해 소통과 교류의 스토리를 창조해 왔다. 그들에게 수여된 프리츠커상의 선정 이유를 요약해 보면, 반 시게루에겐 '프리츠커 평화상'을 야마모토 리켄에겐 '프리츠커 문학상'이 수여된 것과 마찬가지다. 인류 문화 최고의 걸작인 도시의 창조자들에게 인류와 공동체에게 진정한 가치가 무엇인지를 가르쳐주고 있다.

현존하는 세계 최고층 건축물들은 거의 다 한국의 건설기술로 이룩되어 인류 문화의 상징이 되었다. 그럼에도 불구하고 한국에도 있는 일본인 두 건축가가 설계한 건축물들을 우리가 못 만드는 이유는 무엇일까? 철학의 부재로 못 만드는 것인가, 안 만드는 것인가?

노벨상과 프리츠커상의 가치 지향

작가 한강에게는 '역사보다 인간'이 더 중요한 가치였다. 세계의 건축계는 공공건축과 사회적 건축의 중요성이 높아감에 따라 건축의 사회적인 역할에 기여하는 건축가들을 주목하게 되었다. 재난과 전쟁 등의 역사 속에서 '인간의 가치 발견' 및 '공동체의 삶을 담아내는 공간 창조'가 인류 문화가 궁극적으로 지향하는 가치임을 보여주고 있다.

한국문화의 세계화를 기대하며

2024년 10월 10일 스웨덴 한림원(아카데미)은 "한국 작가 한강을 노벨문학상 수상자로 선정했다. 역사적 트라우마와 보이지 않는 규칙에 맞서고 인간 생의 연약함을 드러냈다"고 노벨 문학상 선정 이유를 밝히며 "신체와 영혼, 산 자와 죽은 자 사이의 연결고리에 관한 독특한 인식을 시적이고 실험적인 스타일로 현대 산문의 혁신가가 되었다"고 전했다. 노벨 문학상은 세계적인 한국문화의 영향력과 더불어 한국문화의 결실의 결정판이다. 노벨문학상으로 한국문화 수준을 국제적으로 인정받았듯이, 한국의 건축·도시 문화와 사회적 의식도 바뀌어야 한다.

작가 한강은 "역사보다 인간이 더 중요한 가치"라고 표현하고 있으며, 유현준 건축가는 "프리츠커상은 한 건축가가 받는 상이라기보다 그 나라의 문화 수준에 주는 상"이라고 조언한다. 문학과 건축은 개인의 능력과 도전으로 이룬 인류 문화의 결정체라는 속성이 같다. 하지만 우리의 건축문화가 성장하지 못하는 또 하나의 장벽이 있다면 '우리'라는 공동체 의식의 왜곡과 실현 과정일지도 모른다. 언론이 제 역할을 못해 정치가 타락하듯이, 건축과 도시 문화도 냉철한 비평과 반성이 없이 성찰과 발전을 기대할 수 없는 상황에서 타성에 빠져버린 자신을 발견하지 못하고 있기 때문이다. 역사와 문화는 돈으로 살 수 있는 것이 아니다. 마음속에 간직하는 것이다!

"공동체가 살아있는 공간을 만드는 일은 건축가가 추구해야 할 영구적인 가치다."라는 야마모토 리켄의 한마디는 한국 건축가들의 버킷리스트가 되어야 한다. "주변을 생각하고 '건축의 사회적인 역할'을 고민하는 건축가들이 이 상을 받았다"는 말을 남기고 프리츠커상 수상자는 떠나갔다. 한강처럼 새, 숲, 나무, 눈, 불, 겨울, 저녁 등의 테마나 모티브를 연결하여, 가우디처럼 생명이 깃들어 있는 참 아름다운 세상을 만드는 건축가들을 기대해 본다.

여인천하 2024

- 거리의 광장화

2024. 12. 28

역사에 기억될 2024 - 과거가 현재를 살렸다

지나간 갑진년甲辰年 2024년은 청룡의 해였다. 용처럼 기운이 세고 밀어붙이는 추진력이 강해서 지치지 않는 에너자이저를 의미한다. 계엄령이 해제된 후 전국 대학교수들이 올해의 사자성어로 '제멋대로 권력을 부리며 함부로 날뛴다'라는 뜻의 '도량발호跳梁跋扈'를 꼽았다. "도량발호는 권력을 가진 자가 높은 곳에서 제멋대로 행동하며 주변의 사람들을 함부로 짓밟고 패거리를 이끌고 날뛰는 모습을 뜻하는 고어"다. "권력자들은 위임받은 권력을 사적인 이득과 편애하는 집단의 특혜를 위해 번번이 남용하고 악용하여 왔다. 그 최악의 사례가 12월 3일 심야에 대한민국을 느닷없이 강타한 비상계엄령"이라고 비판했다.

2024년 여인천하와 숨어든 남자들

올해 한국의 주인공들은 여인들이었다. 상반기는 '사진 속의 여인'이 관심을 끌더니, 하반기엔 스웨덴에서 날아온 '노벨문학상의 여인'이 우리의 마음을 따뜻하게 감싸준 주인공이 되었다. 그러더니 비상계엄령 선포 뒤엔 국회와 광장의 길거리를 가득 메운 '10대부터 2030 여인들'이 역사의 주역으로 떠올랐다.

그 사이 남자들은 불신과 비난, 몰염치와 뻔뻔함으로 장식한 얼굴로 자신을 숨기기에 바빴다. 심지어는 얼굴은 진흙탕 속에 파묻고 몸뚱이만 내보이거나, 어둠의 밀실에서 국가의 미래를 팽개친 위헌적 모의에 집중하고 있었음이 드러났다. 국제적으로는 자신의 임기도 보장 못하는 한미일 3인의 리더가 모여 설계한 미래는 핵전쟁과 죽음, 투기와 인플레로 불확실성만 증폭시키며 환경파괴에 대비하여 탈지구화로 가고 있다.

사진 속의 여인

상반기 대통령실에서 공개하는 사진들에는 국민들의 상식에서 벗어난 장면을 자주 목격하곤 하였다. 국가원수가 없거나 어디 있는지 국민들로 하여금 호기심을 갖고 찾게 만드는 사진들이 등장하더니, 급기야는 여인이 국정 현장을 혼자 시찰하는 장면까지 내보내고 있었다. 이 여인의 나라임을 인정하라는 듯이 말이다. 대구 당원들 얘기로 시작하는 칼럼을 소개한다.

대통령 취임 후 부인을 '여사님' '여사'라고 부르다가 어느 순간 'ㅇㅇㅇ'라는 이름으로 바뀌었고, 다시 시간이 흐르자 '가'라는 경상도 호칭으로 변했다. 그러더니 이제는 당원 상당수가 그냥 욕설로 부른다고 한다.

'가'는 상대에 대한 기대를 포기한 3인칭이다. 이름을 부를 때 조금이나마 들어있는 존중마저 사라진 아주 객관적 호칭이다. 외국 순방 때 김 여사의 모습과 논란이 이런 여론을 만들었다. 임기 후 국민에게 '여사'로 불리며 대통령 관저를 떠났으면 한다고 마무리하고 있다.[36]

리투아니아 순방 명품쇼핑

노벨문학상의 여인

역사보다 인간

한글날 바로 다음 날인 2024년 10월 10일 스웨덴 아카데미 Svenska Akademien로부터 '내 평생 이런 날이 올까?'라고 꿈속에서나 그리던 감동스런 한강 작가의 노벨문학상 수상자 발표가 있었다. 우리들 마음속에 깊숙이 숨겨두었던 버킷리스트를 날려버리는 순간이었다. 한국인으로서의 정체성과 문화적 자존심을 일깨워 준 역사적인 순간이었다.

노벨문학상 수상식의 스웨덴 국왕과 한강

노벨상을 주관하는 스웨덴 아카데미는 "역사적 트라우마를 직시하고 인간 삶의 연약함을 드러내는 강렬한 시적 산문"이라며 선정 이유를 밝혔다. 노벨상 위원회는 한강에 대해 "음악과 예술에 헌신해 온 인물이며, 한강의 작품이 광범위한 장르를 탐구함으로써 경계를 넘나든다"고 덧붙였다.

스웨덴 아카데미 상임 사무총장 마츠 말름은 한강 작가의 수상에 대해 "한강은 정말로 수상에 대비하고 있지 않았다"고 말했다. 앤더스 올슨 위원회 위원장도 한강의 "시적이고 실험적인 스타일"을 칭찬하며 그를 "현대 산문의 혁신가"라고 불렀다. 또한 한강이 "육체와 영혼, 산 자와 죽은 자 사이의 연결에 대한 독특한 인식"

을 가지고 있다고 찬사를 보낸다.[37]

노벨상 위원회는 1901년부터 문학상을 수여해왔으며, 여성이 이 상을 수상한 것은 이번이 18번째다. 한강 작가는 지난 2016년 소설 '채식주의자'로 세계 3대 문학상 중 하나로 꼽히는 맨부커상 인터내셔널 부문을 수상한 바 있다. 한강 작가의 작품은 현재 전 세계 30개 이상의 언어로 번역되어 출간돼있다.

문학은 서사를 이야기하고 역사를 담는 그릇이다, 하지만 한강은 역사보다 인간이 더 중요한 가치라고 표현하고 있다. "인간의 잔혹함과 존엄함이 극한의 형태로 동시에 존재했던 시공간을 광주로 부를 때, 광주는 더 이상 한 도시를 가리키는 고유명사가 아니라 보통명사가 된다는 것을 나는 이 책을 쓰는 동안 알게 되었습니다. 제주 4·3 사건을 다룬 『작별하지 않는다』까지, 비극과 고통에 천착한 듯 보이는 자신의 소설들이 사실은 '인간의 사랑'을 향하고 있던 것임을 깨달았다"고도 말했다.

질문이 보석으로

과거가 현재를 도울 수 있는가, 죽은 자가 산 자를 살릴 수 있는가?
(『소년이 온다』, 2014)

"세계는 어째서 이렇게 폭력적이고 고통스러운가? 동시에 세계는 왜 이렇게 아름다울 수 있는가?" 라는 질문이 오랫동안 글쓰기를 이끌어온 힘이었다고 밝혔다.

사랑이란 어디 있을까? 팔딱팔딱 뛰는 나의 가슴 속에 있지.

사랑은 무얼까? 우리의 가슴과 가슴을 연결해주는 금실이지. (1979
년 4월 쓴 시의 도입부)

한국 아픈 역사의 호수, 한강 - 스웨덴한림원 홈페이지

한강 작가의 세계관 - 노벨문학상 기념관 원하지 않아

한국인 최초로 노벨문학상을 수상한 한강 작가는 노벨문학상
수상자 발표 후, 부친인 소설가 한승원 씨가 기자회견을 통해 "러
시아, 우크라이나 또 이스라엘, 팔레스타인 전쟁이 치열해서 날마
다 주검이 실려 나가는데 무슨 잔치를 하겠나. 노벨문학상 수상
자 기자회견을 안 하기로 했다더라"고 전했다.[38] 한강은 5·18 광
주민주화운동을 소재로 한 소설 '소년이 온다'를 집필하기 위해 당
시 계엄 상황을 공부했다. "2024년에 다시 계엄 상황이 전개되는
것에 큰 충격을 받았다. 바라건대 무력이나 강압으로 언로를 막는
방식으로 통제하는 과거의 상황으로 돌아가지 않기를 간절히 바
라고 있다"고 답변했다.

지난 12월 6일 노벨상 공식 기자회견에서 그가 한림원 소속 진행자로부터 받은 첫 질문은 다음과 같았다. "이번 주 벌어진 한국의 정치적 혼란 상황에 전 세계 이목이 집중됐다. 혼란스러운 상황에서 노벨상 수상을 위해 출국했으니 얼마나 끔찍awful했느냐"는 질문에 한강 작가는 "끔찍할 것 같다고 말씀하셨는데 그렇게 끔찍하진 않다"라고 말했다. "이번 일로 시민들이 보여준 진심과 용기 때문에 감동을 많이 했거든요. 그래서 이 상황이 끔찍하다고만 생각하진 않습니다. 밖에서 보는 것처럼 그렇게 절망적인 상황은 아니라고 생각합니다"라고 대답한 그의 모습은 한국의 여인 바로 그 자체였다.

그리고 노벨문학상 수상을 계기로 자신의 이름을 딴 기념관, 문학관 등 건축물을 설립하는 것에 대하여 설립 반대 의사를 언론을 통해 전달하였다. 광주광역시 시민권익위원회는 2024년 12월 26일 한강 작가의 노벨문학상 수상 기념관을 설립하지 않기로 권고하였다.

응원봉의 여인들 - 고개 숙인 남자들

우리의 역사적 시국은 한 여인에 의해 만들어지고, 다른 한 여인은 예언했고, 여러 여인들을 광장으로 불러냈다. 여인들의 천하가 펼쳐진 세상이다. 하지만 역사는 숨어든 남자들을 찾고 있다.

집회를 위해 많은 사람이 모인 것도 화제가 됐지만 예전과는 다소 다른 시위 문화가 이목을 끌었다. 미국 매체 뉴욕타임스는 "심각한 시위조차 매력적이고 낙관적이며 축제와 같은 분위기일 수 있다는 것을 한국인들이 보여주고 있다"고 현장 상황을 전했다. 주요 외신들은 성숙한 민주주의를 보여준 한국 국민들의 '응원봉' 시위를 관심 있게 지켜봤다. 과거 '촛불 시위'로 세계를 놀라게 한 한국 국민들이 이번엔 '응원봉'으로 축제 같은 새로운 시위 문화를 보여줬다며, 특히 20대 여성의 참여도가 단연 높은데 20~30대 젊은 층이 주도하여 이것은 한국 민주주의 미래의 희망을 보여준다고 호평했다.

남태령 트렉터 시위

박근혜 대통령 탄핵 집회 때에도 촛불 대신 응원봉을 든 젊은 세대가 종종 있었으나 당시에는 '시위를 장난인 줄 안다' '집회의 본질을 흐린다' 등의 부정적인 반응이 많았다. 하지만 최근 집회에선 남녀노소 나이 불문 응원봉을 흔들며 한목소리를 내고 있다. 한국의 젊은 세대가 무관심하고 참여하지 않는다는 생각과 상반된다.[39] 젊은 세대의 민주주의에 대한 이러한 참여와 헌신은 한국 민주주의 미래에 대한 희망적인 신호라고 할 수 있다.

국운과 천운 – 거리의 광장화

최근 맨체스터 유나이티드전에서 나온 손흥민의 신기에 가까운 코너킥 득점에 대한 외신들의 극찬이 멈출 줄 모르고 있다. 축구에선 공을 받은 위치와 골대 각도 등을 환산해 슈팅의 기대 득점 확률을 수치화한 기록을 'xGExpected Goals'라 한다. 축구 통계매체 풋몹이 분석한 이 코너킥 득점 장면의 xG는 0.01이었다. 경기 후 손흥민은 "코너킥 골은 초등학교 때 이후 처음인 것 같다. 프로에서 수많은 코너킥을 찼지만 골이 되지는 않았다. 운이 좋았다"며 기뻐했다.[40]

축구 인생 처음 성공하는 손흥민의 코너킥 장면

45년 만의 비상계엄 선포는 국운國運과 관련된 비극적인 역사다. 하지만 비상계엄을 국회에서 해제시킬 수 있었다는 것은 손흥민의 코너킥 정도로 천운天運에 가까운 것이다. 그럼에도 불구하고 국가를 정상으로 회복시키려면 아직도 갈 길이 멀다.

숨으면 집까지 털리기에 우리에게 갈 곳은 길거리밖에 없고, 길

거리를 광장으로 만들기 위해 나섰다. 2024년은 여인들의 천하였고 그들은 역사의 주인공이 되었다. 평생 계엄령이 선포될 것이라고 상상도 하지 못했다는 젊은이들과 여인들의 열정과 용기에 경의를 표한다. 그들에겐 광장도 좁아 도시의 거리 전체를 축제의 광장으로 만들 수 있는 민주화를 위한 열정과 명민明敏함이 있음을 확인하는 계기가 되었다. 이제 시대정신을 체득하지 못한 기득권층은 많은 것을 내려놓고 부디 젊은이들에게 새로운 세상을 펼쳐주기 바란다.

  오늘도 축제의 장 같은 시위 현장에서 로제의 '아파트'가 울려 퍼진다. 신문에는 '계엄군의 총을 잡은 여인의 사진'이 올해의 사진으로 올라왔다. 여인천하 스토리에 대한 변증적 추론은 이렇게 마무리되어 갈 것이다. 역사는 반복한다. 죽은 자가 산 자를 살릴 수 있을까? 역사가 산 자를 살렸다.

4장

공간민주화의
가치와 미래

공간민주화를 위한 공간계획
- 오감·이동·안전으로 실현

2023. 11. 15

공간민주화는 오감, 이동, 안전으로 실현

인간과 자연은 상품화되어서는 안 된다

언제부터인가 시장의 원리가 사회성의 침해에 대해 약해지기 시작했다. 시장의 이기심이 사회 전반의 이타성과 상호성의 동기를 가차없이 몰아냈다.[41] 칼 폴라니는 자본주의의 문제를 사회 안에 머물러야 할 경제가 사회로부터 독립한 것에서 찾았다. 자연과 사람, 화폐 등은 소유할 수 없는 것들이다. 그런데도 자본주의는 그것들을 거래의 대상으로 삼고 상품화함으로써 심각한 문제들을 낳고 있다. 시장에서 상품화되어서는 안 될 토지·노동·화폐 등 인간과 자연이 상품화하면서 사회가 망가지기 시작했다. 인간과 자연환경의 운명이 순전히 시장 매커니즘 하나에만 좌우된다면 결국 사회는 완전히 폐허가 될 것이다. 노동시장, 토지시장, 화폐시장이 시장경제에 필수적이라는 점은 의심의 여지가 없다. 하지만 인간과 자연이라는 사회의 실체 및 사회의 경제 조직이 보호받지 못하고 시장경제에 노출된다면, 어떤 사회도 지속할 수 없을 것이다.[42] 경제와 시장 질서는 법, 도덕, 윤리, 관습과 관행 등 사회의 다양한 질서 안에 머무르며 그것들과 조화를 이루어야만 한다.

자연自然은 세계 시민의 권리

그리스 철학자 디오게네스는 '행복'이란, 인간의 자연스러운 욕구를 가장 쉬운 방법으로 만족시키는 것이며, 자연스러운 욕구는 부끄러운 것이 아니고 감출 필요가 없다'고 하였다. 어느 날 알렉산드로스 대왕이 디오게네스를 찾아왔을 때, 그는 양지바른 곳에서 일광욕을 즐기고 있었다.

알렉산드로스가 "짐은 알렉산드로스 대왕이오. 그대는 내가 무섭지 않은가?" 하자, 디오게네스는 "당신은 뭐요? 좋은 것? 아님 나쁜 것?" 그러자 대왕은 "물론 좋은 것이지." 그러자 디오게네스는 "누가 좋은 것을 무서워하겠소?"라고 대답하였다고 한다. 이에 알렉산드로스가 "무엇이든 바라는 걸 나에게 말해 보라"고 하자, 디오게네스는 "햇빛을 가리지 말아주시오"라고 대답했다. 무엄한 저자를 당장 처형해야 한다고 부하들이 나서자 알렉산드로스는 그들을 저지하며 말했다. "짐이 만약 알렉산드로스가 아니었다면, 디오게네스가 되고 싶었을 것이다."[43]

디오게네스와 알렉산더 대왕

교류와 소통은 눈과 발에서 시작

공간 계획상 자연스러운 교류와 소통은 눈과 발에서 시작한다. 해, 강, 산 및 집을 볼 수 있거나 이들에게 더 가까이 다가갈 수 있으면 자유로운 존재가 될 수 있다. 그러나 현실은 자연의 독점과 배제가 당연시되는 계획이 용인되는 사회가 되어가고 있다. 조망권, 일조권이 무시되는 개발과 수용권 등이 남용되는 세상이다. 그레샴의 법칙처럼 후발주자인 '악화가 양화를 구축한다'는 말이 무슨 뜻인지 이제는 이해할 수 있는 상황이다.

장애인 자유이동권 제한 - 전장연

신축으로 인한 일조권·조망권 침해

환경 결정론Environmental Determinism

환경결정론은 환경, 특히 지형과 기후와 같은 물리적 요인이 인간 문화와 사회 발전의 패턴을 결정한다는 믿음이다. 또한 사회적 조건은 문화 발전에 거의 영향을 미치지 않는다. 19세기 후반 독일 지리학자 프리드리히 래첼Friedrich Rätzel의 환경결정이론은 1859년 찰스 다윈Charles Darwin의 종의 기원을 따랐으며, 진화 생물학과 개인의 환경이 문화적 진화에 크게 영향을 준다는 것이다. 1900년대 초반 헌팅턴의 기후 결정론으로 이어졌다. 환경이 문화 발전의 한계를 설정하지만 그것이 문화를 완전히 정의하지는 않는다고 한다. 문화는 인간이 그러한 제한을 처리하기 위해 내리는 기회와 결정으로 정의된다.44

최근 국가의 재성 관리가 어려워지고 있다. 국가를 위한 재정투자의 타이밍을 놓치고 있다는 것이 바른 말일지도 모른다. 가계부채에 발목 잡혀 국가경제가 고속도로에서 비포장도로로 달려가는 기분이다. 세금 감면을 위한 비자발적 문화 투자에서 공공공간 기부를 위한 인센티브 제도 운영의 필요성이 감지되는 시점이다.

좋은 환경 vs 나쁜 환경

민주주의 성장은 자연을 가까이하는 교육에서부터 실현될 수 있다. 육해공 - 나무와 녹지, 물과 강, 바람과 햇볕-의 자연의 가치가 공짜이기 때문에 함부로 사용하고 버리는 낭비와 독점이 아무렇지도 않게 이루어지는 기울어진 세상이 되어버렸다. 건축가 데이비드 치퍼필드는 "도시는 건물과 건물 사이의 공간에 의해 이뤄진다. 기후·환경위기를 고려하여 자동차, 도로, 주차 및 대중교통에 대한 고려도 중요하다. 이들은 모두 마을과 도시와 연계되어 있으므로 환경, 대기, 삶과 거리의 질을 개선하여야 한다. 우리의 모든 행동은 경제적 측면이 아니라, 사회적, 환경적 영향 측면에서 파악되어야 한다"고 강조하였다.[45]

공동체를 파괴하는 폐쇄적이고 단절된 아파트 단지에서 권위와 과시가 발아하고, 임대와 분양단지의 차별에서 분리와 배제가 관습화된 사회가 된다. 도시의 2가지 필수기능은 주거지와 커뮤니티인데, 주거지는 있는데 커뮤니티가 없다. "부자들만의 공간이 아닌 서로가 만날 수 있는 거리와 광장 같은 공통의 기회의 장소가 제공되어야 하며, 머물 수 있는 공원이 필요하다. 시민들이 주인의식을 느낄 수 있는 다양성 있는 도시에서 에너지가 생긴다."[46]

서울시의 창의혁신 디자인 당선작에서는 신선한 공기를 마시는 느낌이 든다. 환경에서 자연의 가치를 가까이하고 커뮤니티와의 소통을 중시하는 기운을 받을 수 있기 때문이다. SH공사는 '도시·건축 디자인 혁신방안'의 공공부문 시범사업으로 '송파 창의혁신 공공주택(옛 성동구치소 부지 공공주택)'을 선정했다.

당선작은 50년 전 건축돼 '도시 속의 섬'으로 고립된 성동구치소를 미래 100년을 위한 마을의 네트워크로 거듭나게 한다. ▲ 단지 내 골목길과 마당 등을 개방형으로 배치 ▲ 출입구로 드나드는 폐쇄적인 단지 구성이 아닌 열린 마을, 열린 공동체 ▲ 이웃과 교류하는 공동체 주거문화가 정착되도록 '경계 없는 마을'을 제안했다.

성동구치소 공공주택 조감도 - 서울시   **파리의 커뮤니티 이동보장 연도형 아파트**

2023년 프리츠커상 수상한 데이비드 치퍼필드가 설계한 아모레퍼시픽 본사 건물은 도시계획상 30층까지 설계가 가능한 대지에 23층 건물을 완성하였다. 고층화보다 시민과 도시와의 연계와 교류를 선택한 포용력 있는 설계의 건축이다.

열린 공간 아모레퍼시픽 본사 옥상정원, 2018 건축문화대상 - 설록현준

공간민주화Spacial Democratization 제안

신개념 공간민주화

이하의 이론은 건전한 공간과 환경의 조성을 위한 필자의 제안
이다. 어디서나 자연이 먼저 존재했듯이, 우리의 환경은 당연히
자연을 보거나 접촉할 수가 있어야 한다. 개발에 따른 지역 주민
의 피해 발생 및 기후 환경의 파괴에 따른 영향은 재난 수준에 도
달했다. '공간민주화'란 지속가능한 공간의 조성에 역행하는 제도
나 결정을 제한할 수 있는 기본적인 자유와 권리의 실현을 말한
다. 이와 더불어 주민이 거주 및 생활할 수 있는 인구에 비례한 주
택과 일자리의 제공을 포함한다.

자연과 시선의 자유는 기본적인 것이다. 인왕산, 남산, 무등산
또는 한강이나 낙동강, 호수 경관과의 차단은 조망권을 제한한다.
도시 전체로 확대하면 그 피해자는 도시민 전체일 수 있다. 그러
나 보상의 대상자는 극히 제한적이다. 이것은 교통혼잡세나 부유
세 등과 같은 도시민 전체의 손실로 평가하여 일명 '조망세'를 부
과할 수도 있다. 더불어 거대한 도시개발로 인한 온실효과는 지구
환경에 치명적이다. 기부채납이라는 공공기여에 '온실효과세'나
'재난재해세' 등이 추가될 수도 있다.

그러므로 공간환경에 대한 가치관은 공간 및 환경의 독점과 배
제로 인한 자산 상속으로부터 천부의 가치 공유를 위한 문화의 정
착으로 변화되어야 한다. 이를 위해서는 우리의 폐쇄적, 비민주
적, 이기적인 교육, 사고 및 제도에서 탈피하여 이러한 공간의 조

성과 이동의 자유를 제공하는 문화와 제도에 인센티브를 부여하고, 도시민에게 자유로운 인식 전환과 기부 문화의 정착을 통한 지속가능성의 제고가 필요한 과제이다.

토지 즉 경작지로서의 흙은 사람과 자연을 이어주며, 입지로서의 땅은 사람과 사람을 잇는다. 우리의 도시에는 좋은 도시공간과 주거환경이 부족하다. 그리고 부담 가능한 가격의 주택을 짓고 있지도 않다. 정치는 이것을 건드리지 않거나 비상식적인 방식으로 처리하고 있다. 계획가나 건축가들은 이러한 논의에 참여하지 못하고 결과만을 기다리고 있다. 불편한 것에 문제를 제기하고 새로운 방향을 제시해야 한다. 전문가들의 협력적이고 참여적인 방식이 요구되고 있으며 문제해결을 위한 사회운동으로 연결되이야 한다. 우리가 살아갈 공간에 대해 요구할 책임도 있다. 삶의 질은 아이들의 통학길에서부터 시작된다. 여론과 시민의 인식과 태도가 매우 중요한 이유다.

공간민주화의 유형 및 제도

- 자연 차단 금지: 햇빛, 공기 및 녹지의 차단에 의한 환경 변화 야기 ➡ 일조권
- 시선 차단 금지: 인접한 환경을 볼 수 있는 권리의 확보 ➡ 조망권, 통경축, 조망세
- 신선한 공기 확보: 건강의 기본 요소인 맑은 공기의 보장. 미세먼지, 유해가스 차단 ➡ 건강권
- 이동 단절 금지: 기존의 이동로의 폐쇄·단절 및 게이티드 커뮤

니티 제한. 이동로 확보 ➡ 이동권

- 이동 안전성 보장: 주민들의 안전을 위한 접근로 및 보안 대책
  ➡ 안전권, 도시관리
- 토지수용권의 제한: 자연의 파괴 및 기존 주민의 집단이주와
  관련된 개발 제한.
- 공공임대주택 공급 확대: 거주민의 주거 안정을 위한 저렴한
  임대주택 공급 ➡ 주거권, 사회권
- 지역균형발전: 특정지역에 대한 중복투자 및 인구 과밀화 방
  지 ➡ 국토균형발전법
- 기후위기에 대응한 대체 자연의 확보 ➡ 온실효과세, 재난재
  해세

유엔 지속가능 개발 목표s(SDGs) (2016-2030 국제사회 공동 목표)

공간의 공동선common good,
공간민주화

2025. 7. 10

인간 욕망의 실현과 공간민주화

인간 욕망을 실현한 근대화의 5주제

'공간민주화'란 새로운 주제에 접하고 이론을 쉽게 설명할 논리를 구상하던 중, 도올의 『상식』에서 물리적이고 자연과학적 접근을 넘어선 합리적인 길을 찾게 되었다. 자연에 도전하는 인간의 욕망으로 공간을 구축하기 시작한 근대화modernization를 설명한 간명한 글이었다. 농업혁명, 산업혁명, 정보혁명 그리고 AI 시대까지 모두 인류 문명의 성장 과정을 근대화라고 단순하게 인정하자. 그는 근대화의 의미를 인간관, 정치관, 경제관, 사회조직형태론(공간관), 문화관으로 구분하고 있다.[47]

- 인간관: 인간을 세계의 중심으로 보는 인간중심화의 추세.

- 정치관: 국가권력을 자유롭고 평등한 시민에 기초하여 새롭게 짜야 한다는 민주화의 과정. 시민혁명과 민족주의의 추세.
- 경제관: 고도로 공업화된 생산력의 구축을 지향하는 산업화의 과정. 산업혁명, 산업주의, 생산지상주의적 체계.
- 사회조직형태론(공간관): 농촌으로부터 도시로 흘러드는 대규모의 인구이동에 따라 도시적 생활양식이 일반화되는 도시화 과정. 도시는 거대한 야만이 되었다.
- 문화관: 실증가능한 과학적 지식을 지고한 것으로 간주하는 과학지상주의 경향. 지식의 탐구를 세계 제패의 일환으로 본다.

근대화에 수반되는 문명 과정의 일반적 특성을 의미하며, 막스 베버는 근대화 과정을 관통하는 주제를 '합리성'이라고 말한다. 그는 근대화는 합리주의rationalism가 제패하는 합리화 과정이라고 본다. 인간이 만들어내는 이론적 지식에 의하여 그 세계는 지배된다고 본 것이다. 본서에서는 사회조직형태론(공간론)적 관점에서 다른 4가지 주제와의 관계 속에 합리적인 공간민주화 가치를 발견하고자 하였다.

공간의 합리적 가치란 무엇인가?

장년층에게 현대화는 곧 서구화였다. 그런데 정치철학자 박구용 교수는 청년층은 다르다고 한다. 이들은 더 이상 서구화가 현대화라고 생각하지 않는다. 20~30대는 그 누구든 서구가 현대의 표상이라고 생각하지 않는다. 이제 현대화는 합리화이다. 합리화와 합리성은 매우 복잡하고 어려운 철학적·사회학적 주제다. 첫째, 과학에서 합리성은 입증 가능성이다. 이는 반복적으로 증명이 가능하다는 의미이므로 예측이 가능하다는 뜻이다. 둘째, 경영에서의 합리성은 곧 타산성이다. 곧 이윤 창출이다. 효율성과 유용성이 경영의 합리성과 연결된다. 셋째, 관료적 합리성을 들 수 있다. 관료적 합리성의 문제는 행정 체계 안에서의 합리성이 강화되면 될수록 현실적 합리성과 멀어진다는 것이다. 관료주의가 완벽하게 이뤄질수록 행정은 감옥처럼 세상과 분리 고립된다. 행정 관료 체계는 스스로 자기를 바꿀 수 없다. 행정 관료의 합리성이 내적 정합성이기 때문이다.

이 맥락에서 법도 마찬가지다. 이들의 체계를 깨뜨릴 수 있는 방법이 바로 선출직 정치인의 카리스마다. 정치인은 다시 법과 도덕이 요구하는 합리성을 갖추어야 한다. 현대사회의 법적·도덕적 규범이 갖춰야 할 합리성의 기준은 공정성이다.[48] 정치의 합리성은 소통의 가능성에 있다. 시민들은 훼손된 법적 합리성, 곧 공정성을 정치적으로 보상하는 길을 선택한다. 시민들은 우리 사회가 과연 법적·도덕적 기준이 얼마나 공정하게 적용되고 있는지 의문을 가지고 있다. 강자의 이익에 봉사하는 게 진리라고 믿을 수도 있다. 이것은 플라톤이 기원전 380년경에 쓴 『국가론Politeia』에 등장하는 가장 강력한 정의론 중 하나이다.[49] 공정성이 공간에서는 공공성으로 실현되어야 한다.

공간의 공동선, 공동의 공간 - 공공성
마이클 샌델은 "자유라는 비전은 공동의 민주적 프로젝트에 대한 우리의 책임에서 공동선으로 눈을 돌리도록 했다"고 주장한다. 그러나 공동선이 오직 시민들이 공동체에는 어떤 목적과 수단이 필요한지 숙려하는 데서 비롯된다면, 민주주의는 공동의 삶의 성격과 관련된 시민적 공동선에 이르게 된다. 완벽한 평등을 필요로 하지 않는다. 다만 서로 다른 삶의 영역에서 온 시민들이 서로 공동의 공간과 공공장소에서 만날 것을 요구한다. 이로써 우리는 다른 의견에 관해 타협하며 우리의 다름과 함께 더불어 살아가는 법을 배울 수 있다. 이것이 공동선에 이르는 방법이다.50 사회가 우리 재능에 준 보상은 우리 행운의 덕이지 우리 업적 덕이 아님을 찾아내는 것이 필요하다 "신의 은총인지, 운명의 장난일지라도 덕분에 나는 지금 여기에 서 있다."라는 일정한 겸손에 이른다. 그런 겸손함은 우리를 갈라놓고 있는 가혹한 성공 윤리에서 돌아볼 수 있게 해준다. 그것은 능력주의의 폭정을 넘어 보다 더 관대한 공적 삶으로 우리를 이끈다.51

우리는 오늘날 조건의 평등을 별로 많이 갖고 있지 않다. 계층, 인종, 민족, 신앙에 관계없이 사람들을 한데 모을 수 있는 공동의 공간은 얼마 없고 서로 멀리 떨어져 있다. 40년 동안 시장 주도적 세계화가 소득과 부의 불평등을 가져오면서 우리는 제각각의 생활방식을 갖게 되었다. 미이클 샌델은 "부유한 사람과 가난한 사람은 하루 종일 서로 마주칠 일이 없다. 각기 다른 장소에서 살고 다른 학교에 다닌다. 이제 사람들은 중요한 공적 문제에 대해서도 서로 합리적으로 토론하거나 심지어 서로의 의견을 경청할 마음의 준비도 되지 못한 것은 놀랄 일이 아니다"52라고 현대 공간의 불평등을 지적한다.

공유공간 건설

분리된 삶의 장소, 공유하는 삶

토지 즉 경작지로서의 흙은 사람과 자연을 이어주며, 입지로서의 땅은 사람과 사람을 잇는다. 사람과 자연이 만나 어우러진 곳에 농촌 마을이 형성되며, 사람과 사람이 어우러진 곳에 도시가 형성된다. 토지가 사람과 자연, 사람과 사람을 잇는다는 의미는 사람과 자연은 물론, 사람과 사람이 함께 이어져 어울려 살라는 뜻이 담겨있다. 이것은 인간이 순응해야 할 자연의 질서다.[53]

그런데 자연 질서를 뛰어넘어 함께 사는 것을 막는 것은 강력한 이해관계의 힘이다. 개발이익의 배분을 둘러싼 경제투쟁의 장이 된다. 그 사례가 나라를 뒤흔든 대장동·백현동 개발 사업이다. 공공성 확보를 위한 개발이익의 환수와 관련된 공공기여에 대한 가치관의 왜곡이 논쟁의 대상이었다. 상생은 어디 가고 나라를 공멸의 블랙홀로 빠지게 만든 탐욕의 허상이었고, 정의와 진실의 이름으로 사익만을 추구하는 눈먼 사자들뿐인 공포의 세상이었다.

모든 부는 개인적 성취에 따른 게 아니라 집단적 산물이다. 우리는 공동의 프로젝트에 참여하고 있다는 것, 우리가 서로에게 의존하면서 책임을 지고 있다는 것을 믿으려면, 시민 사회 안에서 우리의 공유성을 상기시켜 줄 조건과 제도를 만들어야 한다. 불평등의 가장 심각한 침식 효과 중 하나는, 부유한 사람들과 조그만 재산을 가진 사람들이 서로에게서 점점 더 분리된 삶을 살고 있다는 점이다. 우리는 자녀들을 서로 다른 학교에 보낸다. 서로 다른 곳에 살면서 서로 다른 곳에서 일하고 쇼핑하고 논다. 부자들은 각종 지역 센터에서 탈퇴하고 사설 헬스클럽에 간다. 시민 사회에서 여러 계층이 섞이는 기관들은 갈수록 감소하고, 부자들과 가난한 이들이 평소 살아가면서 마주칠 일도 점점 더 줄어들고 있다.[54]

공유공간 건설과 재원 마련 - 공공기여

공정성이 공간에서는 공공성으로 실현되어야 한다. 공공성은 경제적 측면에서 개발이익 환수의 수단인 공공기여와, 물리적 측면인 공유공간 형성을 위한 디자인적인 개념이 포함되어 있다. 마이클 샌델은 "우리는 공유하는 삶을 위한 시민적 인프라스트럭처를 건설해야 한다. 건강 클리닉이나 대중교통에서든, 공원이나 휴양 장소에서든, 지역 자치 시설이나 공공 도서관에서든, 스포츠 경기장에서라도 사람들이 우연히 마주칠 수 있게 해야 한다. 이처럼 서로 다른 계층이 무심코 어우러지게 하면 우리에게 공유성이 스며드는 습관과 태도, 기질을 만들어낼 수 있다"고 주장한다. 덧붙여 "더 평등한 사회를 만들어내기 위한 어떤 프로젝트에도 이런 일이 포함되어야 한다. 따라서 누진 세제는 필요하며, 공유성이 선행되어야 한다"고도 말한다.[55] 우리는 개발이익 환수의 수단인 공공기여를 통하여 각계각층의 사람들을 모으고, 상호 책임감과 소속감을 배양할 공공장소와 공동의 공간을 만들어야 한다.

경제학자 토마 피케티는『기울어진 평등』에서 "세계가 더 평등한 사회를 이루려는 그 어떤 시도도 그 성패는 공유하는 삶의 방식에 대한 습관과 태도, 인식에 달려 있다. 공유성과 공통의 경험, 시민적 가치를 강조하지 않고서는 누진 세제와 소득 격차 축소 논리를 방어할 수 없기 때문이다. 누진 세제를 강조하지 않고 공유성을 옹호할 수는 없을 정도로 상호 의존적이다. 이 둘을 동시에 진행해야 한다"고 역설하고 있다.[56]

지속가능성

인간과 환경의 조화

현 세대가 규정하는 기본권의 범위와 내용은 미래 세대의 기본권에 영향을 미친다. 지속가능성은 인간과 환경, 그리고 세대를 넘어 기본사회를 유지하기 위한 원칙이다. 모두가 공정하게 깨끗한 환경을 보장받는 것은 중요하다. 누스바움Marth C. Nussbaum은 사회가 발전하는 역량이 인간 문제에 국한되는 것이 아니며, 동·식물과 인간이 관계를 맺는 것, 깨끗한 공기와 물을 향유하는 것도 핵심 역량으로 사회가 보장해야 한다고 강조한다. 하지만 지속가능성은 더 적극적으로, 세대를 넘는 지속과 번영을 위해 인간과 환경의 관계를 강조하는 가치이다.[57]

1960년대 말 환경문제에 대한 대책을 논의하기 위해 로마클럽Club of Rome이 만들어지고 지속가능성이라는 개념이 주목받기 시작했다. 사회의 지속가능성에 대한 논의 및 성장의 한계와 관련되어 있다. 지속가능 접근의 가장 단순한 원리는 두 가지 명제이다. 첫째, 기본적으로 사회는 모든 인간의 기본적 삶을 보장할 수 있는 사회적 기초를 다져야 한다. 이를 위해 충분한 상품과 서비스가 생산, 소비되어야 한다. 둘째, 그렇다고 해서 기본적 삶을 보장하기 위한 상품과 서비스의 생산·소비가 지속가능한 한계를 넘어 버린다면 기후변화나 환경 오염, 생물 다양성의 손실 등 위기를 초래한다. 이것은 다시금 인간의 기본적 삶을 위협하는 요인이 되어 기본사회를 지속가능하지 못하게 할 것이다. 환경을 위협해 미래 세대의 기본적 삶을 침식해서는 안 된다. 이는 현재 세대의 기본적 삶을 위해 후손의 기본적 삶을 포기하는 행위다.[58] 모두에게 기본적 삶을 보장하도록 생산하되 효율적이고 합리적인 분배로 한계를 정해야 한다.

기후 변화 대응

'자연에 대한 인간의 책임John Passmore', '존재에 내재하는 목적에 대한 역사적인 책임Hans Jonas'이라는 견해가 등장하였다. 자원의 고갈, 폐기물의 누적, 생물 종류의 감소, 생태계의 불가역적 열악화라는 지구 규모의 사건에 직면한 인류에게 있어서 현재 세대의 미래세대에 대한 책임이라는 윤리적인 가치가 중요하다.

장하준 교수는 『경제학 레시피』에서 "기후 변화는 그 해결책의 실천 과정을 시장에서 각 개인이 내리는 선택에 맡겨둘 수는 없다고 한다. 범사회적 행동을 가능케 하는 모든 메커니즘, 즉 지방정부, 중앙정부, 국제적 협력, 국제 협약 등을 총동원해서 해결책들 - 대중교통 확충, 도시계획 정책의 개선, 주택 단열 향상을 위한 정부 보조금, 에너지 효율 향상을 위한 기술 개발에 대한 공적 자금 지원, 식품에 대한 규제, 그리고 개발도상국들로의 녹색 기술 이전 등-이 실천에 옮겨질 수 있도록 만들어야 한다."59 개인 행동의 변화가 단호한 대규모 공적 조치와 함께 이루어질 때 사회 변화는 가장 효율적으로 발현된다고 주장한다.

도로의 공원화, 공간민주화
- 부동산 가치 상승의 묘약

2024. 5. 6

도로공원화의 의미

도로 및 철도 지하화 추진

수도권 곳곳에서 도로를 인공 구조물로 덮고 상부 공간을 공원화하는 '도로 상부공원화' 사업이 한창이다. 도로 및 철도를 지하화하고 도로 상부를 공원화시키는 사업을 말한다. 이로 인해 도로로 단절된 생활권을 다시 연결하는 한편, 도심에서 편리하게 녹지를 확보할 수 있어 각 지방자치단체들도 조성에 열을 올리고 있다. 도로의 상부공원화는 녹지 이외에도 장점이 많아 일대 주민들의 호응도 크다. 도로가 공원으로 덮이면서 차량 소음이 크게 절감되는 한편 도로로 분리됐던 생활권이 연결되면서 일대 주택의 입지가 재평가되기도 한다.

도로나 철도를 덮어 공원으로 만든 선형공원은 면형공원보다 많은 시민에게 더 많은 녹지를 제공한다. 해외에도 보스턴 로즈 케네디 그린웨이, 파리 리브고슈 등 다양한 성공모델이 있어 지자체도 사업에 적극적이다. 서울시는 경의선 숲길이나 프랑스 파리의 리브고슈처럼 철도 부지를 시민 공간으로 탈바꿈시키겠다는 구상이다. 이에 따라 지상을 달리는 지하철 1호선, 경인선, 경의선도 서울 내 구간은 철도 지하화 추진 목소리가 나오고 있다.

도로의 지하화로 공원이 된 시가지

도로공원화 사업 국내 사례

분당-수서 '녹색 공원화 사업'

2023년 11월 분당-수서 '녹색 공원화 사업'의 1단계 구간이 2015년 7월 착공 이래 약 8년 만에 준공됐다. 이 사업은 분당-수서 도시고속화도로의 도심 구간을 구조물로 덮어 공원을 조성하는 프로젝트다. 이 사업으로 6차선 도로로 생활권이 분리됐던 삼평동과 이매동이 도보로 오갈 수 있게 됐다.

경부동탄터널 개통

2023년 3월 경기도 화성시에는 경부동탄터널이 개통되면서 경부고속도로가 생긴 이래 처음으로 지하 구간이 생겼다. 고속도로를 경계로 동서로 분리됐던 동탄 신도시가 연결됐고 상부에는 대규모 공원이 조성되었다.

국회대로 상부공원화 사업

서울시도 관련 사업이 다양하게 추진 중이다. 국회대로 상부공원화 사업은 2025년 12월 준공 및 개방을 목표로 공사 중이다. 양천구 신월 나들목(IC)부터 국회의사당까지 7.6㎞ 구간을 지하화하거나 도로를 축소해 테마 숲길을 조성하는 사업이다.

강변북로 지하화 구상

강변북로 지하화 구상이 구체화되는 분위기다. 2023년 6월 서울시가 발표한 '성수전략정비구역 재개발 정비계획 변경안'에서는 성수전략정비구역 일대 강변북로 1㎞ 구간을 덮어 '입체 수변공원'으로 만드는 계획이 담겼다.

분당-수서 고속화도로 상부공원화의 경제적 효과

분당 굿모닝파크의 수혜지역인 이매동의 사례가 대표적이다. 국토교통부 실거래가 시스템에 따르면 공원 옆에 위치한 단지의 전용면적 83㎡의 연평균 실거래가는 2019년 기준 9억 8,450만원이었지만 현재는 14억 5,000만원으로 뛰었다. 5년 동안 상승분만 4억 6,000만원이 넘는다. 반면 탄천 건너편에 위치한 단지의 84㎡

의 연평균 실거래가는 같은 기간 9억 5,700만원에서 13억 1,600만원으로 3억 5,900만원 올랐다.[60] 도로 위에 공원 지었더니 효과가 1억 원 이상 차이가 났다.

보스턴 로즈 케네디 그린웨이

빅딕(Big Dig)의 목적

보스턴시에서는 1980년대부터 '대규모 땅파기'라는 의미로 '빅딕Big Dig'이라 불리는 대규모 도심 재정비 프로젝트를 진행했다. 우수 도시재생 모델로 거론되는 미국 보스톤시의 다운타운인 도심 회랑부가 그 사례대상지다. 보스턴의 빅딕사업 중 가장 중심인 도심 재정비를 주 내용으로 하는 사업으로서 많은 교훈과 시사점을 주고 있다. 로즈 케네디 그린웨이는 그 일환으로 조성된 도심 회랑이자 녹지 공원이다.

그린웨이 전체 전경 사진 - https://www.rosekennedygreenway.org/history/

그린웨이 공원과 분수 - https://www.rosekennedygreenway.org/info/

빅딕의 주목적은 교통난 해소와 시내-수변공간의 연결이었다. 1959년 고가도로를 개통했으나 교통 문제는 해결되지 않았다. 새로 차선을 확장하려면 공사 기간 동안 또 다른 교통 문제가 발생할 수 있기 때문에 6차선의 고가도로를 해체하는 대신 8-10차선의 지하도로를 건설하고, 고가도로가 사라진 지상은 도심의 오픈 스페이스로 활용한다는 아이디어로 프로젝트를 진행하였다. 그렇게 조성된 그린웨이는 남북의 선형으로 길게 구부러진 형태로 차이나타운부터 노스엔드North End까지 8개의 생활권을 이어주고 있다. 이전의 고가도로가 생활권을 단절시킨 것과 달리 도심을 연결하는 역할을 해준다.

관리 및 운영

2008년 처음 대중에게 개방된 후, 비영리단체인 그린웨이 관리단체가 총책임을 맡아 공원을 운영하다 2018년에 메사추세츠 연방, 보스턴 시, 그리고 자산 소유자들과 협의하여 그린웨이를 업무개선지구 BIDBusiness Improvement Districts로 지정하였다.[61] BID는 중심 시가지 및 상업업무지역의 활성화를 위해 설정된 특별지구로, 지구 내 자산 소유자를 대상으로 부담금을 징수하고, 이 재원으로 자체조직이 지역의 관리 운영을 실시하고 있다.

운영기관인 그린웨이 관리단체는 지구 내 부동산 소유자와 사업자가 추가 세금 형태로 낸 부담금으로 대부분의 예산을 확보하여 공공예술작품도 설치하고, 다양한 프로그램도 기획하며 녹지도 함께 보호할 수 있다.

파리 리브고슈Rive Gauche 프로젝트

개발 배경

리브고슈 츠로젝트는 파리 도심에서 2km 정도 떨어진 13구 센강을 중심으로 이루어지는 대규모 재개발 사업이다. 리브고슈는 도심 한복판 공장부지가 1990년대 후반까지 가장 저렴한 주택 가격의 낙후된 슬럼가로 남아 있었다. 파리는 서울의 6분의 1 정도 크기의 수도로 인구 밀집이 심하여 도시재생사업이 필요했다.[62]

개발 개념

이에 도시재정비를 추진할 주체로 파리개발공사SEMAPA가 세워졌다. 민관합작회사로 건축, 법률, 재정, 부동산 등 다양한 전문가로 구성하고 1991년부터 철도 부지를 입체적으로 활용할 수 있도록 복합개발을 시작하였다. 리브고슈 개발 당시 기본 개념이 '24/7, 24시간 7일 내내 살아 움직이는 공간'이었다.[63] 리브고슈 프로젝트는 인공지반을 조성해 구도심지인 13구와 센강변을 연결하는 실험적인 도시재개발이었다. 지하에는 기차가 다니고 있다. 대상지는 부지조성비가 비싸고 공사를 할 수 있는 시간도 기차가 다니지 않는 밤 시간대라 개발 기간이 길어졌다.

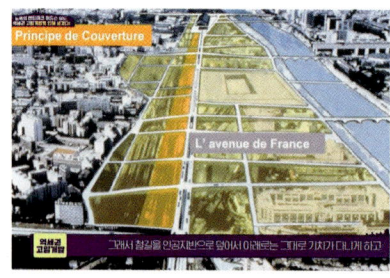

파리 리브고슈 개발 개념도 - 국토부 홈페이지

파리7대학 - LH도시재생뉴딜 공식블로그

복합개발

개발의 핵심은 단절된 지역을 연결하는 것에 중점을 두었다. 주민들이 자유롭게 강변을 이용할 수 있도록 낙후된 공장지역을 재정비하고 철로 위 100m, 3km 길이의 인공지반을 만들어 상업공간(35%), 주거공간(30%), 학교(10%), 도로와 녹지(25%)로 구성된 도시를 조성하고 있다. 그 결과 고층빌딩이 생겨 많은 기업이 들어왔고, 프랑스 건축가 도미니크 페로가 설계한 프랑스 국립 도서관 같은 공공시설, 파리7대학, 종합병원, 녹지를 제공해 도시의 활력을 되찾았다. 특히 주택 5천호를 공급하며 절반을 공공임대주택으로 하였다.[64]

리브고슈는 총 250만㎡ 면적으로 이뤄졌는데 이 중 58만 5,000㎡가 주거 용도로 사용됐다. 총 7,500가구 규모로 공공주택 3,000

가구를 포함한 6,000가구 주택과 학생용 주택 1,500가구 등으로 이뤄졌다. 사무용 건물은 74만 5,000㎡ 면적에 지어졌다. 이밖에 상업 및 근린시설 40만 5,000㎡, 도서관·대학·병원 등 공공시설 72만㎡ 등으로 복합 개발됐다. 녹지공간도 넉넉히 마련해 2,000여 그루 나무를 심었다. 거주인구 1만 5,000명, 학생 3만 명, 각종 업무 종업원 2만 명이 생활하고 있다.

디자인 가이드라인

리브고슈 프로젝트는 프랑스 거리, 톨비악 지구, 오스테를리츠 지구, 마세나 지구, 쉬발르헤 거리로 크게 5개 중심 구역으로 나뉜다. 파리시는 파리 경관 보존을 위해 건축물의 높이 제한을 기존 37m에서 137m까지 허용하며 민간 회사의 투자를 유치하였다.[65] 개발을 총괄한 파리개발공사는 디자인 가이드라인을 엄격하게 적용해 건물 형태, 색채 등을 건축허가 했으나, 다른 한편으로는 건축 스타일 다양성을 보장하기 위해 지구별, 건물별로 6명의 건축가가 마스터플랜을 나눠 작성했다. 주택의 내·외관과 자재의 품질을 높여 분양주택과 임대주택 간의 차이가 나지 않도록 하였다.

구역별로 과거와 현재가 공존하므로 전체적인 도시미관을 보존하며 개발되고 있다. 쉬발르헤거리와 마세나 지구에 있는 밀 창고, 물레방아 건물 등 산업건축물은 대학 건물로 쓰이고, 톨비악 지구의 경우 옛 철도청 창고 건물이 스타트업 인큐베이터 공간으로 변신했다. 스타트업 캠퍼스 '스타시옹 F'는 1929년 만들어진 철도 기지 외관이 그대로 재생된 공간이다. 파리7대학은 방앗간이었던 '그랑물랭'을 학교 건물로 사용하고 있고, 대학 건물 사이의

'레 프리고' 또한 식량창고를 창작예술공간으로 변화시킨 건축물이다. 철도 시설을 재개발하는 과정에서 재생을 통해 과거와 현재를 접목시켜 가치를 부여한 것이 특징이다.

저렴한 임대료의 소셜믹스 주거단지

세입자로서 가장 큰 매력은 상대적으로 저렴한 임대료다. 임대료는 월 1,000유로(약 135만 원) 수준으로 유사한 민간 주택 임대료의 절반 수준이다. M6B2 임대주택에서 3분 정도 거리의 또 다른 철길 위의 집도 공공주택이다. 인근의 V자 모양의 개성 있는 건물은 왼쪽이 공공임대, 오른쪽이 민간 주택으로 이뤄진 '소셜믹스' 주택이다. 공공주택도 '럭셔리'는 아니어도 깔끔하고 살기 좋게 만들어 인기가 있으며, 공공임대와 학생 주택 및 민간 주택도 함께 개발함으로써 소셜믹스를 성공적으로 이뤄냈다.[66]

리브고슈의 V자 공공주택 - LH 공식블로그

리브고슈 프로젝트는 서울역 통합개발 사업에서 벤치마킹 대상이 되었다. 서울역 지하공간에 간선철도·지하철·버스 등 환승 시스템을 구축과 지상부의 주변 연계 상업·유통시설 등의 조성으로 철도시설의 지하화와 상부공간의 활용은 서울역 주변의 활성화와 랜드마크 기능을 제고할 수 있다.[67]

공간민주화 효과

이러한 도심 속 걷고 싶은 녹색길은 삶 속에 안정을 주기도 하지만 차로 가로막혔던 생활권을 이어주는 역할도 하고 있다. 공간민주화는 미래지향적이고 지구환경을 보존하며 커뮤니티의 공존과 상생을 위한 경제적 투자 효과를 증진시켜 도시가 나아가야 할 방향이다.

한국의 랜드마크 DDP와
ACC의 도시재생 효과
- 어떤 건축이 더 좋은 건축일까?

2023. 10. 15

출발부터 논란이 많았으나 지역의 역사를 간직한 도심재개발 사업으로서 서울과 광주의 대표적인 명소가 된 DDP(동대문디자인플라자)와 ACC(아시아문화전당)를 소개한다. DDP와 ACC는 지역의 문화거점시설 확보를 통한 도시재생이라는 목표로 출발하여 한국 대표 랜드마크가 되었다.

DDP 전경 - 홈페이지

ACC 문화광장 전경

동대문 디자인 플라자: DDP

사업 추진 경위

동대문 지역의 역사·문화적 배경

DDP가 조성되는 지역에는 조선시대 도시 방어시설로서 한양 도성이 축성되어 있었다. 그러나 근대적 무기와 전술의 발달, 새로운 교통수단의 출현과 도시의 외연적인 확장 등으로 성곽의 철거가 불가피하게 되었다. 1948년 경성운동장은 서울운동장으로 이름이 바뀌었고 국가의 중요한 행사가 열리는 광장의 역할을 하였다. 그러나 1984년 잠실종합운동장이 생기면서 운동장의 명칭이 동대문운동장으로 변경되었고 기능도 크게 축소되었다.[68]

동대문 지역의 상권은 조선 후기 배오개를 중심으로 시장이 자생적으로 형성되면서부터 발달하기 시작하였다. 이후 1905년 광장시장이 조성되면서 근대적 시장으로 발전하였으며 1960년대 평화시장을 중심으로 주변 지역에 봉제공장이 들어서면서 의류산업의 전국 단위 도매 상가가 되었다. 1998년 종합패션 쇼핑몰인 밀리오레가 들어서면서 최신 유행 제품을 저렴한 가격에 판매하는 신흥 소매 상권이 형성되기 시작하였다.

도심재창조 종합계획 수립

침체된 도심지역에서 도심 경제의 성장엔진으로 육성하고 디자인·창조산업의 세계적 발신지로서 국제적인 네트워크를 구축하는 한편, 동아시아 문화·관광의 허브로 기능할 수 있는 랜드마크로서 동대문디자인플라자(이하 DDP) 건립사업이 추진되었다. 글로벌 서울의 중추로서 600년 역사의 품격과 다양한 문화 및 매력과 활력이 넘치는 도심을 조성하기 위하여 2006년 도심재창조 종합계획이 수립되었다. 이에 동대문 디자인 플라자는 대학로에서부터 남산을 연결하는 복합 문화축의 거점지역으로 계획되었다.

동대문역사문화공원 조성

DDP 동측에 위치한 동대문역사문화공원은 낙산에서 남산으로 이어지는 도심 환상 녹지축을 연결하는 동시에 한양도성 등 서울의 역사문화유산을 만날 수 있는 문화공간의 역할을 담당하고 있다. 동대문역사문화공원은 건축부지 조성 과정에서 한양도성과 하도감 터 등 많은 조선시대 유구·유물이 발굴되면서 역사문화공원으로 설계를 변경했다.

갈등관리

DDP 사업 발표 후 동대문운동장 지역의 공간 재편에 대하여 이해 당사자들은 반대 의견을 표출하였다. 갈등은 체육계, 풍물시장 상인을 포함한 주변 노점 및 입점상인, 문화계 등으로 다양했고 동대문운동장 철거에서부터 완공까지 지속적으로 마찰이 일어났다. DDP 사업을 통해 나타난 공공 갈등 양상은 시민 참여의 확대로 다수와 협상을 통해 합의를 끌어내야 하는 공공정책이 당면한 주요 과제로 인식되었다. 갈등관리는 사후 대책보다 사전 예방에 주력하여 꾸준히 관리하고 미연에 갈등을 예방하는 노력이 필요함을 인지하였다. DDP 사업은 공공사업을 위한 갈등관리팀을 운영하여 공공 갈등 조정에 관한 협상 노하우를 기록으로 남기고 협상 전문가를 육성하는 등 공공 갈등관리 시스템 구축을 해나가는 계기가 되었다.[69]

국제지명초청현상설계경기 및 DDP 개관

서울시는 DDP 사업의 홍보와 시민의 관심을 끌어내기 위해 시민 아이디어 공모를 추진하였다. 공모를 통해 제안된 아이디어는 국제지명초청현상설계경기의 지침에 반영됨으로써 시민의 아이디어가 DDP 사업 계획에 반영되는 계기가 되었다. 국내 최초의 근대식 체육시설로서의 역사성을 상징하는 경기장의 일부 주요시설을 보전하고 동대문운동장기념관을 조성하는 내용을 DDP 계획에 포함시켰다.

2007년 2월 건축전문가들의 자문 내용을 바탕으로 턴키Turn-key 방식의 입찰방식을 지양하고, 자유로운 경쟁방식인 지명초청설계경기 방식을 채택하였다. 이는 서울을 대표하는 랜드마크를 세우는 일이었던 만큼 세계적 수준의 결과물을 얻고자 함이었다. 설계지침에는 크게 디자인플라자 건립과 지하공간 개발, 역사문화공원 조성 방향에 대한 내용이 포함되었다. 당선작은 자하 하디드 Zaha Hadid의 '환유의 풍경'으로 결정되었다. 2007년 10월 동대문역사문화공원이 먼저 개장하였으며 2014년 3월 DDP가 개관하였다.[70]

주요 사업 개요

동대문디자인플라자

동대문 디자인 플라자는 지하 3층, 지상 4층 규모로 현재 서울의 디자인·창조산업을 상징하는 랜드마크이자 관광명소로서 자리 잡았다. DDP에는 크게 알림터, 배움터, 살림터의 3개 동으로 구성된 시설 내에 다목적 전시·컨벤션홀, 국제회의장, 디자인박물관, 디자인전시관, 디자인놀이터, 디자인랩, 방문자를 위한 편의시설 등이 마련되었다.

동대문 역사문화공원과 DDP 전경 - 서울시

지하공간을 활용한 지역 상권의 연계 및 보행환경 개선

장충단로로 단절되어 있는 동·서지역의 상권을 지하공간을 활용하여 상호 연결함으로써 이 지역의 상권을 하나로 통합하였다. 또한 을지로 지하보도, 지하철 2·4·5호선 역사를 연결하는 지하 보행 네트워크를 구축하여 지상의 열악한 보행환경을 개선하였다.

DDP 사업의 의의

문화재계와의 갈등 해소

문화연대 등 여러 시민단체는 동대문운동장 자체가 역사·문화적으로 가치가 있기 때문에 근대 문화유산으로 등록해야 한다고 주장하며 철거 반대운동을 전개했다. 서울시는 거듭된 논의를 통해 한양도성 성곽을 중심으로 한 조선시대 유적은 복원으로 방향을 결정하였으며, 동대문운동장은 철거하는 것으로 확정하고 문화재청을 설득하였다.

서울시와 문화재청은 유적 보존을 위한 3가지 방침에 합의하였다. 먼저 한양도성 성곽과 이간수문은 최소한의 응급 복구 처리만 하고 그대로 현장에 보존하는 한편, 하도감 터를 비롯한 주요 건물터는 성곽 동측에 유적공원(유구전시장)을 조성하여 이전·보존하기로 했다. 야구장 부지의 하도감 터는 DDP 본 건물 지하 광장에 일부를 보존하기로 합의하였다. 서울시는 공원의 명칭 또한 동대문역사문화공원으로 변경하여 공원의 성격을 변경·제시함으로써 문화재청의 공감을 얻어냈다. 문화재 보존과 DDP 사업 추진이라는 두 가지 난제를 조화롭게 극복한 것이다.

도시계획·설계 패러다임의 변화

DDP 사업은 민관협력 과정을 통하여 추진되었다. 또한 동대문 상인을 포함한 다양한 단체들과 기관의 참여 및 시민들의 의견 수렴을 통하여 추진된 DDP 사업은 도시계획·설계 분야의 새로운 패러다임을 제시한 사례가 되었다. 공공사업에 지명초청설계방식을 처음으로 도입하여 공공건축의 질을 업그레이드시켰음은 물론 사업의 시작부터 마무리 단계까지 전체의 공정을 공정하고 투명하게 관리하기 위하여 CAConstruction Administration과 건설사업관리 Construction Management 등의 새로운 관리 방법을 공공부문에 적용하였다.[71]

DDP 사업의 평가

동대문 상권 쇠퇴

과거 동대문운동장 시절의 주변 상권은 체육 상업시설이어서 유동 인구를 모아주는 거점 상권이었다. DDP를 중심으로 동대문 지역을 세계적인 패션 중심지로 만들겠다는 취지와는 다르게, 전시회 등 볼거리 위주로만 운영되는 실정이다. 상권을 살리는 동시에 동대문 지역을 디자인 메카로 거듭나게 하겠다는 목표는 실현되기 어려울 수 있다는 우려가 현실화되었다.

DDP는 거대한 문화시설이지만 거점시설은 아니다. 거대 문화시설 운영에 예산을 추가 지원하지 않으므로 자체 생존을 위해 내부에 훌륭한 소매점 확보로 주변 상가와 경쟁하게 되었다. 그러나 DDP 이후 상권이 쇠락하게 되었다는 비판의 목소리가 높다. 서현 교수는 "박물관, 음악당 등 문화시설은 건설사업까지만 지원하였다. 시설 생존을 위해 내부에 식음료를 포함한 쇼핑센터를 조성했고, 결국 주차 수요만 늘고 인근의 상권이 쇠락하게 되었다"고 기술한다.[72]

역사성과 지역성의 훼손

서울성곽은 완전 복원이 중요하며, 성곽 안쪽의 하도감을 성곽 밖으로 이전시키는 등 역사를 충분히 고려하지 못했다는 비판도 있다. DDP의 탄생 과정에서 부지의 과거 모습을 그대로 복원하기는 어렵지만, 부지의 역사성과 지역성을 최대한 보존할 필요가 있다.

도시와의 소통 단절

동대문 지역의 역사성과 장소성을 매몰시켰다는 비판도 있다. 그는 "DDP는 건물 외부에 창도 외부 진열장도 없어 도시에 철저히 배타적이며, 방문객은 내부로 입장하여 외부를 잊게 된다. DDP의 건축디자인은 자유분방할 정도로 독특하여 주변 도시 맥락과 안 어울린다. 도시의 길은 가로가 되어야 한다. 양변에 건물의 진열장이 있는 도로를 가로라 하는데. DDP 주변의 외부공간은 가로도 공원도 아니다."73라고 평가한다.

국립아시아문화전당: ACC

국립아시아문화전당 건축 및 도시설계 개요

ACC 사업의 배경 및 경위

아시아문화전당은 2002년 노무현 당시 대통령·선거 후보가 광주광역시를 문화 수도로 만들겠다는 공약에서 시작되어, 2006년 제정된 〈아시아문화중심도시 조성에 관한 특별법〉을 근거로 문화체육관광부 산하 시설로 설립되었다. 2015년 9월 전당의 부분 개장에 이어 11월 25일에 완전 개장하였다.

국립아시아문화전당은 아시아문화중심도시조성사업의 핵심 시설로 5·18민주화운동의 마지막 항쟁지였던 옛 전라남도청 부지에 건립되었다. 국립아시아문화전당 건축 설계는 국제건축가연맹이 인증한 국제현상설계 공모 방식을 채택했다. 현상설계 공모 결과, 우규승 건축가가 제안한 '빛의 숲Forest of Light'이 선정되었다. 주요 시설의 90%가 지하에 있고, 지상에는 녹지를 조성한 구조로 되어 있다. 아시아문화전당 부지 면적은 135,000㎡이며, 연면적은 161,237㎡로 국립중앙박물관보다 넓다.

이 설계안은 5·18민주화운동의 자취인 기존 건물을 중심에 두고, 다른 시설은 지하에 배치하는 방식이다. 시설 상부 공간은 열린 공원으로 조성했다. 공원에는 정육면체의 채광창을 두어 낮에는 자연광을 건물 내부로 전달하고, 밤에는 인공조명이 공원을 밝

립아시아문화전당은 광주의 역사를 간직하고 있는 옛 전남도청을 포함한 약 81,498㎡의 부지에 건립되었다. 과거 형성기부터 현재 광주의 흔적을 지니고 있는 장소로 조선시대 읍성터 유허, 일제 강점기에 형성된 l술의 거리', 80~90년대 광주의 최대변화로 금융과 패션의 중심인 금남로와 충장로는 현재까지 명맥을 어가고 있으며 현재는 학원가, 음식점, 인쇄거리, 그리고 저층 주거지들이 함께 공존하고 있다. 부지 내의 옛 시공간은 철거되었지만 옛 전남도청을 비롯한 5·18민주화운동 현장의 역사적 건물들은 보존되어 현재도 의미를 다시 새기볼 수 있게 한다.

전남도청 주변부 시가지

도시의 숲 ACC - 우규승

히게 하여 '꺼지지 않는 불꽃'을 상징하였다. 이러한 설계에는 부지의 장소성을 존중하고, 수평적이고 개방적인 외형을 적용하여 민주주의 정신을 계승하고, '빛'으로 과거의 기억을 은유적으로 상기하려는 건축가의 의도가 담겨 있다.[74]

시민들의 전당에 대한 다양한 요구에 대해 우규승 건축가는 "워낙 큰 프로젝트이고 많은 사람이 관련된 일이기에 여러 의견이 나오는 건 당연하다. 건축이란 전문가와 비전문가 간의 소통, 그런 모든 것들의 복합체이므로 우리 시대의 건물이면서 그 장소에 맞는 건물을 중요하게 생각하고 있다"고 자신의 건축관을 담백하게 밝혔다.[75]

건축의 개념

국립아시아문화전당은 문화시설이면서, 부지가 옛 전라남도청 일대라는 역사성으로 '기억'과 '기념'에 대한 건축적 상징을 담고 있다. '조화'와 '소통'을 우선하는 건축가의 지론처럼 아시아문화전당은 "광주 민주항쟁이라는 아픈 역사를 가장 낮은 자세에서 기억하자는 의도에서 설계되었고, 민주화의 의미를 되살리기 위해 건물을 모두 지하로 끌어내렸다. 따라서 보존 건물을 중심으로 주변 대지의 경계를 따라 새로운 시설물을 지표 아래에 배치했다. 대지를 파고 지하에서부터 10층짜리 건물을 쌓아 올리는 개념이다. 그 결과로 5·18민주화운동의 기억을 담은 기존 건물은 자연스럽게 대지 위 중심에 위치한다.

시민공원

급속한 근대화와 도시화로 녹지공간이 부족한 한국 대도시에는 공원이 절실하다. 따라서 국립아시아문화전당도 상부 지붕 데크를 공원으로 조성했다. 이는 국립아시아문화전당의 핵심 설계이기도 하다. 이렇게 마련된 공원은 광주천, 사직공원, 푸른길 등 기존 도심의 공원과 하나의 녹지축으로 이어지고 있다. 이 시민공원은 모두에게 개방된 공원으로서 민주적 성격을 띤 공적 장소가 된다.

시민공원과 전당 전경

하늘 정원

외향화된 중정: 아시아문화광장

국립아시아문화전당이 시각적이고 상징적인 중심은 보존 건물이지만, 전체를 아우르는 실제적 중심은 중정이다. 이 중정은 아시아의 정적이고 내향적인 중정처럼 보이지만, 서구의 중정에 있는 공공성과 역동성도 수용한다. 도시에서의 다양한 접근 동선을 따라 시민들이 이 중정에 모이고, 다시 개별 문화시설들로 이동할 수 있게 하였다. 또 각 시설의 외부 활동을 수행할 수 있게 지원한다. 이 중정은 열린 광장이자 시민 활동의 중심이 된다.

빛의 숲 Forest of Light

'빛의 숲'은 국립아시아문화전당을 상징하는 개념어로 '빛'은 공간 전체에서 상징성을 부여하는 중심 소재이자, 공간 내에서 구체적으로 인식되는 건축 요소로 작용한다. 지하광장의 특성상 자칫 실내가 어두워질 수 있기 때문에 천장에 천창天窓을 달아 지상의 빛을 끌어들여 친환경적으로 환하게 만들었다. 그래서 우규승 건축가는 이 건물에 '빛의 숲Forrest of Light'이라는 이름을 붙였다.[76]

지하에 배치된 시설물에 대나무정원과 천창, 썬큰가든Sunken Garden을 배치해 자연광이 침투할 수 있게 면밀히 계획했다. 밤이 되면 채광정을 통해 외부로 '빛'이 투사되면서 낮과 밤의 경관을 역전시키고 또 다른 빛의 장관을 연출한다. 이는 조형적 과시를 최대한 자제한 국립아시아문화전당 분위기와 독자성을 고양시키는 요소로서 작용한다.

시민공원의 빛의 숲

하늘정원

하늘마당

세월과 함께 성숙하는 도심역사문화공원 ACC의 매력

성공적인 도시축제의 배경

ACC문화전당이 시민들에게는 휴식과 문화의 공간, 축제의 장이 되고 있다. 축제 관련 행사는 ACC의 내부와 주변 가로에서 이루어지며, 시민들의 휴식과 만남의 장소가 바로 그곳이라는 점이다. ACC는 건물뿐만 아니라 건물 외부의 전당 공간이 녹지로 가득한 공원이다. 지하공간은 문화 광장과 넓은 주차장이고, 지하철역 광장과도 연결된다. ACC 주변 사방 어디에서도 접근이 가능하고, 지상과 지하 어디에서든 시민들을 위한 다양하고 변화무쌍한 축제의 장이 되고 있다.

ACC의 매력과 효과

세월의 흐름과 함께 역사를 간직한 성숙한 나무와 숲으로 ACC 전역이 녹지로 가득하다. 시민들의 사랑을 받는 공원과 광장으로 성장하였다. 낮에는 건물과 차량들이 보이지 않는 콜롯세움, 밤에는 아늑한 건물과 녹지로 다가와서 차량 소음이 들리지 않는 곳! 광장과 불빛만이 가득한 도심의 안식처, 하늘과 별을 마음껏 보며 어디라도 정답게 다가갈 수 있는 지속가능하고 성숙해가는 도심 역사문화공원 그것이 ACC의 매력이다.

역사를 간직한 ACC 입구 정면 - 전남도청과 전남경찰청 건물 보존

DDP와 ACC 도시재생 효과 비교

결론적으로, DDP와 ACC는 지역의 문화거점시설 확보를 통한 도시재생을 목표로 한국의 대표 랜드마크가 되었다. 이들의 도시재생 효과를 비교하면, DDP는 역사 단절로 출발하여 지역의 상권과 상생을 통한 거점 기능에 한계를 보이고 있다. 반면, ACC는 도시 맥락의 연속을 통한 역사적·환경적 지속가능성을 확보하고, 세월과 더불어 성숙해 가는 도심공원과 광장의 제공을 통해 지역의 거점 기능으로서 도심역사문화공원으로 자리매김하고 있다. ACC의 재평가와 더불어 친환경 세계문화도시를 향한 도심활성화를 위해 적극적인 관심과 지원이 요구되고 있다.

DDP와 ACC 문화거점시설의 효과 비교

구분	DDP (동대문디자인플라자)	ACC (아시아문화전당)
부지의 역사	동대문운동장 터	전남도청·전남경찰청 터
도시재생 목표	첨단디자인을 통한 지역활성화	역사보전과 도시활성화
연면적 규모	86,574㎡	156,438㎡
건축가	자하하디드	우규승
재생 전략	첨단디자인의 랜드마크화	역사공원형 문화거점화
재생 방법	스포츠 시설의 문화공간화	행정기능의 문화공간화
도시 맥락	단절	역사성을 살림
개관 일시	2014	2015
거점 역할	제한적 폐쇄적 거점화	포용적 개방적 거점화
이용자 접근	장식적 건축디자인 효과에 반해 내부공간으로 이용자 제한	공원화를 통한 내외부 문화공간 거점 형성
상생 기능	주변 상업기능과 배타적 역할	도심녹지와 문화기능을 수용하여 포용과 상생의 정착
도시경관	지상·곡선형 입체 연계 디자인	지하 직선적 입체 공원
랜드마크 평가	역사적 장소성 감소, 관광명소화로 보상	세월과 함께 역사적 장소성 상승
도시재생 효과	역사 단절과 거점기능 한계	지속가능하고 성숙해가는 거점기능의 도심역사문화공원

변화하는 주거 문화,
한강의 옛 모습과 압구정의 미래

2023. 7. 27

주거 문화의 다양성 요구 - 포용과 사회적 교류로

우리의 손길과 발자취가 담긴 주거지역의 모습이 변화하고 있다. 한두 채 집이 모여 마을이 되고 도시화로 세월이 흘러 아파트가 들어서더니, 그나마 불편해서 못 살겠다며 이제는 재건축의 시대가 도래하였다. 한국인의 특징적인 주거 문화, 도시화의 원동력이자 부의 상징이 된 아파트공화국의 최전선 탐방을 통해 주거문화의 미래를 볼 수 있다.

우리의 주거 문화는 시민들의 의식과 시대의 가치를 반영하고 있다. 학교 교육과 마찬가지로 주거 문화 속에도 우리 사회의 갈등과 대립, 불평등과 양극화의 정서를 그대로 간직하고 있다. 조화보다는 과시로, 포용보다는 배제를 도시공간과 공동 주거의 계획과 디자인의 가치로 구현해왔다. 재건축을 통한 새로운 주거단지에는 수영장, 골프연습장, 헬스장은 물론 게스트하우스, 코워킹룸, 키즈룸 등 새로운 라이프 스타일에 맞춘 신개념의 편의시설까지 등장하여 위화감을 조성하고 있다.

그러나 주택은 기본적인 필수 공공재라는 관점에서 젊은이들과 취약계층을 위한 임대주택은 국민의 주거 안정을 위해 더 많이 공급되어야 한다. 다른 한편으로는 "임대 거주 주민에 대한 심각한 차별이 주거 공간을 넘어 학교로 확산되어 간다. 획일화된 주거문화와 집값으로 판단하는 가치관에 대한 스마트한 도시 고밀화가 필요하다"[77]고 유현준 교수는 지적한다.

더 인터레이스 주거단지. 싱가포르 주거 개발의 기본 유형인 고립된 수직 타워 클러스터를 만드는 대신 이 디자인은 자연 환경과 통합된 복잡한 생활 및 사회 공간 네트워크를 제안한다
- OMA홈페이지

좁은 영토에 인구는 많아 최근에 고밀 주거환경에서 포용과 화합의 도시공간을 위한 계획으로 나가려는 혁신적인 시도가 있어 소개하고자 한다. 소셜믹스Social Mix가 그것이다. 이러한 가치관을 가지고 있는 압구정 재건축과 대전 임대주택의 사례는 변화하는 도시공간 정책의 실험이다. 배제와 차별에서 포용과 다양성을 추

구하는 압구정 재건축과 '소유에서 거주로'를 지향하는 청년과 중
상류 계층을 위한 스카이브리지 임대주택78에서 신선한 사회적 교
류의 문화와 가치관을 기대해 본다.

한강변 압구정의 옛 모습

한강변의 옛 모습과 겸재

한강변의 다양한 옛 모습은 겸재 정선의 '먹의 진수' 속에 담겨져
있다. 2009년에 개관한 겸재정선미술관에는 진경문화체험실이
상설전시실로 꾸며져 있고, 미술관 한쪽에는 겸재 정선이 툇마루
에 앉아 국화꽃을 감상하는 장면이 그려진 〈독서여가도〉를 입체
적으로 재현하여 겸재와 함께 사진을 찍을 수 있게 만든 포토존도
있다.

겸재가 화성畫聖으로까지 존숭받고 있는 이유는 조선적인 산수
화풍인 '진경산수眞景山水' 네 글자로 요약된다. 겸재는 〈경교명승
첩京郊名勝帖〉을 비롯하여 한강을 소재로 하여, 한강을 따라 뱃놀이
를 한 뒤 그렸을 것으로 추정되는 한강 유람도가 있다. 양수리부
터 양천까지 한강을 따라 내려오는 명승 여덟 곳을 그린 것이다.
이 많은 진경산수 중에 〈압구정도〉가 있다.79 진경문화체험실에
서 관람객들이 관심 가는 대로 버튼을 누르면서 빠짐없이 눌러보
는 것이 '압구정'이다. 동호대교 건너 고급 아파트의 상징인 현대
아파트가 있는 곳이기에 더욱 호기심이 일어나는 것이다. "그 옛

날 압구정동의 풍광이 이처럼 평온하고 아름다운 곳이었다는 사실에 금석지감을 느끼곤 한다"고 유홍준 교수는 기술하고 있다.

압구정이라는 정자 이름은 한명회가 중국에 사신으로 갔을 때 예겸이라는 당대의 문인에게 부탁하여 기문과 함께 받은 것이다. 뜻인즉, 송나라 때 한 재상이 정계를 떠나 갈매기와 벗하며 지냈다는 고사를 이끌어 만년에 자연과 벗하며 지낼 만한 곳이라고 지어준 것이다. 이후 압구정은 한강변의 뛰어난 명소로 수많은 문인들이 찾아와 시문을 남겼다. 압구정은 조선 말기까지 존속하여 철종 때 개화파 인사였던 박영효의 별장이 되었는데, 어느 땐가 철거되고 압구정 일대는 거대한 배밭이 되었다가 1970년대에 현대아파트가 들어섰다.[80] 정자의 위치는 현대아파트 12동 위치로 추정되는데, 작은 공원에 압구정 터 표석만 남아 있다.

겸재의 〈압구정도〉 - 강남구청, 유홍준

압구정 재건축 신통기획 설계 구상
- 임대주택 1200세대 혼합배치

압구정 재건축 사업 추진 과정

전술한 바와 같이, 서울시는 압구정은 과거 한명회가 정자를 짓고 겸재 정선이 그림을 그릴 정도로 경관과 접근성이 뛰어난 곳이어서 이곳을 다시 시민이나 관광객들이 찾을 수 있는 한강의 명소로 만든다는 계획이다. 서울시는 2023년 7월 압구정 2~5구역의 신속통합기획안을 통해 본격적인 재건축을 확정하였다. 시는 열람공고하고, 이후 도시·건축공동위원회 심의 등 법적 절차를 거쳐 신속히 지구단위계획을 결정·고시하였다. 2016년 9월 압구정아파트지구 지구단위계획 수립에 착수한 지 6년 만에 재건축이 본궤도에 올랐다.

계획의 구상

기획안은 성냥갑 같은 아파트들이 늘어선 단조로운 한강변의 경관을 바꾸기 위해, 창의·혁신 디자인이 도입될 수 있도록 여러 규제들을 풀었다. 한강변 77만 3천㎡의 부지에는 특화된 경관과 한강변의 접근성을 높인 최고 높이 50층 내외의 아파트 1만 1830세대가 들어설 예정이다. 2구역에는 수변 커뮤니티 시설, 3구역 덮개시설, 4,5구역에는 조망 데크공원을 설치해, 서울 시민들이 여가와 문화를 즐길 수 있도록 압구정 일대를 한강변으로 열린 공간으로 개발할 계획이다.

압구정 지구 재건축 예상도 - 서울시

공공기여를 통한 재개발 구상 : 압구정에서 서울숲까지 보행교 건설

압구정 3구역 조합에서 공공기여 형태로 한강 보행교를 제안하여 이를 서울시가 수용하여 압구정에서 서울숲까지 도보나 자전거로 이동할 수 있는 교량을 계획하고 있다. 서울숲이 있는 성수동은 서울시가 삼표 부지 등을 활용해 '글로벌 미래 업무지구'를 조성하겠다고 발표한 곳이다. 강남에서 자연이 있는 서울숲은 물론 강북의 업무지구도 자전거나 미래교통 수단을 이용해 도달할 수 있도록 한다는 구상이다.

압구정 통경축 구상 - 서울시

밀레니엄브리지(런던의 세인트 폴 대성당에서 테이트모던 갤러리로 이어지는 보행전용교이다) - 유현준

신속통합기획의 효과

☐ **창의·혁신 디자인 도입과 층수 계획 유연 적용:** 신속통합기획을 통해 전체 세대의 10%인 1200세대가 공공임대주택으로 배정되는데, 임대주택이 어느 세대인지 알 수 없게 배치와 품질을 동일하게 혼합 배치했다. 압구정 지구의 최고 층수는 35층에서 50층 내외로 상향됐고, 한강변 첫 주동 15층 규제도 창의·혁신 디자인 도입으로 높이를 유연하게 적용하기로 했다.

☐ **공공임대주택에 소셜믹스 도입:** 소셜믹스social mix는 보통 공동주택 단지 내에 분양 세대와 임대 세대를 함께 조성하는 정책을 의미한다. 공공임대주택과 분양 세대의 배치와 품질을 동일하게 계획해 어느 집이 공공임대주택인지 알 수 없도록 '적극적 소셜믹스'를 추구하는 것이다. 서울시는 신속통합기획의 취지가 일관되게 유지될 수 있도록 하고 취지에 부합하지 않는 단지는 일반사업을 진행하도록 하는 등 엄격하게 관리한다는 방침이다.

공공임대주택 입주민 국내 최초 조사 결과

서울주택도시공사(SH공사)에서 국내 최초로 7년간에 걸친 공공주택 입주민 조사 결과를 2022년에 발표하였다. 입주민 10명 중 9명(89.8%)은 임대주택 거주에 대해 만족했으며, 사회 통합을 위해 다른 경제 계층과의 '소셜 믹스' 정책에 대해서는 78.4%가 찬성했다.[81]

일반적으로 공공임대주택은 사회적·공간적으로 차별을 받아왔다. 민간분양주택과 임대주택은 배치 시 지역적으로 분리시킴으로써 공간과 계층이 구분됨으로 인해 사회적으로 차별을 받는 사례가 많았다. 더욱이 학교의 차별과 학생들 간의 위화감마저 나타나는 사회적 현상이 심각한 단계이다. 이를 개선하기 위한 방안으로 소셜믹스를 통한 건축 형태의 변화를 위한 노력이 다양하게 시도되고 있다. 압구정 재건축 사업에서 주민들 간의 원만한 교류와 소통을 위한 소셜믹스의 적극적이고 바람직한 시도에 큰 기대를 걸어본다.

아울러 임대주택에 대한 선입관을 깨고, 입주민들이 자부심을 느낄 만한 공간을 만들어야 한다. 고급 아파트 수준의 설계와 편의시설로 최고의 만족을 줄 수 있는 고급 임대주택 주거단지가 요구되는 시대가 되었다.

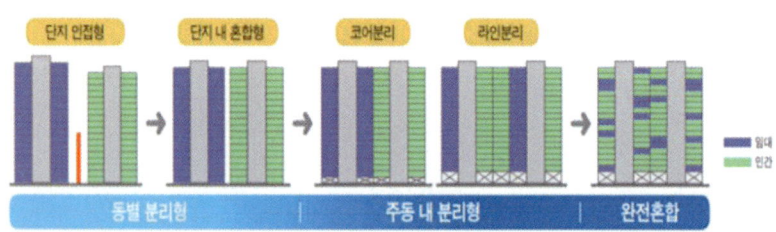

소셜믹스 건축형태 변화 모형도 - SH공사

역사의 기억memory과 추모공원

- 한국전 참전용사 기념관과 베트남 참전용사 기념관

2024. 6. 6

미국의 전쟁 참전 기념관 - 한국전 기념관, 베트남 기념관

한반도의 분단과 전쟁

현대사에서 세계의 지원을 받던 개발도상국에서 인류의 평화와 복지를 위해 지원하는 선진국 대열에 오른 나라는 한국이 유일하다고 자랑스럽게 이야기한다. 이 말을 듣는 순간 우리의 마음속엔 공감과 회한의 영상이 흐른다. 한국전쟁과 휴전선! 우리의 숙명이 되어버린 분단국가의 현실이다. 전쟁과 민주화 과정에서 나라의 독립과 발전을 위해 생명을 바쳐 충성을 다한 영웅들이 있었기에 가능한 일이다.[82]

국가의 기반인 국방과 안보가 위협받는 혼란한 상황의 연속이다. '애국과 충성'이라는 기본 가치가 오로지 영웅 만들기를 위한 역사의 심판대에 오르고 있어 아쉬움이 남는다. 영토가 위협받고 하늘에서는 오물 폭탄이 떨어지는 육해공이 뚫려버린 안보 공백의, 상상할 수 없는 한국만의 지정학적 특수성이 발현하고 있다. 한국전쟁 3년의 결과 남은 것은 서부를 잃고 동부를 얻었다는 것 외에는 그야말로 모두 다 퍼주고 모든 것을 잃었다. 이래도 '한반도에서 다시 전쟁을 꿈꾸는 자가 우리 안에 있다'는 역사적 현실이 더 공포스럽다. 한편 북한은 전쟁을 원하지 않았다는 사실에서 우리에겐 선택 폭이 넓어졌다.

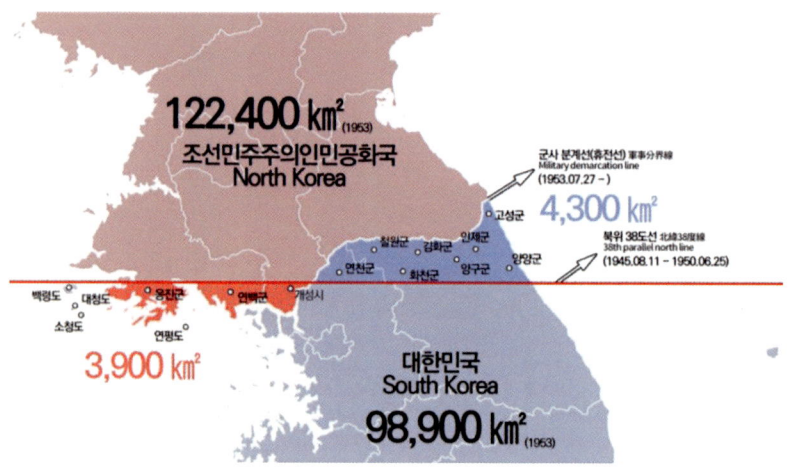

한국전쟁 전후 영토 변화, 38선과 휴전선 - 해시넷[83]

미국의 가치관 - 영웅 지키기

미국의 위대함은 국민의 생명과 재산을 나라가 끝까지 지켜준다는 국민의 굳건한 믿음에 기반하고 있다. 그리고 그들은 한국과 베트남 등 세계의 평화를 위해 싸우다 산화한 영웅들을 진정으로 추모하고 있다. 미국은 전 세계의 자유를 수호하기 위해 목숨을 바친 모든 형제의 이름을 기억하고 유해 송환을 지속하고 있다. 미국 국방부 자료에는 한반도 내 전투 지역 내 사망자가 36,574 명, 한반도외 사망자가 17,672명, 그 합계가 54,246명이다. 워싱턴에 있는 한국전 참전용사 기념관에 새겨진 54,246이라는 사망자 수는 한반도 외 사망자 수가 포함되어 있다(The Graybeards지 Marry O'Brien 기고문, 미국 한국전 참전 관련 통계 바로잡음. 국가보훈부).

미 국방부는 6.25 전쟁 동안 실종 미군 7,600여 명 가운데 5,300 여 명이 북한 지역에서 전사한 것으로 추정한다. 휴전 이후를 제외하고, 1996~2005년간 미국과 북한은 공동 유해 발굴단을 구성하여 미 측 주도로 유해 발굴을 진행하였다. 2005년 4월 미국은 최대 규모의 유해 발굴 작업을 계획하였으나, 비핵화 관련 북한의 6자회담 복귀 거부로 인해 안전 문제가 야기되면서 이 계획을 철회하였다. 미국은 아직 돌아오지 못한 약 5,300명의 미군을 찾기 위한 북한 내 발굴 작업의 재개를 위해 노력하고 있다.[84]

워싱턴 도시 구조와 전쟁 기념관 둘러보기

워싱턴 D.C.의 도시 구조는 국회의사당과 링컨 기념관을 연결하는 내셔널 몰National Mall을 도시축으로 하여, 포토맥강을 건너 알링턴 국립묘지Arlington Cemetery로 연결된다. 서측의 링컨 기념관 Lincoln Memorial 가까운 곳에 워싱턴 기념비와 백악관White House을 남북으로 배치하였다. 여기서 서측으로 한국전 기념관과 베트남 참전용사 기념관이 링컨 기념관과 더 가까운 곳에 남북으로 배치되어 있다.

요약하면, 도시의 핵심적인 위치에 주요 국가기관과 기념관들을 배치하여 국가와 역사에 대한 경외감을 심어주고, 주위에 위인들과 전쟁 기념관들을 배치함으로써 애국심과 영웅들에 대한 존경심을 고양하는 상징적 도시축 경관 구조를 형성하고 있다.

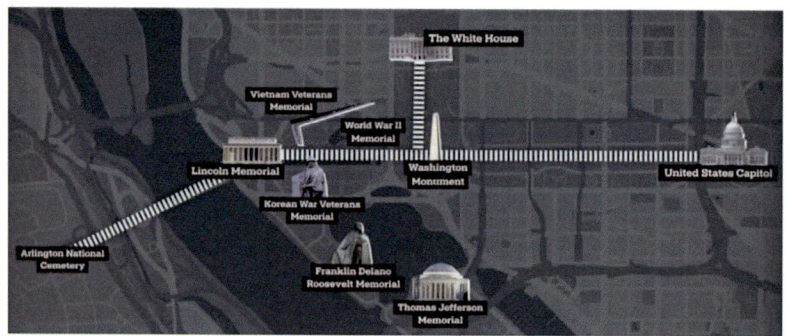

워싱턴 도시구조 링컨기념관 옆의 한국전 및 베트남 참전용사 기념관 - 설록현준[85]

웰링턴하우스와 케네디대통령의 묘,
꺼지지 않는 횃불

한국전 참전용사 기념관Korean War Veterans Memorial

미국 워싱턴 D.C. 한국전쟁 기념 공원에 위치한 한국전 참전용사 기념관에는 기념 공원의 상징물인 판초 우의를 입고 정찰하는

한국전쟁 기념관 모습   한국전쟁 전사자의 이름이 새겨진 추모의 벽

모습을 담은 19명의 창백한 미군 조각상이 있다. 보행로의 건너편 대리석 기념비에는 전사자들의 얼굴 모습이 새겨져 있다. 최근에는 미국 워싱턴 D.C. 내셔널 몰에 있는 한국전쟁 참전 기념 공원에 한국전 전사자 43,000여 명의 이름이 새겨진 '추모의 벽'이 2022년 7월 27일 헌정되었다.

기념비에는 이런 글이 있어 숙연해진다. "우리의 조국은 어디에 있는지도 모르는 나라와, 한 번도 만나본 적이 없는 사람들을 지키기 위해, 조국의 부름에 응한 아들과 딸들에게 경의를 표한다." 더불어 "자유는 그냥 오는 것이 아니다(Freedom is not free)."

베트남 참전용사 기념관Vietnam Veterans Memorial

전쟁의 시작과 패배

미국은 프랑스가 철수한 베트남에서 공산주의를 막기 위해 20년간 간접적인 군사원조를 하여 왔으나, 선전포고나 의회의 군사적 개입 승인도 없이 계속 전쟁의 늪 속으로 빠져들었다. 미국이 전쟁 경험이 풍부한 군대와 가공할 무기를 가지고도 베트남에서 철수한 이유는 농민의 지지를 받고 밀림에서 게릴라전에 익숙한 공산군들과는 전통적인 전술이 무용지물이었다. 그리하여 포문은 열려 있었으나 포신의 방향을 잡기가 쉽지 않았다.[86]

세계최강 대국 미국이 처음으로 패배한 전쟁인 베트남전은 참전한 미군들은 물론, 미국민들에게도 커다란 충격을 안겨준 전쟁이었다. 미국 내의 항의는 격렬해지고 곳곳에서 폭력 시위가 발생하며 군대에 대한 증오가 유행처럼 번져나갔다. 참전용사들은 갈 곳을 잃었고 대중과 정부에게 모두 외면당한 그들은 아무런 도움을 받을 수 없었다. 남은 것은 고엽제 휴유증과 전쟁의 피로, 그리고 전쟁터에서 받은 충격뿐이었다.

정글의 화력은 무용지물 - ppss

추모공간 요구와 설계공모 시작

수상자 마야 린과 당선작

이러한 배경에서 1969년에서 1970년 사이에 전쟁터에서 싸웠던 베트남전 참전 용사 잰 스크럭스는 이 버림받은 전쟁에서 산화한 이들을 추모하기 위한 기념비를 세워달라고 정부에 요청하였다.[87] 그리하여 워싱턴 D.C.의 한국전 기념관 인근에 있는 베트남 참전용사 기념관은 고통스러운 전쟁을 기억하고자 설계공모로 시작되었다. 이 기념물에 대한 요구 조건은 몇 가지로 요약될 수 있다.

- 사색적이고 명상적인 성격의 작품이여야 한다.
- 주변과 조화를 이루어야 한다(기념물은 링컨기념관과 워싱턴기념탑 사이에 건립).
- 사망자 또는 실종자의 이름이 들어가야 한다.
- 전쟁에 대한 정치적인 주장이 들어가서는 안 된다.

총 1,421점의 응모작 중 최종 심사에 올라온 작품은 39점이었다. 모든 응모작은 번호로만 표시해 결정이 내려질 때까지 설계자가 누구인지를 알 수 없도록 했다. 더 놀라운 것은 1등 수상자가 유명한 건축사 사무소나 건축가가 아니라 학생이라는 사실이 충격을 주었다. 공모의 당선자는 당시 예일대 2학년생인 아시아계 미국인이자 무명의 마야 린이었다.

당선자 마야 린과 당선작 모형 - 셜록현준   기념관 전경(칼로 대지를 짤라 상처를 치유한다는 의미를 담았다)

마야 린은 기존의 전쟁 기념비들이 개개인의 병사들보다 승리에 더 초점을 맞추고 있음을 발견했다. 그녀는 전사한 군인들을 기리는 보다 인간적인 기념비를 만들고 싶었다. 평지 공원을 서서히 내려가다가 방향을 틀어 서서히 올라오는 베트남전의 이미지를 담은 담백한 아이디어였다. 이동 중에 마주하는 두 개의 낮고 검은 화강암의 추모의 벽에는 전사자들 58,000명의 이름을 모두 새겨 넣어 추모하고 있다. 방문객은 그 이름 위에 반사된 자신들의 모습을 바라보며 전쟁의 비참한 허무함을 느낀다. 작가의 표현으로는 '잃은 것을 인식하는 여정'이다. 그녀는 그 사적이고 인간적인 유대감을 전달하기 위해 공모전에 제출할 테마 에세이를 손으로 직접 적었다고 한다.[88]

전쟁 상처 치유의 공간, 베트남 참전용사 기념관

그녀의 목표는 '디자인을 통해 인류의 비극을 포착' 하는 것이었다. 개막식 후 공개된 기념비는 단순한 감동이 인상적이었다. 기념비의 검은 벽은 마치 거울처럼 보는 사람을 비추어, 돌 위에 깊이 새겨진 그 이름들 위에서 자신의 얼굴을 보는 기이한 경험을 하게 만들었다. 한 전문가는 기념비를 세우기 위해 깊게 파고 들어간 땅을 '부끄러운 상처'라고 불렀다.[89]

이 기념관이 특별한 것은 기존 전쟁 기념비와 전혀 다른 모습이다. 전쟁을 잊고 싶어 이름도 '베트남 참전용사 기념관'이다 기존의 전쟁 기념비가 높고 위대한 모습을 떠올리게 하려 했다면, 마야 린은 대지에 가깝게 낮게 깔아 놓았다. 작가는 대지를 칼로 잘라 마치 상처를 드러내는 듯한 모습을 형상화했으며, 이 기념비를 통해 전쟁의 상처를 치유하고자 하는 의미를 부여했다는 점이다. 광주의 아시아문화전당(ACC)도 이러한 회복과 관용의 디자인 컨셉에서 출발했다는 점에서 일맥상통한다.

이 기념비는 길고, 낮고, 검게, 내셔널 몰 아래쪽으로 파고 들어간다. 의미심장해 보이기도 하고 무의미해 보이기도 하는 이 기념물은 미국인들의 마음을 자극했다. 그토록 단순한 형태 속에서 미국인들이 경험한 비극의 무게와 상실의 깊이를 공감하게 하였다. 필자도 공원의 벽을 쳐다보며 잠시 아래로 내려가다 올라오니 다른 세상에 온 것 같은 느낌이 들었다. 그리고 느꼈다. 전쟁은 공멸이란 것을!

기념관 전경과 추모객

도시축을 향하는 거울 추모벽의 상징성

서울 재개발 정책 어떻게 바뀌었나?

- 회색도시에서 녹색도시로!

2023. 9. 8

서울 2030 도시·주거환경정비기본계획 핵심 정리

서울과 광주 등 대도시의 건축물 높이규제 폐지에 따라 도시경관 향상 방안이 필요하며, 이에 대한 실행 방안은 도시정비과정에 실현될 수밖에 없다. 서울시 2030 도시·주거환경정비기본계획은 회색도시를 녹색도시로 전환시키며, 도시가로의 눈높이에서 도시디자인의 품질을 크게 향상시킬 수 있는 실질적인 장치action plan를 마련했다고 평가할 수 있다.

이처럼 서울시 도시환경계획의 목표 전환에 따라 건축가와 계획가들의 관심을 집중시킨 2030 도시·주거환경기본계획의 핵심 내용을 정리하여 보았다. 계획가들에게는 창의와 혁신적인 디자인에 도전할 수 있는 기회가 왔다고 긍정적인 평가를 할 수도 있기 때문이다.

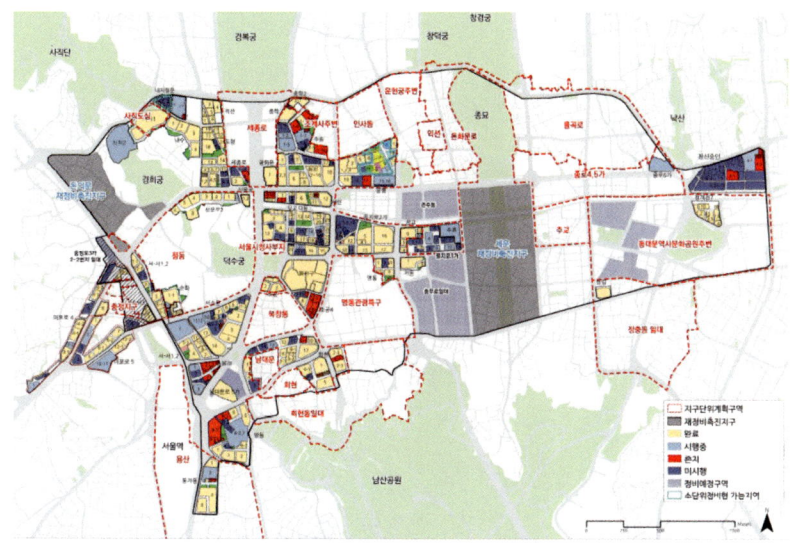

서울도심 도심부 정비(예정)구역

서울 2030 도시·주거환경정비기본계획의 특성 요약[90]

▲ 기후환경의 변화에 대비한 지속가능한 생태녹지확보를 최대의 목표로 혁신적으로 전환.

▲ 상위계획인 2040 서울도시기본계획과 녹지생태도심 재창조전략을 고려함.

▲ 서울시 녹지생태도심 재창조전략에 따라, 건물 및 도로 중심에서 도심녹지 및 공공공간계획을 우선적으로 정비계획함.

▲ 개방형녹지 의무확보비율: 일반정비와 보전정비에서 서울도심부는 획지면적의 30% 이상.

▲ 건폐율: 일반정비와 보전정비에서 서울도심부는 획지면적의

50% 이하.

▲ 공중권 이양제 도입: 보전정비에서 역사문화자원 보전으로 달성하지 못한 용적률을 타지구에 개발권 적용(TDR: Transferable Revelopment Rights) 가능.

서울 2030 도시·주거환경정비기본계획의 정책 방향

서울의 현황: 공원녹지 수요 증가

▲ 세계 대도시와 비교해서 부족한 생활 녹지 인프라: 1인당 공원면적은 16.2㎡로 산지 면적을 제외하면 5,7㎡임.

▲ 디지털 전환과 팬데믹 이후 생활권 내 공원녹지와 오픈스페이스의 양·질적인 수요변화 대응.

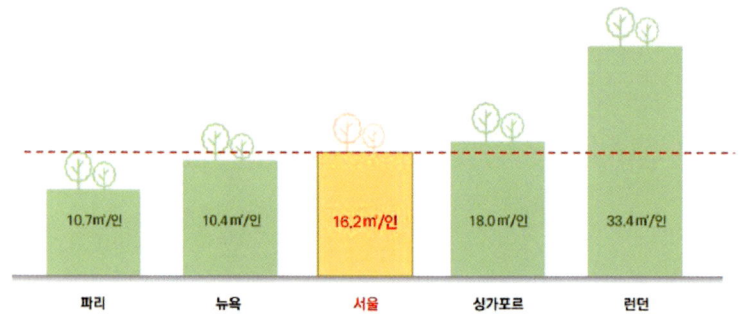

파리	뉴욕	서울	싱가포르	런던
10.7㎡/인	10.4㎡/인	16.2㎡/인	18.0㎡/인	33.4㎡/인

세계 주요도시의 1인당 공원면적(2014)

□ **2025 기본계획의 한계**

경직된 높이체계와 건폐율 완화에 따른 지상부 시민휴게공간 축소 및 획일적 경관 형성에 대한 보완 대책 필요.

정책 방향

▲ 상위계획인 **2040 서울도시기본계획**과 **녹지생태도심 재창조전략**을 기반으로 함.

□ **2040 서울도시기본계획 – 7대 목표**

▲보행일상권 조성 ▲수변중심 공간 재편 ▲기반시설 입체화 ▲중심지 기능 혁신

▲미래교통 인프라 ▲탄소중립 안전도시 ▲도시계획 대전환

□ **녹지생태도심 재창조전략**

▲ 계획수립 배경[91]

- 서울 도심은 고밀개발은 이루어졌음에도, 실질적으로 이용가능한 녹지율은 낮은 상황.
- 기후·환경문제의 일상·장기화에 따른 환경문제 대응 및 주거, 업무, 여가의 융복합화를 위한 다양한 녹지공간 확충 필요.

▲ 계획 방향

- 빌딩숲과 나무숲이 어우러진 쾌적한 도시공간을 조성한다.
- 서울 도심부 녹지공간 15% 이상 확보 및 다양한 녹지공간 조성 계획.
- 공원녹지 확충 및 건물 저층부 개방공간 확대를 통한 녹지생태 네트워크 구축.

- 건폐율 50% 이하, 녹지공간 확보 의무화와 연계 기존 서울 도심부의 높이 규제를 완화하는 고밀개발 추진.

▲ 세부계획내용
- 구역별 특성에 따라 맞춤형 녹지공간 확보계획 수립.
- 신규정비구역: 재개발과 녹지 확보를 동시 추진, 공원 및 개방형녹지공간 집적화, 대지 내 공유공간 확대.
- 통합형 정비방식 도입 및 통합구역 재개발 시 녹지공간 확보방안 제시.

□ **녹지생태도심 재창조전략 도입 배경 및 내용**
▲ 도입 배경
- 2022년 서울시는 고밀·복합 개발과 녹지공간 확보를 동시에 추진해 서울 도심을 대전환하는 '녹지생태도심 재창조전략' 추진계획을 발표함.

▲ 주요 내용
- 핵심은 도심재개발 사업 시행 시 민간의 개방형녹지 확보.
- 건축물 높이와 용적률 등 기존 건축규제를 완화하고, 그 대가로 얻는 공공기여를 공원과 녹지로 조성해 도심 전체를 녹지로 연결함.

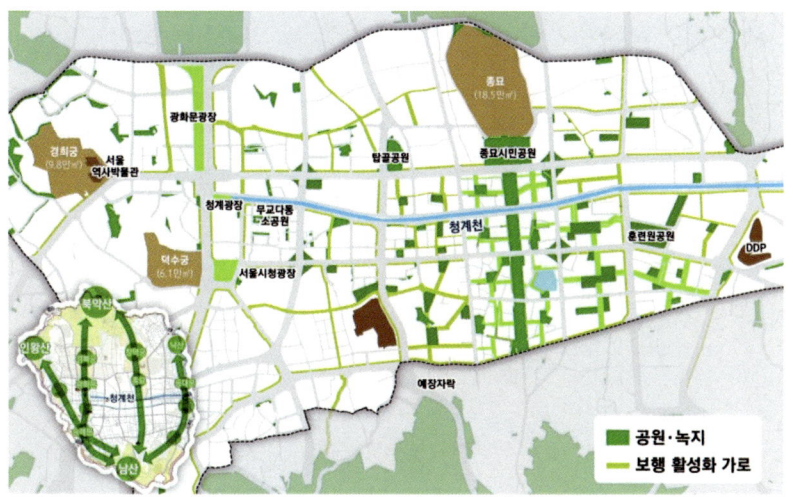

녹지생태도심 재창조전략 기본계획도 - 서울시 2022

2030 도시정비기본계획의 정책 방향

□ **기존 2025 기본계획의 한계를 보완하는 계획 수립**

- 보존 중심의 계획 방향으로 인한 도시경쟁력 약화, 경직된
  높이체계로 인한 도시정비 침체 및 도시경관의 차폐 등 한계
  보완.

□ **상위 및 관련계획, 정책변화에 대응하는 계획 수립**

- 정성적 높이계획의 수립, 용도의 융복합 등 도시계획의 대전
  환 유도.

- 녹지생태도심 재창조전략 실현을 위해 정비사업을 통한 서울
  도심부 녹지 확보방안 마련.

기본계획의 수립방향

도시주거환경정비 기본계획의 비전 및 목표

▲ 중심지 기능 복합화.

▲ 녹지와 빌딩이 어우러진 쾌적한 녹색도시.

▲ 일과 주거, 여가가 공존하는 활력있는 직주혼합도시.

도심녹지 조성방안

도심녹지 조성의 필요성

□ 최고높이 체계와 건폐율 완화로 인한 도시 공간 문제점 해소

　▲ 작고 실효성 없는 공공공간 발생.

　▲ 도시조망 차폐 및 일률적 스카이라인.

□ 고밀 복합개발과 풍부한 녹지 휴게 공간 동시확보 개발전략 필요

□ 상위계획인 '서울시 녹지생태도심 재창조 전략'에 따른 서울도심부 녹지공간 확충

　▲ '녹지생태도심 재창조 전략'의 목표를 이루기 위한 실행계획으로서 정비계획 재평가 필요.

　▲ 신규 및 기시행 정비구역의 특성에 따라 녹지 및 시민 휴게공간 확보 위한 실행기반 마련.

정비계획 수립체계 전환

□ 신규 정비구역의 정비계획 수립체계

　▲ 기존 도로 및 건축물 중심의 계획에서 통합적·유기적·공공성을 확보하는 도심녹지 및 공공공간 계획을 우선으로 정비계획 수립체계를 전환.

정비계획 수립체계

공원·녹지 확보 및 공공기여 강화

□ 구역별 공원·녹지 의무 부담량 부여

　▲ 기존 정비구역

　- 구역면적이 5만㎡ 이상인 경우 구역면적의 5% 이상을 공원·녹

지로 부담.

▲ 신규 정비구역

- 구역면적에 관계없이 구역면적의 5% 이상을 공원·녹지로 의
 무 부담.

▲ 공공의 역할 확대

- 공원·녹지 확보를 위해 공공 선투자 활용, 개발 시 비용을 회수.

□ **기부채납 우선순위 부여**

▲ 공원·녹지 조성을 최우선으로 하기 위해 기부채납에 우선순
 위를 부여하여

① 공원·녹지 ② 공원·녹지 외 토지 ③ 건축물 및 현금 순으로 기
부채납함.

개방형녹지공간 도입

□ **개방형녹지 개념**

▲ 대지 내 지상부 중 공중이 자유롭게 이용할 수 있는 상부가
 개방된 녹지공간.

▲ 시민이 자유롭게 여가활동을 즐길 수 있는 쉼과 소통이 동시
 에 이루어지는 활력이 넘치는 공간.

▲ 도심 속 다양한 종의 식물이 서식하는 자연생태 공간 제공으
 로 도시 생활의 매력 향상과 기후변화 및 포스트 팬데믹에
 대응.

□ 개방형녹지 조성원칙

▲ 쉽게 접근할 수 있는 공간으로서 모두에게 개방함. - 조성 후
지속적인 관리.

▲ 끊기지 않는 연속된 녹색 경험 제공 위해 유기적 배치 및 조
성 - 녹지네트워크 구축.

▲ 휴식과 여가 공간, 소통과 교류 활력 공간으로 조성.

▲ 주변 건물 및 가로와 조화되고 연계하여 조성.

▲ 수목의 생육에 적합하고 생태적으로 조성.

개방형 녹지 내 다양한 이벤트 사례(N.Y.)　　**연속적인 개방형 녹지 사례(부산 레일웨이)**

개방형 녹지공간 관리방안

□ 정비계획 입안단계부터 조성 이후까지 체계적 관리

□ 계획 및 심의 단계

▲ 정비계획 입안단계에 공공조경가 설계 또는 자문을 통해 개
방형녹지 계획 수립.

□ **사업계획승인 단계**

▲ 설계의도 구현 계획서 제출.

▲ 개방형녹지 관리대장 제출.

□ **조성 단계**

▲ 설계의도 구현을 위한 조치계획 제출.

□ **조성 이후 단계**

▲ 통합플랫폼 운영을 통해 조성된 공간을 시민에게 정보 제공 및 사후 관리.

▲ 연2회 개방형녹지 확인·관리 및 연1회 전문가 점검 실시.

▲ 매년 우수 개방형녹지 및 조경가 선정함.

▲ 지속가능한 개방형녹지 관리계획 수립.

도시정비형 재개발사업 정비수법 조정 방향

□ **서울시 정책사항을 반영한 기준 조정**

▲ '서울시 녹지생태도심 재창조전략'에 따른 도심녹지조성 가이드라인의 항목 추가 및 일반 정비형의 도심부 건폐율 조정함.

▲ 개방형녹지 의무확보비율: (일반정비와 보전정비에서) 서울도심부는 획지면적의 30% 이상.

▲ 건폐율: 서울도심부는 획지면적의 50% 이하.

▲ 높이: 서울도심부는 기준높이 + 20m(개방형녹지율 30% + 초과설치에 따른 높이 완화)

□ **유형별 세부기준 추가 보완**

▲ 보전정비에 **공중권**Air Right **이양 도입**: 역사문화자원 보전으로
    달성하지 못한 용적률을 타지구에 개발권 적용(TDR: Transferable
    Development Rights) 가능

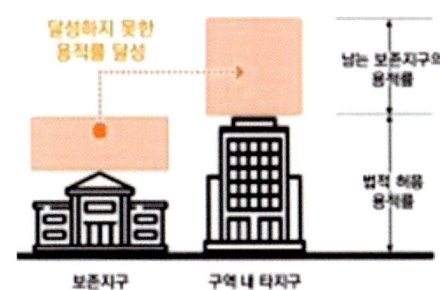

공중권 이양제 - 서울시 도시계획국

5장

주택 및
부동산 정책의 방향

나라를 바꾸는 주택정책

2023. 10. 28

주거 안정과 주거권

인간다운 생활을 할 권리

우리나라의 주택문제는 양적 부족, 질적 열악성, 배분의 형평성(다주택자), 부담 능력(가계부채) 및 주거권 보장 등이 있다. 이 중 주거권 보장은 인간다운 생활을 영위하기 위함인데, 인간의 존엄과 가치를 유지하려면 인간의 최소한의 기본욕구인 의식주뿐만 아니라 교육, 의료 등 문화적인 최저생활과 물질적인 최저생활의 보장이 필요하다.[92] 인구 감소, 전세사기 및 1인 가구의 증가 등으로 주거 안정이 인간의 삶의 질 향상에 중요한 요소로 자리 잡고 있다.

자유주의 국가의 헌법에서 인간다운 생활을 최초로 규정한 것은 1919년의 바이마르 공화국 헌법 제151조에서 "경제생활의 질서는 모든 사람에게 인간다운 생활을 보장하기 위하여 정의의 원칙에 합치하지 않으면 안 된다"라고 규정하고 있다. 유엔 인간정주회의HABITAT를 통하여 세계인권선언을 비롯해 각국의 헌법에서 이에 관한 규정을 두고 있다. 우리 헌법 제34조에서도 모든 국민에게 '인간다운 생활을 할 권리'를 보장하고 동시에 실효성을 확보하기 위해서, 국가의 사회정책적 의무를 강조하고 있다.

인간다운 생활을 할 수 있는 인간의 기본은 일자리와 주거다. 일은 삶의 보람과 자존의 기본이며, 주거의 안정은 생활의 근거이며 출발점이다. 주거 안정을 위한 주택정책은 주택수요, 주택공급, 금융지원, 세금 규제, 통계와 시장 감시 등 5가지 요인이 결합되어 있다. 지난 6·27 대책으로 금융 규제를 실현하였고 세제의 규제가 남아있으며, 공정한 주택시장의 형성을 위해서는 통계의 신뢰성 회복과 시장의 가격담합 감시가 추가로 필요한 사항이다. 통계는 숫자를 넘어 이제는 삶의 방식과 의식 변화를 측정하는 수준까지 발전했다. 정책 개선과 산업 발굴의 기반이 되는 통계의 의미가 왜곡되지 않도록 정부와 민간의 역할이 중요하다.

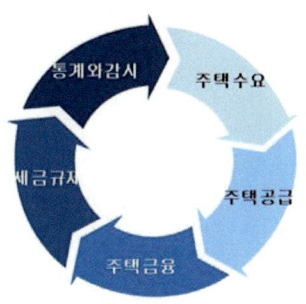

주거안정을 위한 주택정책의 영역

주거권이란 무엇인가?

주거권은 주거에 관한 국민 생활 최저선의 확보를 의미한다. 모든 국민이 인간다운 주거생활을 누릴 수 있는 권리, 적절한 거처에서 생활할 권리를 말하며 국가는 인간다운 주거환경을 확보하기 위하여 국민에게 다음과 같은 책임이 주어진다.[93]

▲ 비차별성 원칙: 적절한 주택adequate housing은 모든 사람들, 즉 어린이, 성별, 인종, 종교, 문화, 소득, 연령, 시민권 획득 여부, 고용 상태 등 어떤 것으로부터도 차별을 받아서는 안 된다.

▲ 접근·이용 가능성: 적절한 주택에 살 권리가 있으며 적절한 주택이란 모든 사람들이 접근, 이용 가능하며, 안전하고 평화롭게 살아갈 거처를 가져야 함을 의미한다.

▲ 무주택자homeless 우선: 무주택자는 국가로부터 특별한 보호를 받으며 국가는 임시거처마련 등 사회정책적 노력을 기울여야 한다.

▲ 임차가구 보호: 임차인 의사에 반하여 강제퇴거나 철거당하는 일이 없어야 한다. 세입자는 폭력, 부동산 투기, 철거 등에 의해 주거의 불안정이 없도록 정부는 법적으로 세입자를 보호해야 한다.

▲ 주거서비스 보장: 모든 사람들은 깨끗한 물, 채광, 전기, 상하수도, 도로 등 공공서비스와 지역사회 시설과 서비스를 이용할 권리를 가진다.

한국형 기본주택 개념

한국형 기본주택이란 국민들 중에 거주할 주택이 없는 국민에게 국가가 공공주택 등을 제공하여, 행복한 삶을 영위할 수 있도록 해주는 국가 지원 공공주택을 말한다. 국가는 집이 없는 저소득 가구에게 저렴한 비용의 주택을 임대할 수 있도록 일정 물량의 공공주택을 지속적으로 건설, 매입 등을 통해 보유해야 한다. 4인 가구이면 25평형, 3인 가구이면 20평형, 2인 가구이면 15평형, 1인 가구이면 10평형 등 일정 규모의 공공주택을 제공해 주는 것이다.[94] 그런데 대한민국 국민들은 자가 소유 주택에 대한 열망이 높기 때문에 국가에서는 가급적 민간 주택 공급을 확대하여 자가 소유자를 늘려 나가는 정책을 추진하고 있다.

공공주택은 현재처럼 한국토지주택공사LH가 담당하도록 한다. 다만, LH의 공공주택 관리 기능을 강화시킨다. 한국형 기본 주택을 지원받는 가구는 거의 대부분 저소득층 가계이다. 따라서 LH는 복지청으로부터 공공주택 입주 대상자의 가구별 구성원에 대한 소득 정보 등을 받아서 대상자를 검토해야 한다. 만약 일정 소득 이상의 수입이 있는 가구에 대해서는 임대 기회를 종료하는 등의 관리를 체계적으로 해야 한다. 뿐만 아니라 일자리/직업 훈련청의 교육을 이수한 후 고소득 일자리로 취업을 한 경우는, 해당 정보를 복지청 데이터와 통합 정리하여 LH의 공공주택 임대 부서와 반드시 연계시켜야 한다. 이런 과정을 거쳐 한국형 기본소득 가구에 대한 전체 데이터가 한국형 기본주택 입주자격 등을 관리하는 데 적극 활용될 수 있도록 연계해야 한다.[95]

부실 부동산과 관련한 공공임대주택의 공급 방안으로 최배근 교수는 『화폐권력과 민주주의』에서, "한국은 적당한 시점에 구제 금융에 초점을 맞춘 '한국형 양적완화'가 불가피하다"고 한다. 주택금융공사가 매입한 주택을 장기공공임대로 전환하는 것이다. 주거 불안을 겪는 많은 세입자의 주거 문제를 안정화하는 계기로 만들 수 있으며, 모든 국민이 기본적인 주거시설을 확보할 권리를 실현하는 것이다. 이를 통해 주택 매물 압력은 완화될 것이고 주택 소유를 포기한 가계도 주택 자산 중 자기자본 부분을 확보할 수 있을 것이다. 그리하여 부채 상환 부담에서 해방되고 소비 여력도 확보하게 될 것이라고 제안한다.[96]

국가 발전을 위협하는 한반도의 3핵

한반도에는 한국의 지속가능한 성장을 위협하는 3개의 핵(폭탄)이 있다. 첫째, 북한 핵의 위협. 둘째, 인구 감소의 핵 - 낮은 출산율과 높은 자살률. 셋째, 서울 1핵(㈜) 집중의 국토 전략이다.

북한의 핵은 실존적인 위협이다. 그리고 인류 역사상 유례 없는 최저의 출산율은 한민족의 종말을 예언함과 동시에, 정책 부재의 한국 정치를 비난하는 국제적 여론에도 무감각하다. 마지막으로 '관습법적 수도 서울' 사수의 욕망이다. 서울(수도권)은 국토 면적의 0.6(12)%, 인구의 18(50)%를 차지하며, 국가 경제의 모든 것을 담는 용광로로 만들려는 일극 집중의 가치관을 유지하고 있다. 이는 주택가격 상승의 부담으로 출산율을 감소시켜 젊은이들은 수도권으로 이주하고, 결국 지방 소멸로 국토균형발전을 저해하는 원인이 되고 있다.

서울 1극 성장과 지방 소멸

서울·수도권이라는 공간이 지역을 양극화시키며 국토의 비효율적 이용과 지역 간 불균형을 초래하고 있다. 한국과 인구밀도가 유사한 해외 국가들의 비수도권 거점 도시 수는 한국의 절반 이하다. 경제성장기 초반에는 서울 중심의 성장이 국가의 발전에 중요했지만, 이제는 지방 소멸의 수준을 넘어 '한민족의 종말론'까지 거론되는 상황에 이르렀다. 수도권 과밀의 폐해와 역성장까지 우려되는 시점이다. 수도권의 과밀은 서울을 높은 주택가격과 불평등의 도시로 이끈다. 도시경제학자 리처드 플로리다는 저서『도시는 왜 불평등한가?』에서 도시발전의 모순과 불평등, 높은 주택가격과 주거이전, 중산층 소멸의 관점에서 이렇게 기술하고 있다.[97]

"전 세계의 고도 성장 도시들은 감당할 수 없을 만큼 비싼 주택가격과 놀랄 정도의 불평등에 직면해 있다. 극단적인 주거비용은 핵심 서비스 노동자들을 몰아내어 그들이 적절한 통근 거리 내에서 살 수 없게 되면 도시 경제 기능은 유지되기 어렵다. 출입이 제한된 부유층들만의 도시가 되고 있다."

한국은행의 2020년 지역산업연관표에 따르면 국내 경제 총산출액의 수도권 비중은 2015년 46.8%에서 2020년 49.9%로 올랐으며, 총부가가치 수도권 비중은 50.7%에서 54%로 상승했다. 이로 인해 갈수록 비수도권 인구가 일자리를 찾아 수도권으로 이동하는 현상이 심화하고, 수도권 대 비수도권의 부동산 양극화로 이어지고 있다. 2025년 국회 입법조사처에 따르면 '3050 클럽'(국민소득 3만 달러, 인구 5000만명 이상)에 속한 7개국 중 한국은 수도권 인구 비중이 50.9%로 가장 높다. 국내총생산GDP의 수도권 집중도(52.3%)와 일자리(고용보험자 수 기준) 집중도(58.4%) 역시 압도적인 1위다. 문제는 집중도가 갈수록 심화한다는 점이다. 수도권 인구 집중도는 1992년 44.1%에서 2024년 50.9%로 증가했고, GDP 집중도 역시 1985년 44.2%에서 2023년 52.3%까지 상승했다.

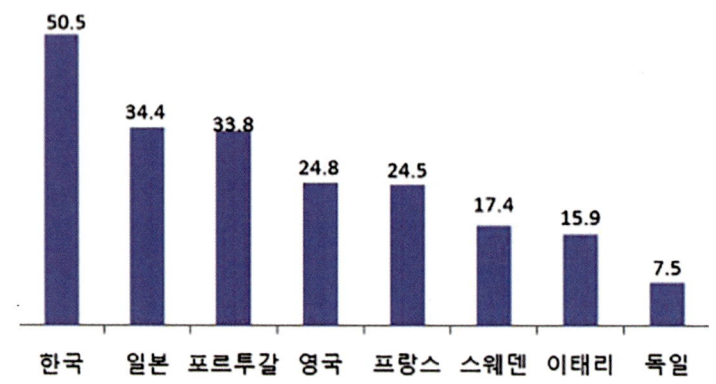

수도권 인구비중 국제비교 (단위: %, 한국은행, 2022년 기준)

수도권 집중은 불로소득 부동산 가격의 차이로 나타나, 그로 인한 사회적 불만이 정권 교체로 연결되어 나라를 바꾸는 요인이 되고 있다. KB부동산에 따르면 2015년 6대 광역시 아파트의 평균 매매가격은 2.1억 원이었다. 수도권(3.5억 원)과 약 1.4억 원 차이였다. 하지만 2025년 6월엔 6대 광역시 3.6억 원, 수도권 7.8억 원으로 격차가 크게 벌어졌다. 같은 기간 6대 광역시와 서울과의 아파트값 차이는 3억 원 수준에서 약 10억 원으로 커졌다. 10년 새 서울 아파트값은 평균 8억 원 넘게 올랐지만 6대 광역시는 1.5억 원 상승에 그쳤다. 5분위별 평균 매매가격으로 비교하면 차이는 더욱 극명하다. 2025년 5월 6대 광역시 5분위 아파트(7.3억 원)의 4배가 넘는 수준이다. 2015년과 비교하면 10년 새 22억 원가량 상승했다.[98]

서울과 지방의 집값 격차

구분	서울	6대 광역시	기타지방
5분위(상위 20%)	31.4억	7.3억	4.9억
4분위	14.8억	4.3억	2.9억
3분위	10.2억	3.1억	2.0억
2분위	7.6억	2.2억	1.3억
1분위(하위 20%)	4.9억	1.3억	0.7억

자료: KB부동산, 2025년 6월 평균매매가격 기준 - 중앙일보

낮은 출산율과 높은 자살률

인류 역사상 유례 없는 최저의 출산율은 한민족의 종말을 예언하고 있다. 2022년 전국 출산율은 0.78(서울 0.59)로 세계 최저 수준이다. 한국의 인구 감소에 대해 이재명 대통령은 최근 하버드대학교 강연에서 우려의 말씀을 하였다.

"인간 생존의 목적은 종족 보존을 위해서 사는 것이다. 이런 욕망이 사라진 사회가 한국이다. 2800년 이전에 한민족이 멸종할 것이고, 2300년경에 절반으로 줄고, 2019년부터 인구가 줄기 시작했다. 출산이 없으면 미래가 없다. 불평등이 문제다."

반면에 노인과 청년의 자살률은 세계 최고 수준이다. 낮은 출산율과 높은 자살율은 한국 사회에 내재하는 총체적인 문제의 결과이다. 더불어 한국의 노인 빈곤율은 43%로 OECD 평균인 13%보다 훨씬 높은 수준이다. 수치가 낮은 독일과 이탈리아 등은 10% 미만이고 그나마 20%를 넘는 호주와 미국의 2배다. 통계청의 가계금융조사에 의하면, 65세 이상 인구의 상대적 빈곤율은 21년 시장소득 기준 57.6%, 처분소득 기준 37.6%에 이른다. 노인 빈곤의 원인은 많지만, 특히 국민연금의 지원을 받지 못하는 노인들이 약 90만 명이나 된다는 것이 근본 문제다.

우리나라 노인 자살률(인구 10만 명당 자살자 수)은 46.6명으로, OECD 국가 중 압도적 1위다. 전체 평균인 17.2명 대비 거의 2.5배에 육박하는 수준이다. 여성은 모든 연령대에서 정신적 어려움이 가장 큰 자살의 이유다. 남성의 경우 더 높은 자살율을 보여주는데, 연령별로는 10~30세는 정신적 어려움, 31~60세는 경제적 어려움, 61세 이상은 육체적 어려움이 높은 자살률로 이어지고 있다.[99]

여기에 안전불감증에서 비롯된 산재 사망률도 높은데, 2023년 기준 건설업 근로자 1만 명당 사망률은 1.6명으로 OECD 평균치(0.78명)의 2배가 넘는다. [100] 인구의 사회적 감소가 심각한 수준이다.

부동산 비중과 연금소득

부동산 비중과 낮은 소득 대체율

오늘날 전 세계는 정치적 혐오와 증오가 난무하는 야만의 시대를 살고 있다. 시장 과잉의 결과이자 정치 실패 및 민주주의 실종의 결과이다. 시장 과잉을 나타내는 대표적 지표가 (소득과 자산의) 불평등 혹은 경제적 양극화이다. 불평등과 양극화는 돈의 힘(시장)이 지배하는 사회의 한 현상이기 때문이다.

경제 규모가 크고 산업화를 이룩한 나라 중 사회적 병리 현상이 극심한 대표적 나라가 미국과 한국이다. 두 나라 사이에 존재하는 경제적 공통점은 세계에서 가장 자산 불평등이 심한 나라들이라는 점이다. 희망을 잃은 보통 사람이 사회적 소수자를 공격하며 분노 표출의 대상으로 삼는 사회적 공통점을 갖는 배경이다. 차이점은 한국은 부동산 자산 중심이고 미국은 주식 등 금융자산 중심이라는 점이다. 이는 한국의 자산 불평등이 내용상 더 좋지 않다는 걸 의미한다. [101]

자산의 불평등이 노인 빈곤으로 나타나고 있다. 노인 빈곤을 제도적으로 방지하기 위한 경제적 장치가 연금이다. 은퇴 전에 버는 돈 대비 은퇴 후 연금으로 얼마나 받을 수 있느냐는 것이 소득대체율이다. 문제는 한국의 국민연금 소득대체율이 겨우 30% 정도에 그친다는 점이다. 유럽의 주요 국가들이 40~75%로 소득대체율이 높은 만큼 퇴직을 행복하게 맞이한다.

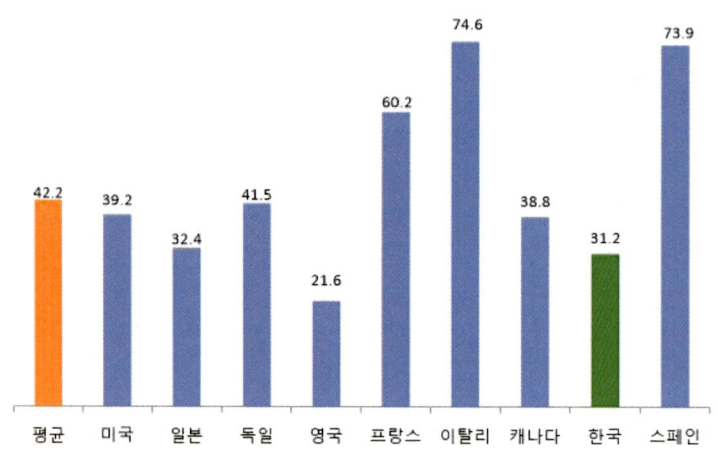

OECD 공적연금 소득대체율 (단위: %, 2022년 기준)

한편, 미국과 일본 등은 우리보다 낮은 공적 연금 소득대체율을 보이지만, 미국은 개인연금과 한국보다 3배 높은 가입률을 보이는 퇴직연금이 있고 전체 근로자의 사적 연금 가입률이 47%가 넘는 수준이다. 따라서 미국은 '국민연금+개인연금+퇴직연금'이라는 3가지 연금이 있어서 노후 생활에 대한 큰 두려움이 없다.[102] 우리는 현재 연금을 받지 못하는 노인 수가 많아 빈곤에 노출되어 있다. 일본과 유럽은 과거에 부동산의 가치 하락을 겪은 바 있어 은퇴자들의 주택 매도세가 강하다. 그런데 우리나라는 노후 연금에 의존할 수 없어 은퇴 시기에 부동산의 취득 경향이 더 강하게 나타나고 있다.

주택연금화

　고령층을 포함한 전 세대에 걸친 자산 구성의 특징은 부동산의 비중이 절대적으로 높다는 것이다. 부족한 소득은 규모가 크지 않은 금융자산을 처분해 일부를 충당한다. 소득과 소비 감소로 삶의 질이 떨어지지만 유일한 자산인 주택 보유는 포기하지 않는다. 그림에서 나타난 바와 같이 자산에서 부동산이 차지하는 비중은 35~44세에 급격히 상승한 이후 은퇴 이후에도 크게 줄지 않아 65세 이상 인구의 자산에서 차지하는 비중은 84%에 이르고 있다. 이와는 달리 미국은 38.7%만이 부동산이며 금융자산의 비중이 40%를 상회한다.[103]

　우리나라의 경우 경상소득 대비 근로소득의 비율은 2021년 기준 65~69세는 40%에 이르고 75세 이상에서도 20%에 달하고 있다. 반면 선진국에서 노후 소득의 상당 부분을 차지하는 **연금소득**이 우리나라에서는 75세 이상의 경우 경상소득의 17.5%에 불과하다. 연금소득의 대부분은 공적연금인 기초연금 혹은 국민연금이고, 개인이 스스로 노후를 준비한 결과인 사적연금을 보유한 가구는 전체의 15%에 불과하다. 사적연금은 그 금액 역시 매우 작아 중위소득 기준으로 은퇴 전 소득의 대체율이 3.8%에 그친다.[104]

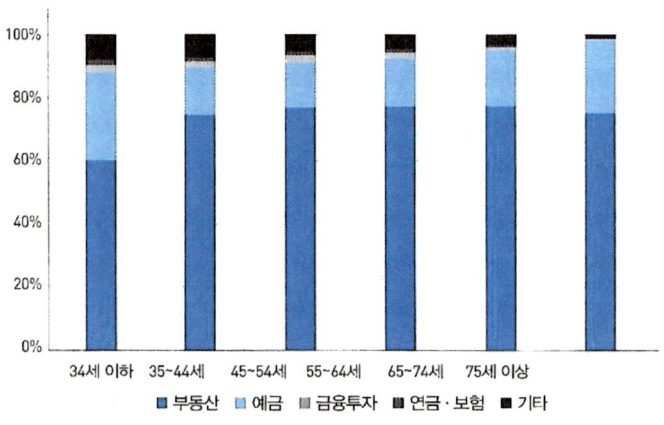

연령대별 자산보유 비중 (김재철 외, 2023)

　우리나라 고령가구는 평균적으로 적정 수준 대비 10~30%의 소비를 축소하고 있다. 이와 같이 은퇴 이후에도 84.0% 이상으로 유지되는 부동산 비중과 더불어 낮은 연금소득이 결합되어 은퇴 가구의 상당수는 소득 하락의 충격에 노출되어 있다. 소비 감소로 삶의 질이 떨어지지만 주택 보유는 포기하지 않아, OECD 국가 중 가장 높은 40%에 이르는 65세 이상 노인 빈곤으로 이어지고 있다.

　이를 보완하기 위해 주택을 이용한 주택연금은 고령자가 갖고 있는 집을 담보로 매달 연금 형태로 생활비를 수령하는 역모기지다. 부부 합산 기준 공시가격 12억 원 이하 주택을 가진 만 55세 이상 국민이면 가입할 수 있다. 2007년 도입 이후 가입률이 1%대에 그쳐 제도 개편 요구가 지속돼 왔다.

　김재칠, 김민기, 정희철(2024)의 연구에 의하면, 상당수의 개인들은 충분한 노후 소득을 준비하지 못하고 은퇴하였거나 은퇴를 앞두고 있다. 이들이 기본 생활 수준을 유지할 수 있는 가장 현실적으로 가능한 방안은, 보유 자산 중 절대적으로 높은 비중을 차지하는 부동산을 연금화하는 것이다. 우리나라는 이미 주택연금 제도가 2007년 이후 시행되어 자리를 잡고 있다. 2022년 보증 잔액 기준 주택연금 가입 건수는 8만 3,000건인데 이는 2020년 기준 가구주 연령 55세 가구수 935만 기준으로 약 0.89%의 가입률에 불과하다. [105]

주택연금과 함께 공공신탁은 고령자가 부동산이나 금융자산 등을 국가나 공공기관에 맡기고, 향후 치매나 질병으로 자산 관리가 어려워졌을 때 간병비·생활비 등으로 집행해주는 제도다. 이재명 대통령은 노후소득 다층화를 위해 "맞춤형 주택연금을 확대해 노후 소득을 안정시키고, 재산관리가 어려운 어르신을 위한 공공신탁 제도를 도입하겠다"고 밝혔다. 2024년 기준 60세 이상 가구 자산의 81.2%가 부동산에 편중돼 있는 만큼, 노후빈곤 문제를 해결하자는 것이다.

주택정책이 나라를 바꾼다

역대 정부의 부동산 대출과 자산 증식 효과

역대 정부의 부동산 정책으로 지난 십수 년간 수도권을 중심으로 주택이 단순히 주거 공간이 아닌 투자 자산 역할을 하면서 매

매·전세 가격이 천정부지로 치솟았고, 이는 '갭투자'와 '영끌' 열
풍과 함께 지금의 '부동산 공화국'을 만드는 데 영향을 미쳤다.
정부가 연금제도를 건강하게 운영해서 시민의 노후를 책임지는
것이 국가의 의무이다. 연금으로 노후 문제가 해결되지 않아 모
두가 부동산 시장으로 몰리는 형국이다. 통계에 의하면, 가계 자
산에서 부동산 자산이 대부분인 비금융 자산이 65%이다. 금융
자산을 살펴보면 현금 15%, 연금 약 10%, 주식과 채권을 합쳐서
약 10%다.[106] 대부분의 재산을 집값으로 갖고 있다고 해도 과언이
아니다.

주요국 가계 자산 구성

단위: %, 2021년 기준, 한국은행

	한국	미국	일본(2020)	영국	호주
비금융자산	64.4	28.5	37.0	46.2	61.2
금융자산	35.6	71.5	63.0	53.8	38.8

우리나라는 부동산 정책에 나라의 미래가 달려 있다. 부동산 정
책은 정치에 민감하다. 소득대체율이 낮은 연금 대신 부동산 투자
나 주택연금 등을 통해 노후를 대비하고 있다. 이에 따라 다주택
자들의 주택공급이 부족하다는 프레임에 갇혀 집값 상승이 다시
매수를 촉진시키는 이런 상황이 역사적으로 계속 반복되어왔다.
부동산 가치 상승을 위한 부동산 부양 정책으로 한국 경제는 침체
의 늪에 빠져 있다.

구분	연도	주택 대출 주요 정책
이명박 정부	2009.9 2011.3	· 수도권 비투기지역 DTI 60% 적용 · DTI 규제 부활
박근혜 정부	2013.4 2014.7	· 생애최초주택구입자금 연말까지 DTI 은행권 자율 적용 · LTV·DTI 각 70%·60%로 일괄 상향 조정
문재인 정부	2017.6 2019.12	· 대출규제 조정대상지역 40곳으로 확대 조정대상지역 LTV·DTI 각 60%·50%로 축소 · 조정대상지역 시가 15억원 이상 아파트 주택담보대출 전면 금지
윤석열 정부	2022.7 2022.12 2023.1	· 생애최초 주택구매 가구의 LTV 상한 완화 · 무주택자 LTV 50% 일원화, 규제지역 내 15억원 초과 아파트 주택담보대출 허용 · 저리 특례보금자리론 판매

금리와 대출규제 - 대출총량제와 DSR 효과

DSR은 금융위원회가 2021년 4월 처음 발표하였다. 코로나로 인한 대출 증가를 우려하며 가계부채가 잠재적 요인이 되지 않도록 하는 선제적 관리 수단이다. 당시 우리나라의 가계부채가 GDP의 100%를 넘겼고, 2020년과 2021년 두 해에 걸쳐 가계대출이 300조 원 이상 늘어났다. 급등하던 부동산이 2022년 하반기에는 급락하였다. 그 사이 집값에는 금리의 등락과 함께 DSR 40%의 규제가 적용되었다. DSRdebt service ratio은 총부채 원리금 상환 비율로, 연간 소득에서 원리금 상환에 쓸 수 있는 금액에 제한을 두고 대출한도를 설정하는 제도다. 즉, 한 해 동안 갚아야 할 주택담보대출 원리금과 기타 대출 원금, 이자 비중이 연봉의 40% 수준을 넘지 않게 규제하고 있다.[107]

당시의 가이드라인 중에서 대출총량제와 차주 단위 DSR 적용이 중요했다. 대출총량제는 GDP 대비 대출 비중을 장기적으로는 80% 이하로 하향시키고, 단기적으로는 당시의 100%를 넘지 않도록 하는 것이었다. 이후엔 GDP 성장률만큼만 대출 증가율을 허용하고 있다.

변칙적 정책 금융과 감당할 수 없는 주택가격

2022년 하반기부터 시장이 급락하자 2023년 초부터 정부가 개입하여 부양책을 내놓았다. 부양책의 핵심은 특례보금자리론과 가산금리 인하였다. 보금자리론은 9억 원 이하 주택에만 적용되었지만, 이 주택을 빠르게 처분하고 9억 원 이상 주택으로 넘어갈 수 있는 길을 터 주었다. 2023년 7월부터는 미국 연준의 기준금리가 상승하자, 은행들은 50년 만기 주택담보대출이라는 파격적인 상품을 내놓았다. 상반기의 특례보금자리론의 역할을 대신하여 50년 만기 주택담보대출이 이어받아 주택 가격이 연착륙했고 주택담보대출 잔액은 지속적으로 상승했다.

2023년 9월 들어 한국은행은 강경한 입장으로 돌아섰다. 특례보금자리론의 6억 원 이하 주택에만 적용되는 우대형만 남았다. 결국은 DSR 40%를 회피할 수 있는 특례보금자리론과 50년 만기 주택담보대출이 중단되었다. 금리가 하락하더라도 대출을 받지 못하는 상황이 되면서 주택시장이 계속해서 약세를 보이게 되었다. 이제야 시장은 금리만큼 대출 정책이 중요함을 인식하게 되었다.[108] 결국 DSR 40% 규제에서는 소득에 따라 구매할 수 있는 주택 가격의 상한선이 정확하게 결정된다. 즉, 4% 금리에서는 연봉의 13배가 넘는 가격의 집은 살 수가 없다. 그런데 현재의 집값은 연봉의 20배에 달한다. 현재 주택 가격이 DSR 40% 규제에서는 가계가 감당할 수 없는 수준이다.

GDP 대비 가계부채비율 국제비교

구분	한국	영국	미국	일본	프랑스	중국	독일
비율(%)	105	83.5	74.4	68.2	66.2	61.3	55.2

자료: 국제결제은행(IBS), 한국은행 2022년 말 기준

시장에서 DSR은 핵심 정책이 되었다. 주택가격을 결정하는 것은 대출 규모인데 대출의 상한을 절대적으로 규제하는 DSR 때문이다. 특히 IMF 등 국제기구의 권고처럼 한국은행은 장기적으로 한국의 가계대출을 GDP의 80% 이하로 낮추기를 원한다. 이는 대출 증가율이 GDP 성장률을 넘어서서는 안 된다고 생각하여, 월별 가계대출이 4조 원 넘는 것을 규제하고 있다.[109] 한국의 부동산 정책은 2023년 정부가 인위적인 부양으로 변칙적 강세장을 유도하였다. 그동안 주택의 수요를 강력히 제한한 규제는 DSR인데 국제기구에서 한국의 경제 안정을 위해 강력히 추천하는 수단이다.

주택정책금융 실패의 일본 사례

한국의 주택정책금융 규모는 통계를 집계한 2007년부터 2022년까지 연평균 3.0%로 증가했으나 2023년에는 4.2%로 증가했다. 최배근 교수는 정책목표가 실패할 수밖에 없는 이유를 다음과 같

이 강조하고 있다.[110] 첫째, 시장은 특례보금자리론으로 마중물 효과를 만들지 못했다. 일본은행은 90년대 말부터는 사실상 제로 금리를 도입했어도 주택 가격 하락을 막지 못했다. 둘째, 토목 건설사업으로 건설회사를 구제하기도 어렵다. 90년대 초 일본의 자산 거품 붕괴 후 대책과 동일하다. 이때 일본은행은 대규모 토목 건설사업을 전개했지만 정부 부채 급등으로 이어졌을 뿐이다. 셋째, 금융지원은 좀비기업을 양산할 것이다. 일본도 금융지원으로 연명시켰으나 결과는 좀비기업 급증과 생산성 둔화, '잃어버린 10년'이었다. 일본이 엄청난 비용을 지불하고 나서야 1999년부터 산업구조조정을 추진한 배경이다.

서울 집중의 역설과
출산율 제고를 위한 주택정책

2024. 4. 5

집값은 출산율 감소의 사회적 재난이다[111]

한국인의 주거 의식과 불합리한 주택정책

인간의 가장 위대한 발명품은 도시라고 한다. 도시에서 가장 넓은 영역은 주거지와 주택이다. 그런데 도시를 비롯한 주거시스템이 붕괴되고 있다. 삶을 영위하고 생활의 기반이 되는 것이 주택인데, 살고 싶은 도시와 주택의 기준이 주택 가격으로만 수렴하는 가치 상실의 시대다. 자산의 대부분이 주택에 의존하는 우리의 주거 의식과 정책의 전환 없이는 도시환경의 개선과 사회적 안정을 기대하기 힘들다. 살기 좋고 공공성 높은 주거지와 주택보다는 투자가치만을 평가하는 사회에서는 건축계의 노벨상 '프리츠커상'은 커녕 계획가들의 자존감 상실이 더 크다. 그런데 더 큰 문제는 집이 출산율 감소의 직접적인 사회적 재난이 되어 버린 것이다.

어느 사이에 한국의 미래 먹거리 최첨단 산업은 부동산 금융이 되었고, 이는 젊은이들을 평생 가계부채의 노예로 만드는 일등공신인 셈이다. 국가경제는 가계부채에 발목 잡혀 도약을 기대할 수 없는 상태가 되었고 젊은이들은 결혼과 출산을 포기하고 있다. 서울은 중위소득의 40%가량을 주택담보대출 원리금 상환에 허덕이고 있고112, 가계부채 비중이 10퍼센트 증가할 때마다 출산율은 0.16명씩 하락해왔다.113 최근 정부 발표에서도 주거와 보육은 출산율 감소의 제일 요인이다.

'경축! 재건축 안전진단 통과'와 '똑똑한 한 채'

자국의 월세 제도에 익숙하게 살아오던 외국인이 한국의 주거문화에서 이해하기 힘든 말이 있다. '경축! 재건축 안전진단 통과'와 '똑똑한 한 채'가 그것이다. 전자는 '내차 폐차장에 갈 고물차'라고 자랑하는 것이며, 후자는 '집이 학교에 다니냐?'고 놀림 받기 십상이다. 이 말들은 한국 주택정책 실패의 산물이며, 이 말속에는 부동산을 향한 왜곡된 탐욕과 계층 갈등이 숨어 있다.

지역개발 관련하여 정부는 규제철폐를 위해 포지티브 규제에서 네거티브 규제negative regulation를 선택하여 법률주의를 실행하고 있다. 네거티브 규제의 핵심은 단순명확화, 행정비용과 이용자의 부담을 경감시키는 규제를 만들자는 것인 반면, 공정하고 자유로운 시장의 기능이 전제되어야 성공할 수 있다. 재산세 등 보유세 완화의 보상을 근로자 임금으로 대체하였고, 재건축 안전진단 규제 폐지와 그린벨트 해제를 위한 공급자 위주의 정책으로 선회함으로써 예측 불가능한 시장으로 유도하고 있다. 더욱이 전매제한과 실거주의무제 폐지로 주택청약제도의 근간을 흔들고 있다. 공정과 원칙도 없는 공약空約에 도시와 집이 심하게 흔들리는 심리적 지진 상황이다.

누구나 살고 있으면서도 알 수 없는 것이 집값이다. 새집이라고 다 비싸지도 않고, 오히려 헌 집이라서 더 비싸기도 하며 같은 물건인데도 지역에 따라 가격이 다르다. 소득 대비 주택 가격(PIR)이 15배니 25배니 한다. 20년 동안 한 푼도 안 쓰고 모아야 집을 산다는 의미다. 시장 만능을 주장하면서도 정부는 무리한 정책자금으로 자꾸만 자유 시장에 개입하여 이익은 사유화하고 손실은 사회화하는 경향이 있다. 그래서 태생부터 주택을 잠시 머무르다 가는 '공공재'라고 한다.

투자할수록 인구를 감소시키는 불평등의 도시, 서울

주택공급시장에는 재개발·재건축 등에 의한 신규주택, 재고 주택 및 경매 시장이 있다. 신규주택 시장은 왜곡된 정보의 거품 시장인 반면, 경매시장은 영끌의 회한과 전세사기 피해자들의 전 재산이 만든 비극적 시장이다. 주택정책은 '빌려서 집 사라'는 유인정책과 언론의 바람으로 거품을 양산하는 카르텔을 형성해 왔다. 이제 영끌들은 '고금리의 롤러코스트'를 타고 날개 없이 추락하고 있다. 두 시장 모두 출산율 증가의 천적이다.

주택시장의 수요자들은 재고 주택시장의 구매자와 경매의 낙찰자 두 가지 유형이 있다. 전자는 정상적인 소요所要인 반면, 후자는 비정상적인 요인에 의해 시장에 나온 주택들을 구매하는 전문적인 프로들이다. 국민들은 소득수준에 맞는 '적정한 주택 가격 affordable price'을 원한다(주택가격부담지수는 원리금 상환 부담의 정도를 나타낸 지수이며, 가구당 적정 부담액은 소득의 25.7%이다). 버블 즉, 거품은 재개발·재건축에 의한 신규주택시장 가격과 경매시장 낙찰가와의 차이라고도 할 수 있다. 그런데 그 차이가 너무나 커져서 낙찰가를 '적정 가격'이라고 봐야 한다.

더불어 전세제도, 갭투자 및 왜곡된 정책금융이 자유 시장 경쟁을 혼란시키는 주택 버블의 원인이다. 임대 사업자의 주택공급량도 관리와 통제가 가능하도록 10세대 정도로 제한해야 한다. 그래야 주거 안정이 보장되는 월세로의 전환과 민간 건설의 임대 사업 참여도 활성화될 수 있다. 이제는 거품이 줄어들도록 기다려야 할 시간이다.

2024 한국사회조사는 '아이 낳을 결심 주거 때문에 꺾는다'는 연구 결과를 발표하였다.[114] 그리고 집값으로 인해 지난 10년간 86만 명이 서울을 떠났다.[115] 도시경제학자 리처드 플로리다는 '세계 최고의 고밀 첨단도시들일수록 경쟁과 집값 부담으로 출생률이 더 낮아진다'고 한다. 그런데 서울이 최고의 의료시스템에서 세계 최저의 출산율(0.59, 전국 0.78)을 보이고 있다. 도시의 불평등이 심화되고 있다. 서울에 투자할수록 인구 감소가 더 급속도로 진행되는 모순된 사회시스템이다.

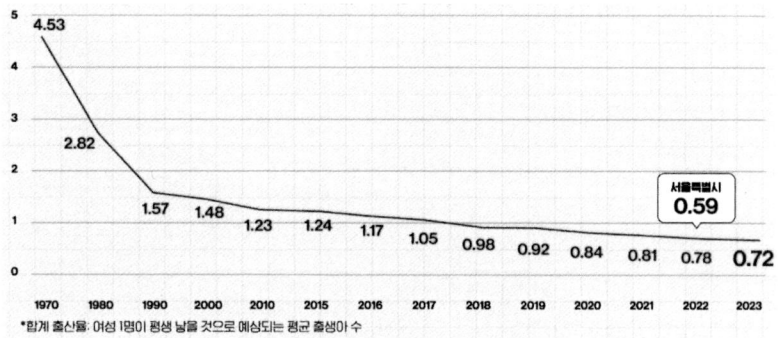

합계출산율 추이 (통계청, 탐구생활)

서울에도 폐교가 늘어나기 시작하였고, 수도권 집중가속화를 위해 국세를 투입하며 광역철도화GTX로 지역을 편 가르고 있다. 지역균형발전 없이는 집값을 안정화시킬 수 없다. 더욱이 수도권 비중이 높을수록 남북 간 평화가 보장되지 않는 한, 혈세의 수도권 낭비를 지방은 용인하기 어렵다. 농담처럼 '길'이나 '차'에서 아이를 낳으라는 말인가? 10년 기간 정도 청년들의 초기 정착과 주거 안정을 위해서는 OECD 평균의 절반도 안 되는 공공임대주택의 확대 공급이 절실하다. 지금 한국은 인류가 경험하지 못한 인구 감소로 가까운 장래에 주택구입 수요가 고갈된다. 노후 신도시가 재건축되어 입주할 시점이 그때이다.

사회권의 실현과 주거복지

사회권은 무엇인가?

스웨덴 복지국가의 이론적 기반과 실천적 기반을 닦은 에른스트 비그포르스Ernst Wigforss의 관점을 빌리면, "사회민주주의의 도래는 '입증'되고 말고 할 과학적 진리의 문제가 아니라, 그것을 윤리적 당위로 받아들이는 이들의 삶에서 실천으로 '구현'해야 할 문제다"라고 한다.116 『대한민국 정의론』의 저자 고원 교수의 정확한 지적처럼, 선진국에서 민주주의가 깊이 뿌리내릴 수 있게 된 배경에는 민주주의가 "정치적 자유의 수준을 넘어서 그 사회 구성원의 실질적 삶에 직결되는 '사회권social right'의 실현으로까지 그 영역을 확장시켰기 때문"이었음을 명심해야 한다.117

조국은 2017년 『사회권의 현황과 과제』라는 책에서 '자유권' 보장만큼 '사회권' 보장이 중요하며, 정치적 민주화로 인해 높은 수준으로 보장된 '자유권'을 굳히면서 이제 '사회권 선진국' 실현을 위해 나아가야 한다고 주장해 왔다. "사회권은 왜 필요한 것인가? 시민의 육아·교육·주택·의료 등에서 기본적인 보장을 받지 못하면 그의 삶은 언제든지 불안하고 피폐해질 수 있다. 이러한 기본적 보장이 없으면 시민은 자신의 삶을 주도하기 어렵고 사회공동체의 구성원으로 정치·경제·사회적 문제에 적극적으로 참여하고 주체적으로 선택하기 힘들다. 시민은 권위주의 체계를 자신의 손으로 무너뜨리고 정치적 민주화를 쟁취했다. 이제 남은 과제는 사회·경제적 민주화다. 정치적 민주화의 요체가 자유권이라면 사회·경제적 민주화의 요체는 사회권이다. 이제 연대와 공존의 원리가 새로운 시대정신이 되었고, 그 법률적 표현이 사회권이다. '자유권' 보장은 권위주의 또는 군사독재 체제와의 투쟁으로 가능했다. '사회권' 보장은 경제독재, 천민자본주의, 신자유주의와의 투쟁으로 가능할 것이다." 그는 "대한민국이 '사회권 선진국'이 될 날이 '잠정적 유토피아'가 현실에서 실현되는 날이다."118고 역설하였다.

우리 사회의 빈곤층과 서민의 처지는 어느 수준인가를 생각하게 된다. OECD 국가 중 가장 오랜 시간을 일해야 하지만, 일자리·주택·보육·교육·건강·노후 등에 대한 걱정으로 하루하루의 삶이 위태롭다. 한국인은 태어나서 죽을 때까지 사교육, 청년실업, 내 집 마련, 불안한 노년이라는 '4개의 개미지옥'의 굴레를 벗어나지 못하고 있다.119 그런데 저소득, 장애인, 실업자를 위해 정부가 지원하는 사회적 공공지출 비용, 그리고 정부의 현금 지원과 세금 혜택으로 인한 불평등도는 OECD 내에서 꼴찌 수준이다.120

공공임대주택과 사회권 보장

사회적 생산 배분 과정에서 가장 먼저 해야 하는 것이 '사회 몫'을 할당하는 것이고, 사회 몫의 최우선 순위는 사회 구성원 모두에게 생계에 필요한 최소 소득을 배분해 주는 것일 수밖에 없다. 이것이 사회 소득 개념이라고 경제학자 최배근 교수는 강조한다. 그런데 사회 몫의 크기와 우선순위 등을 결정하는 것이 정치의 영역이다. 오늘날 경제활동은 시장이라는 제도로, 정치는 민주주의라는 제도로 운용된다는 점에서 사회 몫은 민주주의의 수준을 반영한다. 121 그는 "한국의 사회가 실종된 이유는 사회 몫의 배분이 매우 취약하기 때문이다. 사회 몫의 배분은 정치의 영역이고, 민주주의의 수준을 나타낸다." 비슷한 개념에서 국민들의 주거 안정이라는 측면에서 부동산의 폭등과 주거 불안의 원인은 사회 소득의 배분인 사회주택 즉 공공임대주택의 부족에서 비롯된 것으로 기본적인 사회안전망의 실종이라는 측면에서 보아야 한다.

직장인도 월급을 한 푼도 쓰지 않고 다 저축해도 서울에서 아파트 한 채 사기란 여전히 지난하다. 2022년 OECD 통계에 따르면 서민을 위해서 더욱 확대해야 할 장기공공임대주택은 전체 주택의 8.0퍼센트(국토부)일 뿐이다. '부동산 계급사회'의 바닥을 이루는 162만여 명의 '부동산 제6계급' 사람들은 비닐집, 움막, 지하방, 심지어 동굴에서 살고 있다. 122 진짜 문제는 '성장 최고', '효율 최고'라는 가치만을 신봉하며, 같은 종족인 사람에게는 자기가 키우는 개가 누리는 복리후생만큼의 '사회권'도 보장하지 않으려는 우리의 의식과 그에 따라 만들어진 제도다. 사회권 보장은 다름 아닌 시민 자신을 위한 사회적 보험이다. 123

국가의 가장 기본적인 역할은 국민의 생명과 안전을 지키는 것이다. 전쟁은 국가가 선택할 수 있는 최악의 의사결정이다. 국가는 다른 나라와의 관계에서 평화를 지향하며 국익을 최우선으로 추구해야 한다는 것은 상식이다. 또한 각종 재난과 사고를 예방하지 못하거나, 발생한 사고를 제대로 수습하지 못해 많은 목숨을 잃는 일이 반복되는 것도 국가의 역할을 다하지 못하는 것이다.124 서로 다른 삶의 영역에서 온 시민들이 서로 공동의 공간과 공공장소에서 만나 시민적 공동선에 이르게 해야 한다. 이에 따른 도시의 공공공간 확대와 국토의 지역균형발전은 공정한 분배 및 사회정의를 실현하는 수단이다. AI시대가 되면 청년들의 일자리가 더 줄어들게 된다고 한다. 이럴수록 안정적인 보금자리가 더 필요해진다. 공공임대주택은 시민들을 위한 기본적인 사회권 보장 수단이 되어야 한다.

네덜란드의 공공주택

네덜란드는 공공임대주택이 전체 주택시장의 32%(임대주택시장의 75%)를 차지하며, 주택협회가 공공주택을 공급·운영·관리하는 사회적 임무를 수행한다. 네덜란드의 공공주택은 최저 소득계층만을 위한 주거복지가 아니다. 사회적 낙인도 없으며, 학생, 직장인 및 중산층이 거쳐 가는 다양한 소득계층을 위한 보편적인 주거복지 유형이다. 정부는 각종 세제 및 융자 혜택을 통한 지원을 하고 있다.125

로테르담 마켓몰, 재래시장 위의 공공임대주택 재개발 - 국토연구원

한은 총재가 하고 싶은 말
'빚으로 지은 집'
- 6·27 대책으로 연결

2025. 6. 21

한국 가계 부채의 역사

　세계적인 거시경제학자인 아티프
미안Atif Mian 미국 프린스턴대 경제
학과 석좌교수의 저서 『빚으로 지은
집House of Debt』의 내용과 한국의 가계
부채 실태에 대한 그의 견해를 정리
해 본다. 미안 교수는 가계부채·금융위기·경제성장·불평등 간 상
호작용에 대한 선도적인 연구자로서 한국의 가계부채 증가에 대
한 심각한 우려를 전달하고 있다. 지난달 한국을 방문해 정책 조
언을 하고 떠났다. 그리고 금주에 한국은행 총재도 새 정부의 경
제정책과 방향에 관해 견해를 표했다. 그가 진정으로 하고 싶은
말은 '빚으로 지은 집, 너 때문이야!'인데 하고 싶은 일은 따로 있

다는 말로 들린다.

한국 가계부채의 시작

1997년 동아시아의 금융위기 이후, 한국의 가계부채는 급속하게 증가해왔다. 가계부채의 증가는 가처분 소득의 증가세를 크게 앞질렀다. 가처분 소득 대비 부채 비율은 동아시아 위기 이후 두 배로 증가했다. 2023년 말 기준, 가처분 소득 대비 가계 부채 비율은 OECD 국가 평균 168퍼센트에 비해 한국은 186.5퍼센트에 이른다. 세계 최고 수준이다(OECD, 통계청). 가계부채에 의존한 성장은 매우 위험하다는 것이다. 주택 시장이 침체하기 시작하거나, 가계가 추가로 대출을 받을 여력이 감소하면 한국 경제의 총수요는 부정적인 충격을 받을 수 있다. 정부는 만일의 사태에 대비해야 한다. 빚으로 인해 불황이 발생할 때는 대규모의 신속한 채무 계약 재조정이 필수적인데, 현재의 금융 시스템으로는 효과적인 재조정이 쉽지 않다.

대공황과 대침체의 공통점 - 가계 부채의 급증

대공황과 대침체 두 사건의 공통점은 위기 직전 모두 가계부채가 급격하게 증가했다. 두 사건 모두 가계 지출이 이해할 수 없을 정도로 급감하면서 시작되었다는 것이다. 즉 재앙 이전 가계 부채가 급증하고 소비 지출이 급감하는 패턴을 보인다는 점이다. 스웨덴, 영국처럼 가계 부채가 가장 급격하게 증가한 나라들이 불황 시 경제성장이 가장 크게 둔화하였다. 즉, 은행 위기로 촉발된 불황이 다른 일반적인 불황의 경우보다 경제에 미치는 여파가 훨씬 크다는 것이 확인되었다.

우리는 모두 한배를 타고 있다. 가계 부채의 급증은 소비 지출의 감소를 가져오고 불황으로 이어진다. 그리고 가진 것이 가장 적은 사람들에게 가장 큰 타격을 입힌다. 더욱이 가계부채는 빚을 진 가계들의 자산에 타격을 입히는 데 그치지 않고, 경제 시스템을 돌고 돌아 결국 모두에게 손실을 입힌다. 가계부채가 경기 침체의 근본 원인이다.

1997 동아시아 금융위기(IMF), 태국의 거품 붕괴 때문

세계적 재앙, 대침체Great Recession로 연결

1990년대 초 태국에는 대출 광풍이 불어닥쳤다. 외국인 투자자들에게 태국은 투자하기 좋은 나라였고, 자본 유입의 급격한 증가는 대출 붐을 일으켰다. 거액의 해외 자금은 국내 금융 시장의 공격적인 대출로 연결되었다. 바로 부동산 구입 자금으로 쓰였다. 1993년부터 1996년 사이 부동산 대출은 세 배가 되었으며 엄청난 규모로 신규주택 건설 붐이 일었다. 2000년대 미국처럼 대출이 늘면서 부동산 가격은 천정부지로 치솟았다. 대다수의 투자자들은 태국 정부가 은행을 망하게 내버려 두지 않을 것으로 생각했다. 1998년 폴 크루그먼Paul Krugman은 당시 상황을 이렇게 요약했다.

"문제는 금융 중개 기관들로부터 시작되었다. 기관의 부채는 암묵적으로 정부 보증을 받고 있는 것으로 받아들여졌으나, 사실상 규제를 받고 있지 않고 있어 도덕적 해이가 심각한 상황이다. 이들은 극도로 위험한 대출을 하면서 자산 가격 인플레이션이 발생했다. 고위험을 추구하는 대출의 증가는 자산 가격의 상승을 가져오고, 이는 다시 중개 기관의 재무 상태를 좋게 보이게끔 만들어서 다시금 대출을 하게 하는 식의 순화 과정을 보였다. 그리고 결국에는 거품이 터져 버렸다.126 태국의 상황에서 시작된 일들이 미국의 대출 붐을 일으킨 원인이 되었다. 태국과 디트로이트 두 지역은 부채와 그로 인한 파국이란 악순환 과정에 함께 얽혀 있었다."

1997년 태국의 거품 붕괴는 한국, 말레이시아, 인도네시아, 필리핀, 러시아 등 아시아 지역과 그 외 지역에서 금융 위기를 촉발시켰으며 중국 경제에도 위협을 가했다. 해외 투자자들은 채권과 주식 등 증권을 서둘러 팔고 대출 연장을 거부하면서 이들 신흥 경제를 떠났다.

신흥 경제의 은행들은 미국 달러화로 대출을 받았기 때문에 이런 상황은 매우 위험했다. 동아시아 위기 때는 대출이 미국 달러화로 이루어졌기 때문에 중앙은행의 최종 대부자 역할을 기대할 수 없었다. 달러화를 찍어낼 수 없으므로 이들 국가의 중앙은행은 외국 투자자들이 썰물처럼 빠져나가면서 국내 은행과 기업들이 연쇄 도산하는 것을 무력하게 지켜볼 수밖에 없었다. 결국 이들은 미국 달러화 형태로 유동성을 공급해 줄 수 있는 기관을 찾을 수밖에 없었다. 바로 국제통화기금(IMF)이었다.

그러나 국제통화기금의 지원은 여러 조건들이 딸린 굴욕적인 지원이었다. 지원을 받은 나라들은 국제통화기금의 정책 처방을 따라야만 했는데 이런 정책들은 동아시아 국가들에 깊은 상처를 남겼다. 20세기 후반 가장 성공한 나라들 중 하나임에도 불구하고 한국은 높은 이자율과 정부 지출의 축소라는 가혹한 정책 처방을 받아들여야만 했다. 이는 심각한 경제적 고통을 수반했다. 1998년 한국의 실질 국내 총생산은 6퍼센트 떨어졌으며, 실업률은 2퍼센트에서 9퍼센트로 치솟았다. 이들은 국제통화기금의 고금리 정책이 "필요 이상으로 너무 오래 지속되었기 때문에 한국 경제에 불필요한 고통을 안겼다"고 주장한다.[127]

한국 IMF 재평가

여기서 한국 IMF 역사를 재평가해 볼 필요가 있다. 김영삼 정부는 금융실명제 도입과 하나회 해체 등으로 금융 거래의 투명성 확보로 경제 정의를 실현하고, 군사 반란을 처벌함으로써 계엄의 불씨를 제거했다는 점에서 경제와 정치에 중요한 업적을 남긴 정부였다는 점은 높이 평가받아야 한다고 생각된다.

한국 가계부채 문제 진단

가계부채가 소비 줄여 성장 발목을 잡고 있다

가계부채의 증가는 중단될 수밖에 없는 악순환을 겪게 된다. 부동산 자산가치의 하락, 부채 구조조정의 강제, 부동산 투매와 파산, 소비와 경기 침체, 일자리와 가계 소득의 악화 및 부동산 자산 가치의 급락이 현실이다.

"한국도 과도한 가계부채가 소비를 제약하면서, 2008년 금융위기 이후 대침체great recession를 겪은 미국과 유사한 경로를 걷고 있다. 가계부채 급증이 당장 금융위기로 이어지진 않더라도 소비를 제약해 경제성장을 둔화시키는 건 확실하다. 결국 부채 구조조정 과정에서 중국 부동산 기업 에버그란데(헝다그룹) 파산처럼 관련 위기가 터지고, 성장의 발목을 잡힐 수 있다. 한국도 이미 그런 조짐이 보인다."128 미안 교수의 경고다.

집값 하락은 순자산이 적은 가계에 가장 큰 충격을 주었는데 그 이유는 이들 가계의 부가 거의 모두 홈에쿼티로 묶여있었기 때문이다. 이는 레버리지 승수leverage multiplier 효과 때문이다. 레버리지 승수는 집값이 하락할 때 레버리지에 비례해서 순자산의 손실이 커지는 것을 말한다. 가난한 사람들이 더 가난해지는 이유다. 미안 교수는 '레버드 로스levered loss(빚을 내 증폭된 손실)'라는 개념을 통해 가계부채와 경제위기의 인과관계를 조명했다. 집값이 폭락하면 빚을 낸 사람일수록 더 큰 타격을 입고 소비를 급격히 줄이는데, 이는 결국 경제 전체에 부정적 영향을 미친다는 이론이다.

"한국 경제가 '빚의 함정'에서 벗어나기 위해서는 고통스럽더라도 구조조정을 단행해야 한다. 최근 금융위원회가 도입하려 하는 지분형 모기지는 상황을 오히려 악화시킬 것이다."129

한은 총재가 하고 싶은 말

세상이 양극화하며 한국은 부동산도 양극화하고 있다. 지방 대도시는 악성 미분양과 아파트값의 하락세를 면치 못하는데, 강남 폭등이라는 상상하기 어려운 형국이다. 최근 한국은행 보고서에는 "비수도권에 활력을 불어넣음으로써 과도한 지역 간 불균형을 완화하고 수도권 인구집중 문제를 해결해 나가야 한다"고 지적하고 있다.

더욱이 미국은 4분기 동안 금리인하를 주저하는데, 한국 언론은 또 금리를 내릴 수 있다는 무책임한 정보로 부동산을 부채질하고 있다. 인류사에 없었던 인구 감소와 함께 세계가 우려 섞인 눈으로 우리를 바라보고 있다. 가계부채가 가장 급격하게 증가한 나라들이 불황 시 경제 성장이 가장 크게 둔화한다. 한은 총재가 진정으로 하고 싶은 말이 있을 것이다. '빚으로 지은 집 때문에 길을 잃었다'고.

부동산 급등에 따라 2022년 이후 상위 10%의 상속 재산이 급증하였다. 상속세 20퍼센트 감세시 91%(6.7조)는 상위 10%에 귀속된다. 최근의 주택담보대출의 영향으로 "2025년 1분기의 4대 금융기업이 삼성전자 영업이익의 1.6배 벌었다"는 금융 역할의 왜곡과 노동의 가치를 훼손시키는 보도가 있었다. 가계부채를 통한 금융의 불로소득이 서민 경제를 위협하고 사회 발전을 저해하는 '빚의 함정'으로 한국경제를 몰아넣고 있다.

불평등 자산 증가와
세제 개혁

2025. 8. 15

불평등 완화 방안

존엄성 회복과 누진적 과세

평등의 세 가지 측면은 경제, 정치, 사회적 관계 즉 존엄성과 지위, 존중에 관한 것이다. 경제학자 토마 피케티는 "불평등 완화를 위한 제안은 보다 강화된 누진 세제와 더 완전한 복지 국가의 발전. 그리고 모두를 위한 유산을 보장할 수 있는 상속세에 해당한다. 불평등 완화를 위한 대응 방안으로는 탈상품화, 복지 국가와 누진적 세제 도입이 있다"고 한다.[130]

그는 "인간의 존엄성에 대한 인식을 사회에 더 널리 확산하기 위해서는 임금 차이나 소득 격차를 대폭 축소해야 한다. 엄청난 임금 차이는 사회적 관계에 심각한 영향을 준다. 최저 임금은 물론이고, 최고 임금도 한도를 정해야 한다. 그뿐만 아니라 아주 가파른 누진 과세로 돌아갈 필요도 있다"고 강조한다. 사회에서 가장 불리한 구성원을 돕는다는 존 롤스의 차등 원칙difference principle 개념으로 더 급진적인 누진세 체계를 정당화할 수 있다. 정의 혹은 분배의 문제를 훌륭한 삶의 문제, 가치 판단의 문제와 떼어놓는 건 가능하지도 않고 바람직하지도 않다. 우리가 노동의 존엄성을 더 원한다면, 진지하게 소득과 임금의 격차를 줄여야 한다131.

유럽 국가들은 국민소득의 50퍼센트를 조세 수입으로 얻는다. 이 비율은 더 높아져야 한다. 공공 재원으로 서비스를 개선하지 않으면, 의료 서비스 등에 더 많은 민간 자원이 투입된다. 미국처럼 되는 것은 매우 불평등하다. 모든 관점에서 민간 자원 투입은 바람직하지 않다. 우리는 국민소득 중 이런 공공 서비스와 기본적 재화에 투입하는 자원의 비율이 계속해서 높아져야 한다. "공공의 자원을 늘리자는 구상은 더 공평한 조세 체계에 대한 약속에서 나온다. 소득과 부에 대해 매우 가파른 누진 세제로 돌아가는 것을 말한다. 훌륭한 삶과 가치 판단의 문제는 누진 세제에 관한 자금 논리에 중요하다. 누진 세제와 재분배의 도덕적 토대는 정체성과 소속감, 일체감, 공동체, 연대의 문제와 떼어놓을 수 없다"고 토마 피케티는 강조한다. 132

세금 부담 공평한가?

장하준 교수는 『경제학 레시피』에서 우리와 우리 후손들이 더 나은 사회에서 살 수 있도록 하기 위해서 이런 질문들을 던지고 있다. 133

"자신이 중요하다고 믿는 원칙과 정부의 철학이나 정책이 일치하는 가? 세계적인 거대 기업과 평범한 노동자가 공평하고 정당하게 세금 부담을 나누고 있다고 생각하는가?"

현대 금융이 경제에 미치는 악영향을 우려하는 사람들은 금융을 개혁하려 한다. 마이클 샌델은『공정하다는 착각』에서 "일의 존엄을 살리려는 정치 어젠다는 세금 제도를 이용해 경제를 재구성해야 한다. 투기자본을 억누르고 생산적인 노동을 위함이다. 세금 부담을 일에서 소비로, 그리고 투기로 옮긴다는 뜻이다"라고 역설하고 있다. 이를 위해서는 근로소득세를 인하하고 대신 소비세, 부유세, 금융거래세를 통해 세입 부족분을 메워야 할 것이다. 줄어드는 세입은 단기 거래에 한해 금융거래세로 충당할 수도 있다. 세금의 명분적인 중요성도 고려해야 한다. 세금 징수는 세입을 올리는 방법만이 아니다. 한 사회가 과연 무엇을 공동선에 대한 가치 있는 기여로 여기는가에 대한 판단을 제시하는 것이다.[134]

우리는 보통 세금이 공정한지에 대해 논란을 벌인다. 세금의 명분적인 차원은 공정성 논의를 넘어선다. '명예와 인정을 부여할 가치 있는 활동'으로 보느냐, '억제해야 마땅할 활동'으로 보느냐에 달려 있다. 종종 겉으로는 가치중립적인 듯한 정책 속에 도덕적 판단이 내포되어 있기도 하다. 이는 세금이 일과 연관될 때, 돈을 버는 다양한 방식과 연관될 때 특히 그렇다. 예를 들어 자본소득에 대한 과세는 왜 근로소득에 대한 과세보다 세율이 낮을까?

워런 버핏은 억만장자 투자가인 자신이 그의 비서보다 낮은 세율로 세금을 낸다는 사실을 알고 이런 의문을 제기했다.[135] 그 이유로 국가는 근로 장려보다 투자 활동 장려에 더 무게를 두며, 그에 따라 경제성장이 진작되기를 의도하기 때문이라 보았다. 이런 주장은 온전히 실용적, 또는 공리주의적이다. 그러나 능력주의적 가정에 기반하여 투자가는 '일자리를 만드는 자'이며 따라서 낮은 세율로 보상을 받아야 한다는 것이다.

공정한 분배와 조세 원칙

우리나라의 3대 세금은 소득세, 법인세 부가가치세다. 재정 건전성을 경제학자들도 우려하는 상황에서 세수 확보 자체가 명분을 갖춘 균형 잡힌 재정으로 나아가는 책임감 있는 정부가 피할 수 없는 방향이다. 증세는 정치적으로 매우 어려운 선택이라는 것을 국민들도 공감한다. 70년대 이후에 미국이나 유럽을 중심으로 해서 복지국가의 위기가 왔다. 신자유주의, 탈산업화, 일자리 양극화 및 상속자본주의 시대가 된 것이다. 제조업의 일자리가 줄어드는 현상을 탈공업화, 탈산업화라 한다. 우리나라보다 선진국들이 먼저 탈공업화를 경험하였다. 당연히 중산층이 약해지고 미국은 여성들이 직장으로 나가는 계기가 되었다. 아동범죄가 늘고 보수층은 감세를 해주고, 정부 지출을 줄이겠다고 하였다. 이것이 신자유주의의 흐름이다.

신자유주의적 세계화는 불평등을 걷잡을 수 없이 늘리기만 했다. 성장에 따른 거의 모든 수익은 최상층에게 돌아갔고, 대다수

노동계급의 사정은 세금 조정 후에도 거의 개선되지 못했다. 재분배 전망은 망가졌다. "자유주의자들의 분배적 정의는 오직 GDP를 늘리는 게 최선이라는 입장이지만, 정의로운 사회는 번영의 수준을 높이는 것으로는 불충분하다. 소득과 부의 공정한 분배도 염두에 둔다. 세계화에서 득을 본 기업과 개인의 증대된 이익은 세금을 통하여 사회안전망을 확충하고 실직 노동자들의 직업 훈련 지원비로 쓰여야 한다."136고 마이클 샌델은 주장한다.

국가는 국민들의 자유로운 경제 활동을 지원하는 한편 경쟁 사회의 폐해를 막기 위해 노력해야 한다. 국가가 상대적으로 여유가 있는 국민에게 세금을 더 걷어 사회적 약자를 지원하는 것이다. 문제는 재분배의 적정 수준이다. 부유층에 대한 세금을 늘리고 복지를 확대하는 등 재분배 정책을 강화하면 불평등을 완화할 수 있지만, 개인의 노력의 자유가 위축될 우려가 있다. 따라서 자유와 평등은 서로 상충되는 가치이므로 서로가 일정 부분 희생하지 않을 수 없는 관계가 있다.137

부자에게 세금을 더 많이 걷어 가난한 사람에게 나누어주는 재분배 정책은 자유와 평등을 모두 확대하는 것이라고 할 수 있다. 재분배는 일종의 사회안전망 또는 사회보험의 성격을 갖는다. 따라서 이러한 생각은 오래전부터 조세의 일반 원칙으로 확립되었다. 애덤 스미스는 네 가지 조세의 일반 원칙을 제시하면서 평등Equality의 원칙이 우선이고, 확실성Certainty, 편의성Convenience, 경제성Economy이 그 뒤를 따른다. 조세 평등의 원칙은 "모든 국민이 각자의 능력에 비례하여 국가의 재정에 기여해야 한다"는 것으로,

조세 정의를 확립하기 위한 가장 중요한 조세 원칙이다.[138] 모든 소득에 대해서는 소득의 종류와 무관하게 똑같이 과세하며, 경제적으로 부유한 사람이 더 많은 세금을 부담하는 것이 바람직하다.

금융개혁

지난 40년 동안 시장주도적 세계화와 능력주의적 성공관은 힘을 합쳐서 도덕적 유대관계를 떨쳐버렸다. 그 결과 우리 성공은 오로지 우리가 이룬 것이라고 가르쳤고, 그만큼 우리는 서로에게 빚지고 있다는 느낌을 잃게 되었다. 일의 존엄성을 회복함으로써 사회적 연대의 끈을 다시 매도록 해야 한다.[139] 최근 복지국가의 비판에는 경제에 기여하는 바가 많은 '만드는 자maker'와 납세액보다 정부에서 받는 액수가 많은 '가져가는 자taker'를 구분한다. 마이클 샌델은 『공정하다는 착각』에서 오늘날 경제의 가장 큰 '가져가는 자taker'는 거액의 불로소득을 노린 투기를 일삼으며 실물경제에는 기여가 전혀 없는 금융업계 종사자들이라고 주장했다. "금융 활동은 우리를 더 번영시키지 않는다. 대신 불평등을 심화시키며 주기적으로 금융위기를 불러와 막대한 가치를 파괴한다. 금융은 우리 경제에 도움이 되기는커녕 방해가 되고 있다. 금융 분야가 비대해질수록 우리 경제가 성장하지는 않으며 오직 느려질 뿐이다."라고 로나 포루하는 말했다.[140]

양극화와 부동산 세습 구조화

양극화와 증세

세금은 국가 운영의 근본이다, 자산은 세금의 원천이고 한국인들 자산의 70~80퍼센트가 부동산에서 묶여있다. 우리 사회에서 상속세와 재산세가 모두에게 민감한 관심사가 된 이유다. 제조업의 일자리가 줄어드는 탈공업화, 탈산업화 시기에 전 세계적으로 일자리가 양극화하였다. 평균임금보다 조금 높은 일자리들이 제조업에 분포한다. 최배근 교수는 "한국의 특수한 양극화는 자영업자의 문제다. 선진국은 대기업과 중소기업의 소득 격차 혹은 정규직 비정규직 소득 격차를 얘기하는데, 한국은 임금 노동자와 자영업자의 소득 격차가 가장 심하다. 우리 사회에 증세가 필요하지만 중산층 이상들은 세금을 더 내야 한다. 저항이 있지만 법인세를 올려야 한다. 한국의 과제는 산업 경쟁력 강화와 서민과 중산층 간의 소득 격차 해소다. 극우 정권의 탄생은 양극화와 무관하지 않다"[141]고 주장한다. 부자 감세에 대해 지혜로울 필요가 있다.

자산의 세습성과 부동산 중심의 상속자본주의

자산이 많을수록 불공정하게 된다. 자산이 세습성을 가지고 있으므로 사회가 세습제가 되어가는 상속 자본주의 시대로 진입했다. 돈이 많을수록 돈을 더 벌 수 있어 돈의 힘이 지배하는 사회로 가고 있다. 한국에서도 공공금융의 사망은 대한민국을 재벌 자본의 건설회사와 금융 자본의 부동산 금융이 결합한 부동산 카르텔 공화국으로 변화시켰다. 그 결과 세습성이 강한 부동산 자산 중심의 경제 구조가 등장하였고, 오랜 시간 축적된 자산은 세습으로 이어질 수 있다. 소득 불평등이 장기적으로 자산 불평등을 낳고 자산 불평등은 경제력의 세습으로 이어져 사회 유동성과 활력을 저하시킨다. 출발선의 차이로 공정한 경쟁이 불가능해지고, 빈익빈 부익부가 심해지기 때문이다.[142]

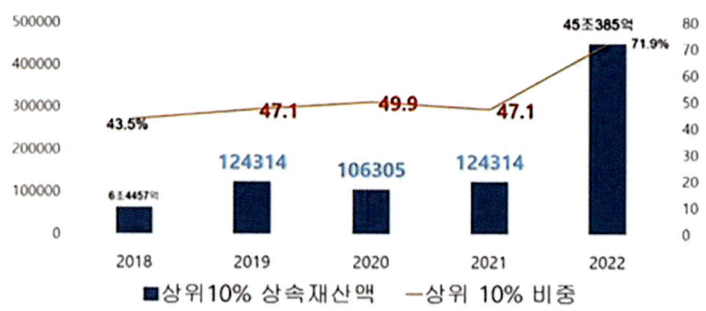

상위 10% 상속재산 급증 - 최배근, 한국은행

경제학자 최배근 교수는 "대한민국에서 돈이 가장 집중되는 곳은 부동산이 되었고, 가장 강한 힘들은 부동산을 매개로 자연스럽게 네트워크가 형성되었다. 부동산 자산 중심의 경제 구조는 한국을 세계 주요국 중 최악의 자산 불평등 국가로 만들었다. 부동산 자산은 주식 자산보다 불로소득 성격이 강하여 그 결과 정부 기업 가계 모두가 부동산의 인질이 되었다"고 한다. 1995~2022년간 기업의 영업이익이 208조 증가한 반면, 기업의 부동산 자산가치는 15배가 넘는 3,020조 원이나 증가했다. 건설경기에 대한 높은 의존과 부동산 자산가치 하락이 가져올 가계부채 충격 등으로 인해

부동산 자산가치를 떠받쳐야만 사회와 경제가 생존할 수 있는 지경이 된 것이다. 문제는 고금리 장기화는 가계부채 증가가 가계의 소득과 소비를 억압하여 성장의 둔화 및 정체, 가계 소득의 정체로 이어지면서 시한폭탄 같은 가계부채의 위험성이 현실화되고 있다는 점이다.[143]

토지공개념과 종합부동산세

토지공개념

사회개혁가 헨리 조지는 부의 분배가 불평등한 가장 중요한 요인으로 토지 소유의 불평등을 지적하였다. 토지 소유가 소수에게 집중되면 물질적 진보가 이뤄지더라도 임금이 오르지 않으며, 노동 밖에 가진 것이 없는 계층의 생활은 나아지지 않는다. 진보에도 불구하고 빈곤이 사라지지 않는 것은 물질적 진보가 토지 가치를 상승시키고 토지 소유의 힘을 강하게 해줄 뿐이기 때문이다.[144] 그는 이러한 문제의 해결책으로 토지에서 발생하는 지대를 조세로 환수하는 방법을 주장했다. 토지 소유권이 사용권과 수익권, 처분권으로 구성된다고 할 때 지대에 따른 수익권만 조세로 일부 제약한다면, 시장 친화적인 토지공개념을 확립할 수 있다는 것이다. 이러한 헨리 조지의 시장친화적 토지공개념을 생각하면, 토지에 부과되는 세금은 단순한 부동산 경기 조절용 대책이 아니라 그 자체로 조세의 효율성과 형평성을 높이는 양질의 조세 정책이라 할 수 있다.[145]

종합부동산세

종합부동산세(이하 종부세)도 마찬가지다. 종부세 확대의 본질은 과세 형평성과 납세자의 책임을 강화하는 데 있다. 부동산 가치는 부동산의 생산성 또는 부동산의 사회적 이용에 따른 내재가치를 따르는 것이 본질이다. 사회적으로 부동산에서 얻는 편익이 높게 평가받고 있다면, 그것은 사람들의 편의성을 높여줄 인프라가 구축되고 유동인구가 늘어나는 등의 다양한 요인에 기인한 것이다. 이는 특정 개인의 노력만으로 되는 것이 아니고, 전체 사회의 기여를 통해 만들어진 것이다, 그로 인해 편익을 얻는 부동산 소유자에게 그에 합당하는 사회적 책임을 요구하는 것이 타당하다. 사회 공동의 노력으로 부동산의 이용 가치가 상승한 것이니, 부동산 소유자에게 사회가 제공하는 편익에 대해 사회적 책임을 일정 부분 부담하게 할 필요가 있다는 것이 종부세의 본질이다.[146] 그러나 종부세가 본연의 목적과 달리 부동산 시장 냉각을 위한 정책 수단으로 프레임이 만들어짐에 따라 의도하지 않은 결과가 나타나고 있다.

"현행 종부세는 1주택자에 대해 장기보유·고령자 공제를 더해 최대 80%까지 공제하고 있으며, 공시가격 기준 12억 원, 실거래가 약 17억 원 수준의 주택이 과세 대상에서 제외되고 있다"고 비판한다.[147] 종부세는 부동산이 사회로부터 받는 교육·교통·상권 등 편익에 대한 대가로서의 세금이므로 가액에 비례한 보유세 부담이 타당하다. 똑똑한 한 채의 부작용을 완화하고 종부세 본래의 취지를 회복하기 위해 공평과세 원칙을 되살려야 한다.

서울을 중심으로 한 수도권 지역 부동산 경기 과열은 특정 지역에 대한 선호와 부동산 상승에 대한 기대가 뒤섞여 있다. 수도권 지역을 중심으로 신규주택의 충분한 공급이 이뤄지지 못한 것이 주요 원인이 될 수도 있다. 다른 한편으로 수도권은 주택이 부족한 것이 아니고 다주택자가 주택을 너무 많이 소유하고 있다는 것이 문제의 근원일 수도 있다. 해결 방안으로는 종합적으로 보유세 (재산세)를 1주택자를 기준으로, 미국 평균 수준으로 1주택 1% (현재 서초구 0.1~0.4%) 정도로 높이고, 양도세를 낮춰서 거래를 활성화시키고, 부동산의 보유 부담을 높여 주택공급의 간접적 효과를 높이는 방향으로 유도하여야 한다.148 "종부세의 이중과세를 비판하기보다 미국의 절반도 안되는 보유세의 비합리성이 문제의 본질이다"라고 김유현은 강조하고 있다.

주택분 종부세율 인하

과세표준	기본세율		중과세율	
	'22년 (일반1~2 주택)	'23년 (2주택 이하)	'22년 (3주택이상, 조정2주택)	'23년 (3주택 이상)
3억 이하	0.6	0.5	1.2	0.5
6억 이하	0.8	0.7	1.6	0.7
12억 이하	1.2	1	2.2	1
25억 이하	1.6	1.3	3.6	2
25억 이하		1.5		3
94억 이하	2.2	2	5	4
94억 초과	3	2.7	6	5

자료: 국세청

가계소득 대비 주택 가격 비율, PIR

소득을 뛰어넘는 부동산 가격의 상승으로 집 한 채를 소유하려면 평생을 벌어도 모자란다. 가계소득 대비 주택 가격 비율인 PIRPrice Income Ratio(주택 가격/가구 연소득)이 그것을 보여주고 있다. 표는 서울에 있는 중위 가격 수준의 아파트(3분위)를 매입하기 위해, 소득분위별로 가계의 연간 총소득을 한 푼도 쓰지 않고 몇 년이나 모아야 주택을 장만할 수 있는지를 보여준다.[149] 한국의 주택 가격은 세계 최고 수준이다.

가계소득 대비 주택 가격 비율 - PIR

가계소득 분위	2020년 3월	2021년 3월	2022년 3월	2023년 3월	2024년 3월
5분위	5.9	7.7	7.5	4.4	4.4
4분위	10.4	12.8	13.7	7.9	7.6
3분위	14.2	17.8	18.4	10.8	10.2
2분위	20.6	25.4	26.1	15.4	14.4
1분위	42.7	50.7	51.0	30.3	28.0

자료: KB부동산 데이터 허브, 주택가격동향조사, PIR(김유현, p. 307)

토지거래허가구역 해제·재지정

– 내란급 주택정책

2025. 3. 22

토지거래허가구역 지정 및 해제

부동산 시장의 특성

부동산 시장은 5~10년 주기로 '회복-확장-둔화-위축'의 사이클을 보인다. 하지만 최근 서울 아파트 시장은 순환 주기 개념이 사라졌다. 서울 주택시장은 2013년부터 2022년 초까지 최장기 대세 상승기였다. 이후 2023년 중반까지 15개월 폭락세를 보였다. 이때 집값이 20~30% 떨어진 곳이 속출했다. 이후 시장은 짧은 주기의 등락을 거듭했다. 2024년 9월~2025년 1월 하락 후 최근 다시 과열 조짐을 보인다. 오세훈 서울시장의 토지거래허가구역(토허제) 해제가 기폭제가 되었다.

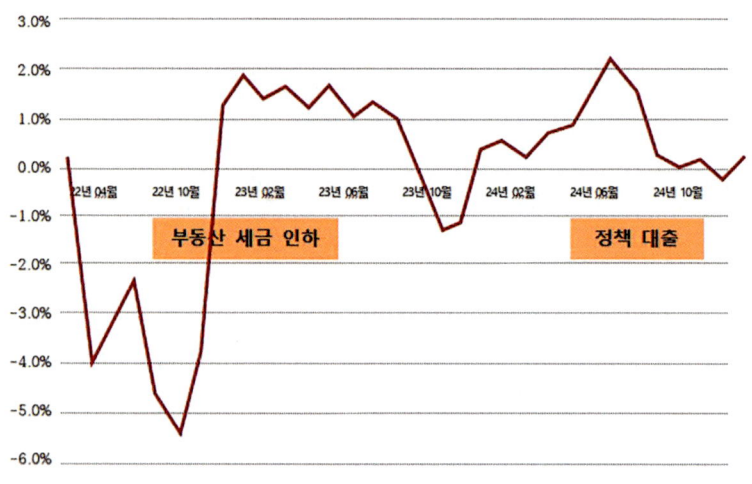

윤정부 서울 아파트 실거래 가격 지수 변동률 (이광수, 한국부동산원)

토지거래허가구역이란?

토지거래허가구역은 정부가 부동산 투기 방지 및 지가 안정화를 위해 지정하는 지역으로, 부동산 시장 안정화, 무분별한 토지 매입 방지, 실거주 목적 거래 보호 등을 목적으로 한다. 토지거래허가제는 투기가 우려되는 지역에서 일정 규모 이상 집이나 땅을 거래할 때 관할 지자체의 허가를 받아야 거래가 가능하다. 주택은 2년간 실거주 목적 매매만 허용해 갭투자가 불가능하다.

2025년 3월 19일 정부와 서울시는 현재 부동산 시장 상황을 우려하고 있다. "최근 집값의 상승 속도나 상승폭, 확산 속도가 이례적인 데다 단기간에 서울 전역으로 확산하는 경향이 있다"면서 "거래량도 단기간에 증가하고 있으며, 거래자 특성 분석에서 최근 서울 상급지로의 가수요 유입이 확인됐다"고 진단했다. 한국부동산원의 주간 아파트 매매가격 동향을 보면 3월 들어 특히 강남 3구의 오름세가 두드러졌다. 송파구는 0.72%가 올랐다. 이는 지난 2018년 2월 첫째 주 0.76% 상승 이후 7년 만에 가장 높은 수치다.[150]

토지거래허가구역 해제 배경 및 영향

팬데믹 이후 저금리와 유동성의 확대로 지나치게 상승하던 부동산 경기가 2023년 9월 이후 하락세로 돌아서며 주택시장이 정상화 과정을 거치고 있었다. PF부실과 공사비 상승 등 주택건설 경기가 침체기에 들어갔다. 이에 강남부동산 부양 목적으로 토지거래허가구역을 해제하게 되었다. 해제 후 부동산 거래의 급증과 함께 매매가의 상승으로 주거 안정화 정책으로 급선회를 하게 되었다. 이러한 주택 가격 상승에는 다음과 같은 3가지 요인이 있다.

▲ 토지거래허가구역 해제: 정부는 토지거래허가구역 확대 지정으로 최근 서울 강남권을 중심으로 확산하고 있는 집값 급등을 억제하려 나섰다. 강남·송파구 소재 주택에 대한 토지거래허가구역 지정 해제로 과열 조짐이 나타났고 상급지 가격 상승에 대한 불안심리로 인해 추격매수가 늘면서 인근 지역으로 상승세가 확산했다.

▲ 기준금리 인하: 기준금리와 조달금리도 3% 이하로 떨어지면서 부동산 구매 부담 감소로 집값 상승세가 가속화되었다. 시중은행도 대출 규제를 완화하면서 늘어난 가계대출이 서울 상급지 부

동산 시장으로 유입되었다.

　▲ 공급 부족: 윤석열 정부 들어 매년 공급되던 주택의 20~30% 정도밖에 공급되지 않고 있다. 공사비 상승과 부동산 PF 대출 어려움 등 공급 여건 악화가 지속되면서 향후 주택공급이 감소할 것이라는 전망이다.

　토지거래허가구역 해제와 금리 인하, 유동성 증가 등이 중첩되면서 주택수요가 단기간 내 빠르게 증가한 상황이므로, 상승세의 속도와 폭을 고려했을 때 추가적 상승 가능성을 배제하기 어려워 시장 안정화 방안을 추진하게 되었다.

토지거래허가구역 재지정

35일 만에 토지거래허가구역 재지정, 서울 4분의 1 토허제 대상

　21대 대선 직전 기간인 지난 2025년 2월 13일 해제 후, 정부와 서울시는 35일 만에 강남·서초·송파·용산구를 토지거래허가구역으로 확대 지정하면서 부동산 시장이 혼란에 빠졌다. 이들 4개 자치구는 현재도 다주택자 취득세 중과 등 규제를 받는 조정대상지역에 묶여있다. 그런데 잠실·삼성·대치·청담동을 허가구역에서 해제한 뒤 서울 집값이 들썩이고 갭투자 등 투기수요가 몰리자 한 달여 만에 이를 번복하고 더 강력한 규제에 나선 것이다. 주택을 꼭 필요로 하는 실수요자들에 게 피해가 예상된다. 정부는 주택가격 하향 안정화를 위한 '선제적 조치'라고 강조했지만, 시장 혼

란만을 가중시켰다. 해제 후 강남3구의 집값 상승과 갭투자 증가가 확대 지정의 원인이다.[151]

291단지 풀었다가 2200개 단지 재지정

국토교통부와 서울시, 기획재정부, 금융위원회 등은 부동산 관계기관 회의를 열고 '주택시장 안정화 방안'을 논의해 이같이 결정했다. 이번 토허제에 묶인 곳은 약 2200개 단지, 40만 가구에 달한다. 특정 구역이나 단지, 행정동이 아닌 자치구 전체가 토허제에 묶인 것은 이번이 처음이다. 서울시가 토지거래허가구역에서 해제한 송파구와 강남구 아파트 291개 단지를 넘어 규제 지역을 대폭 확대하였다. 추가 지정으로 서울시 내 허가구역은 총 164㎢로 늘어났으며 서울 전체 면적(605㎢)의 4분의 1이 넘는 규모다.

갭투자 비율 증가로 가계대출 관리 강화

강남3구의 갭투자 비중도 급증했다. 통상 자금조달계획서상 기존 임대차계약을 승계하는 거래를 갭투자로 보는데, 강남3구의 승계 비율은 43.6%로 전월 대비 8.4%포인트나 치솟았다. 비강남권 주민의 강남3구 진입 비율이 수개월간 하락하다가 해제된 지난 2월 반등했다.[152]

가계대출 관리도 강화되었다. 최근 주택가격이 급등한 서울·수도권 지역 주택담보대출과 전세대출 점검을 강화하고, 주택도시보증공사HUG의 전세자금대출 보증 책임비율 하향 일정을 7월에서 5월로 앞당겼다. 주택구입자금대출(디딤돌), 전세자금대출(버팀목) 등 정책대출 증가세가 서울·수도권 주택시장 과열 요인으로 작용할 경우 대출금리 추가 인상 등도 추진한다.

토지거래허가구역 재지정의 영향

▲ 아파트 거래 감소: 강남 3구와 용산구에서는 당분간 아파트 매매 거래가 크게 감소할 것으로 전망하고 있다. 허가구역 지정 지역에서는 매수자가 2년간 실거주를 해야 하므로, 기존 임차인의 임대차 기간이 남아 있는 경우는 매매가 어렵다.

▲ 대출규제강화: 금융당국이 지난해 하반기처럼 다주택자의 신규 주택담보대출과 갭투자 방지를 위한 조건부 전세자금대출을 제한하는 등 대출 규제를 강화하기로 한 것도 아파트 매매시장을 위축시킬 요인으로 꼽힌다.

▲ 전세가격 상승: 갭투자가 막혀 전세 매물이 줄면서 전셋값이 오를 가능성이 크다.

주택정책의 시험장 - 강남과 서울?

자유 시장경제는 누구를 위한 자유인가?

토허제는 투기가 우려되는 지역에서 일정 규모 이상 집이나 땅을 거래할 때 관할 기초자치단체장의 허가를 받아야 하는 규제다. 주택은 2년간 실거주 목적 매매만 허용해 갭투자가 불가능하다. 이번 정책은 정책결정자들을 위한 자유인 반면 소비자와 시민은 선택의 자유를 상실했다. 토허제 확대 적용에 따른 주택시장의 혼란이 예상된다. 토허제 해제에 따른 영향 분석과 위기관리를 제대로 하지 못한 책임을 물어야 한다.

토허제 해제 및 재지정은 내란급 경제 실책

경제 회복에는 건설업 활성화가 중요하지만 정부 정책은 일관성consistency과 예측 가능성predictability이 있어야 한다. 그런데 2월 13일 해제 후 35일 만에 규제를 풀었다가 번복하는 건 시장의 불확실성을 극대화하는 내란급 경제 실책이다.

강남과 서울의 특정 지역만을 위한 주택정책의 실행에 더하여, 다주택자들의 매도를 위한 출구전략을 제공하는 소수 이익만을 대변하는 즉흥적인 정책이다. '이익의 사유화, 손실의 사회화'를 추구하는 이러한 주택정책은 국가경제의 불확실성을 증대시켜 국민의 주거 안정에 역행하는 위헌적 참사다. 토지거래허가구역의 해제는 강남과 서울을 매도 출구전략 수단으로 이용한 경제민주화에 역행하는 주택정책이다.

계엄령과 토지거래허가구역 해제

구분	계엄령	토지거래허가구역 해제
배경	장기집권 야욕	강남부동산 시장 하락 방지
명분	부정선거	부동산 시장 활성화
수혜자	집권여당 일부	매도대기 다주택자
피해자	전 국민	실수요자, 전 국민
위헌 여부	위헌적	위헌적
결과	민주주의 위기	정부 불신의 경제 실책
영향	국가신인도 하락, 정권 불신	경제 불확실성 증대

전세제도
폐지의 가능성과
6·27 대책

2025. 9. 1

전세제도의 월세화 진행 과정

전세제도의 기원과 발전 과정

전세제도는 조선시대 이전부터 존재한 한국의 전통적 임대차 방식으로, 임차인이 집주인에게 큰 금액의 보증금을 맡기고 월세 없이 일정 기간 거주하는 한국의 주택 임대 시스템 중 하나다. 기원과 발전 과정을 보면 고려시대 '전당' 제도에서 유래하였는데 금전을 담보로 부동산을 빌려주는 관습에서 발전해 왔다. 그 역사적 기원은 조선의 귀양 제도에서 비롯되었다. 19세기 조선의 한양은 중앙 관료들의 귀양이 잦아 집값의 절반에서 8할까지 임대하고 전세를 주고 떠났다. 근대 들어 일본과의 제1차 한일협약(1876년) 이후, 급격하게 변화한 사회적 상황 속에서 일본인 상인들에게 항구도시를 중심으로 1년 이하의 전세 계약이 시작되어 조선 전체로 보편화되었다. 조선 한양의 귀양에 국한되었던 전세제도가 일제의 산물로 전국에 보급된 셈이다. 두 가지 동기 모두 불행한 역사의 산물이다.

20세기 중반 이후 도시인구 증가, 주택 부족 등으로 전세제도가 본격적으로 확산되었다. 1960~70년대 산업화와 도시화로 주택 수요가 급증하면서 전세는 중산층과 서민들의 주거 안정 수단이 되었다. 전세제도의 긍정적인 측면은 임차인은 월세 부담 없이 안정적으로 거주할 수 있고, 집주인은 주택 유지보수에 사용이 가능하다. 전세금은 주택 구입 자금으로 활용되어 내집마련의 사다리 역할을 해왔다. 즉 전세제도는 한국만의 특수한 제도로, 주택시장 구조와 사회 변화에 따라 발전해 왔으며, 현재는 월세와의 융합 등 다양한 형태로 변화하고 있다. 경제 선진국들에는 월세 제도만으로 부동산 시장이 잘 운영되고 있는 이유가 궁금해진다.

전세제도 폐지의 가능성

1) 사회경제적 변화

전세 제도는 보증금을 물질적 보증으로 사용하는 것이다. 산업화 당시 많은 사람들이 도시로 이주하게 되었고 주택에 대한 수요가 급증했다. 지방에서 온 사람들은 도심에 집을 살 돈이 없었기 때문에, 집주인에게 보증금을 지불하고 집을 빌리는 형태로 주거 문제를 해결했다. 이러한 방식은 주로 상인들이 집주인 역할을 했으며, 전세 보증금은 대부분 집 주인의 사업에 재투자되어 경제

활동이 더욱 활발해졌다.

그러나 이제는 경제와 사회환경이 급변하고 있다. 인구 감소가 현실화되었고 경제성장에도 한계가 있다. 수도권으로 급격한 이동 수요도 현격하게 줄어들었고 주택시장이 수도권과 지방으로 양극화되었다. 주택정책의 자방분권화도 고려해볼 필요가 있다.

2) 전세제도는 부동산 투자의 원천이다

우리에게 부동산 선호 사상이 생긴 것은 해방 이후의 급속한 경제성장의 결과이다. 부동산 선호 사상은 전세에 의한 부동산 갭 투자의 유인 동기가 된다. 최근의 부동산 급등이 그것을 말해주고 있다. 월세 거주기간의 월세 충당금 및 전세사기에서 비롯된 총 손실과 전세제도와 전세대출 및 갭투자로 인한 부동산 상승 폭 중 어떤 측면이 서민들의 주거 안정에 유리한지 연구되어야 할 분야다.

3) 부동산 시장의 불안 요인 제거

부동산 시장의 양극화가 의미하는 바는 두 가지로 해석될 수 있다. 부동산 호황시에는 적극적인 자산 축적의 수단이 되는 반면, 부동산 불황기에는 전세사기의 피해가 속출하고 있다. 처음부터 불순한 동기도 있지만 부동산 시장의 하락을 용인하지 않는 사회적 분위기가 이들을 부채질하고 있다. 불로소득에 집중된 금융지원과 부동산 시장 감독의 소홀 및 전세자금의 갭투자가 국가경제를 침식시키고 있다. 부동산 금융을 생산적인 일자리 투자로 전환시켜 건전한 경제로 유도하여야 한다. 전세제도를 폐지함으로써 부동산 시장을 안정화시키고 국가경제의 불확실성을 제거함으로써 정책의 지속적인 신뢰성을 회복할 수 있는 계기가 될 수 있다.

4) 공공주택 확대 공급에 장애요인

자영업자는 늘어나고 중산층이 감소하고 있다. 경제적 취약계층이 늘어나고, 청년층의 감소로 국민총생산 규모가 줄고 청년층의 부담이 늘고 있다. 취업률 및 구매력이 감소하고 있어 주택구입이 감당 안 되는 사회가 되었다. 국가에서 젊은이들을 위한 공공주택과 일자리의 공급을 위한 장치가 필요하다. 일자리 지원이 부족하면 주거 부담을 덜어주어야 한다. 집을 사지 않고도 일정 기간 안정적인 생활이 가능하게 해주어야 한다. 전세제도의 문제점 지적과 함께 청년들에게 주택 구입에 대한 부담을 덜어줄 수 있는 국가경제 규모에 맞는 공공주택 공급의 활성화가 필연적이다.

전세제도를 폐지하면 전세대출이 없어지며 이와 함께 HUD도 감당하기 힘든 전세자금대출과 반환보증도 불필요하게 된다. 2023년 HUG의 전세대출보증 발급액은 218,100명에게 32조 9386억 원을 대출하였다.[153] 이는 공공주택 8.2만 세대, 민간주택 6.5만 세대의 공급 물량에 해당한다(아파트 가격의 전국 평균은 공공분양 4억, 민간분양 5억이라고 가정한다). 전세제도는 그동안 갭투자에 의한 부동산 폭등의 원인이며 부동산 가격 상승의 뇌관이다.

5) 자산 투자 전략의 전환에 장애요인

부동산에 거액의 자산이 묶여있어 주식시장으로 자금의 유입이 규제받고 있다. 이재명 정부의 자산 투자 전략의 전환이 이루어지려면 부동산 자금이 주식시장으로 들어와야 한다. 그런데 지금은 주식시장으로 들어올 수 있는 자금의 여유가 없다. 집에 투자한 돈을 빚대어 소위 '돈을 방바닥에 깔고 앉아 있다'고 표현한 것처럼 주식 투자의 10여 배가 넘는 자금이 부동산에 묶여있기 때문이다.

자산 투자 전략 전환의 시대와 6·27 대책

6·27 부동산 대책의 특성과 효과

이재명 정부의 첫 부동산 정책으로 '6·27 가계부채 관리 강화 방안'이 발표와 동시에 시행되었다. 이 정책은 대출 규제이고 핵심 내용은 아래와 같다. 주담대 6억 원 초과 대출 전면 금지, 다주택자 주담대 전면 금지, 갭투자를 막기 위한 '소유권 이전 조건부 전세대출' 금지, 대출 시 6개월 내 의무 거주, 디딤돌 및 버팀목 한도 최대 25% 축소, 신용대출 한도 최대 50% 축소, 30년 초과 대출 전면 금지 등이 포함되어 있다.

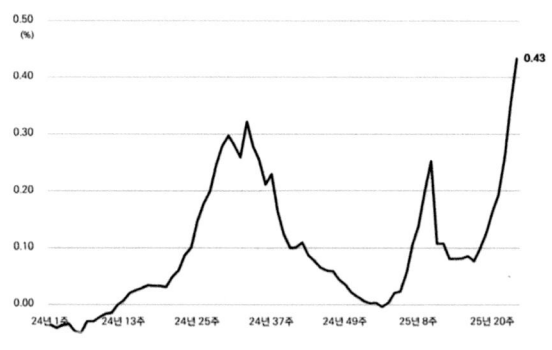

6·27 대책 전 아파트 가격 급상승 추세 - 국토교통부, 이광수

6·27 대책의 전격 시행으로 시장의 반응이 뜨겁다. 수도권 주택 구매 시 주택담보대출 한도를 일괄 6억 원으로 제한하는 정책이 전면 시행되어서다. 6억 원을 통상적인 조건으로 주택담보대출 받을 시, 한 달에 납부해야 하는 금액은 약 286만 원이다. 2025년 1분기 기준 평균적인 가구의 가처분소득은 422만 원 정도이며, 이 경우 한 달 136만 원만으로 생계를 꾸려야 한다. 평균 가계 소비지출이 295만 원임을 감안하면 적자 생활이다.[154]

정책에 대한 가장 강력한 반응은 수도권과 규제 지역의 주택담보대출 최대한도를 6억 원으로 못 박은 것이다. 소득과 집값에 상관없이 같은 기준이 적용된다. 대책을 발표한 다음 날부터 바로 전격적으로 시행했다. '주담대 6억 원 한도'는 서울 아파트값 상승을 주도하는 고소득자의 '초영끌' 매수를 막기 위해서다. '6·27 부동산 대책'의 초강력 대출 규제는 정부가 대출규제를 중시하고 있다는 것을 의미한다.

이처럼 6.27 부동산 대책은 강력한 금융 대출규제 정책이다. 단기적으로 집값 상승세 진정, 갭투자 차단으로 투기적 거래 위축 효과가 예상된다. 당장 6·27 대책으로 수도권 10억대 아파트 계약 취소가 증가하였다. 집값이 내려갈 수 있다는 불안감에 심리적 부담으로 '영끌' 매수자들이 공포감에 계약을 해제하고 있다.[155]

또한 6·27 규제 한 달여 만에 은행 가계대출 신청액이 절반 넘게 급감한 것으로 나타났다. 7월 들어 은행권의 일평균 가계대출(주택담보대출·신용대출 등 포함) 신청 금액은 6·27 대출규제 시행 직전 은행권 일평균 가계대출 신청 금액 4조 990억 원 대비 56.5% 급감한 것이다. 특히 주담대 신청액은 규제 지역을 중심으로 감소세가 두드러졌다. 가계대출 신청액은 실제 실행액의 선행지표로 즉각적인 규제 효과를 가늠할 수 있는 주요 지표다.

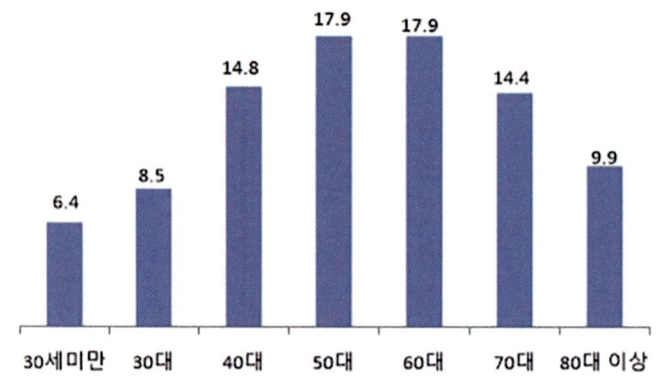

연령대별 다주택자 비율(%) - 통계청 2023 주택 소유

전세대출이 아파트 분양가 상승 원인

전세대출이 주택담보대출에서 차지하는 비중은 약 19%로 지속적으로 확대되고 있다. 2023년 1/4분기 말 가계부채는 1,854조 원이며 GDP 대비 가계부채비율은 105%(BIS 기준)로 OECD 31개 국가 중 4위에 해당한다. OECD에서는 80% 이하를 권유하고 있다. 여기에 사적 부채인 전세보증금의 규모 약 1,000조 원을 추가로 고려하면 총 가계부채는 대략 3천조 원으로 세계 최고 수준에 달할 수 있다. 이는 2024년 국가 예산의 4.5배에 달하는 규모이다.[156]

'6·27 가계부채 관리 강화 방안'에는 갭투자를 막기 위한 '소유권 이전 조건부 전세대출 금지'가 포함되어 있다. 그동안 전세대출이 아파트 분양 가격 및 전세 가격 상승의 요인이라는 비판이 제기되어 왔다. 아래 그림은 전세대출 잔액과 아파트 분양 가격의 상관성이 높은 것을 보여주고 있다. 또한 2020~2024년까지 5년간 소득 수준별 전세자금 대출 잔액 비중을 보면, 고소득층 62%, 중소득층 29%, 저소득층은 8% 정도만 대출을 받아 중·고소득층이 대부분인 90여% 대출을 받고 있다.[157] 이 결과는 전세대출 금지가 6·27 대책의 직접적인 효과로 나타날 수 있음을 확인시켜 주고 있다.

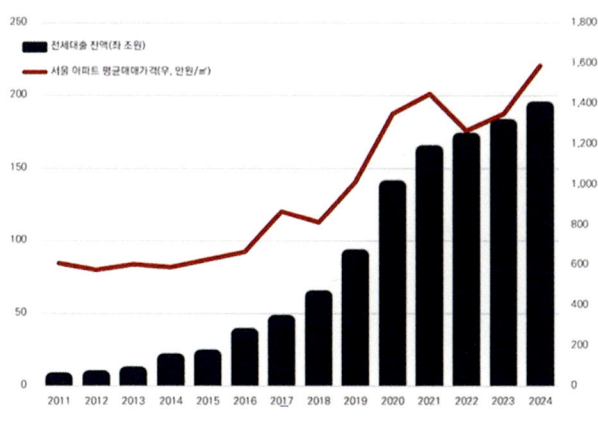

전세대출 잔액과 서울 아파트 평균매매가격 상승 추세 - 이광수

소득수준별 전세자금 대출 비중(%)

구분	고소득	중소득	저소득	전체
2020년	61	29.8	9.1	100
2021년	62.3	28.8	8.9	100
2022년	62.8	28.5	8.7	100
2023년	62.3	29.6	8.1	100
2024년	63.7	28.4	7.9	100

* 고소득(상위 30%), 중소득(30~70%), 저소득(하위 30%)
자료: 차규근 의원실·한국은행 시산(가계부채 DB), 중앙일보

6장

재개발·재건축과
공간민주화 투쟁

재개발·재건축의
정치경제학

2024. 3. 16

도시계획은 누가 하는가?

정치경제학 - 도시경쟁력과 삶의 질 개선을 기대하며

정치경제학이란 경제활동과 정치활동의 상호작용을 다루는 분야이다. 건설은 일반적으로 시민의 생활과 지역 발전에 직접적인 영향을 주는 경제의 영역에 속한다. 경제성장과 함께 아파트가 거주 목적보다는 투자재로서의 가치가 인식됨에 따라 아파트는 한국 사회의 민감한 정치·경제적 이슈가 되었다. 더욱이 주택정책의 실패는 차기 정부 선택에 결정적인 영향을 주고 있다.

아파트 가격이 급격히 상승할 경우, 주택 투기가 우려되는 지역에 대해 정부가 투기 억제를 관리하고 있다. 투기지역은 기획재정부의 부동산가격안정심의위원회, 투기과열지구는 국토교통부의 주거정책심의위원회에서 각각 지정한다. 정책 담당자는 재개발,

재건축 등 아파트 멸실 호수와 신규 공급 호수를 기준으로 아파트 시장 동향 예측과 주거 안정 대책을 수립한다. 여기에 국회는 세제, 규제 및 완화책 등을 포함한 주택정책을 정치경제학적 제도로 대응하고 있다.[158]

주택정책의 실현에는 사회를 구성하는 양 축인 정치와 경제가 제자리를 잡아야 한다. 그것은 공공기여 같은 사회 몫과 적절한 수익보장과 같은 개인 몫의 배분에서 균형을 만드는 일이다. 한국은 사회 몫의 배분이 매우 취약한데 민주주의의 수준을 반영한다. 자본은 비생산적 활동에서 생산적 활동으로 배분하여, 사회의 유동성을 높임으로써 경제 활력을 제공한다. 이런 점에서 정치의 민주화는 경제적 삶의 토대이다. 사회 유지와 발전을 위해 민주주의(정치)와 돈(시장)은 서로 상대를 필요로 하는 관계이다. 이것이 정치경제학이 필요한 이유다. 우리 사회는 민주주의의 붕괴로 사회와 경제가 어떻게 붕괴되는지를 목도했다. 사회 구성원이 자신의 권리를 요구하고, 그 권리가 정치에 반영되도록 하면 정치는 살아나고, 민주주의를 강화시킨다.[159]

도시계획과 재개발

도시계획은 도시의 장래 발전에 대하여 준비하는 일이며, 도시 및 농촌에서 행해지는 집단생활의 모든 기능을 조직하는 것이다. 도시계획에서 중요한 것은 지역 발전을 위한 주민과 지역의 역사 및 사회적 영향이다. 유럽은 인간중심의 도시계획이 도시를 살찌운다는 목표를 실현하기 위해 노력하고 있다.

그러면 도시계획은 누가 결정하는가? 필자가 일본 도쿄대 첨단 과학기술연구소 특별연구원으로서 수행한 '일본의 도시계획은 누가 결정하는가?'라는 연구 결과를 인용해 본다. 조사는 시민, 도시계획 전문가 및 일본 광역자치단체의 도시계획 담당 공무원들을 대상으로 하였다. 그 결과로는 도쿄, 오사카 및 교토 3개의 국제도시는 시민, 시장, 국장 순인 반면, 다른 광역자치단체에서는 시도지사, 국장, 시민 순이었다. 즉, 정치와 행정의 영향력이 가장 컸다.160

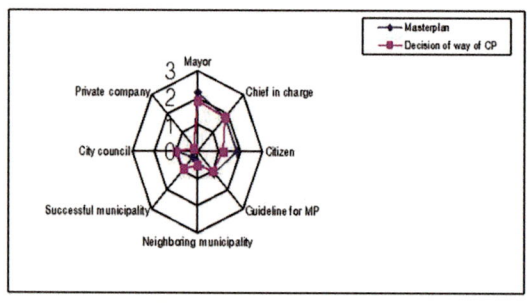

도시계획의 영향력(도시계획은 누가 하는가?(일본)) - 이영석

도시계획은 진행 과정에 강제적이고 파생되는 갈등이 많다. 모든 도시계획은 서로 영향을 받게 되며 도시를 향한 욕망을 조절하고 갈등을 조정하는 것이 정치의 역할이다. 그런데 막상 개발·정비 사업에서 정치가 비리와 결탁하거나 포퓰리즘으로 이어지는 일이 반복된다. 도시계획엔 제대로 된 정치가 부재했고 욕망이 가득했으며 일반 시민들에게 주거는 불안한 것이 되었다.161 특히 전쟁터와 같은 부동산 시장은 주거 난민을 만든다. 지역 균형 발전에 실패하고 투기를 막지 못한 정치가 과거와 같은 방식으로 도시계획을 반복한다면 도시의 미래는 없다. 정치의 영향력이 큰 도시계획에서 어떤 힘의 논리가 작용하든 그 영향을 받는 것은 모든 시민이다.

재개발의 정치적·경제적 영향

재개발은 정치 및 경제와 밀접한 건설 영역이다. 재개발은 도시계획의 한 분야로서 강력한 제도를 기반으로 도시의 정비와 관리 및 보존을 담당하는 분야이다. 시작은 도시 관리를 위한 행정과 건설 자본 및 시민의 정치적 결정에서 비롯되어, 결과는 지역개발이라는 지방 세수와 시민들의 자산 증가에 막대한 영향을 주는 경제 분야다.

따라서 재개발 사업의 시작 단계인 1980년대에는 재개발 사업의 유무는 정치적으로 선거에 큰 영향을 주었다. 서울의 경우 서민들의 거주지이며 전통 '야당 텃밭'으로 불리던 마포, 용산, 동작, 성동 지역의 재개발 사업은 정치인들이 민감한 반응을 보이는 정책적 결단의 산물이었다. 재개발 사업은 경제 수준이 향상된 주민들의 입주로 진보에서 보수로 전환되는 계기가 되었고, 접전 양상을 보이는 최근의 선거 결과가 이를 입증하고 있다.

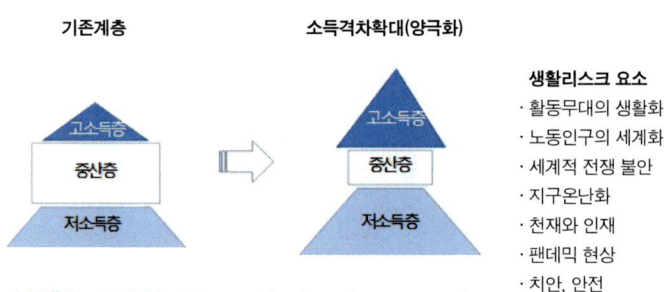

사회변화와 양극화

기존계층 / 소득격차확대(양극화)

고소득층 / 중산층 / 저소득층

생활리스크 요소
· 활동무대의 생활화
· 노동인구의 세계화
· 세계적 전쟁 불안
· 지구온난화
· 천재와 인재
· 팬데믹 현상
· 치안, 안전

사회배경: 고용형태 변화로 근로빈곤층(Working Poor) 증가

한편, 팬데믹이나 부동산 급등과 같은 생활 리스크 증대에 따른 소득 양극화 시에는 소득격차의 확대로 중산층이 감소하고 저소득층 및 고소득층이 증가하는 결과를 초래한다. 실례로 2000년대 20년간 국내 GDP 증가보다 부동산 자산은 약 9배 증가하였고, 가계는 처분가능소득 증가보다 부동산 자산이 약 10배 증가했다. 반면 1995~2022년간 기업은 영업잉여보다 부동산 자산가치가 15배가 넘게 증가하였다. 최근 가계부채가 세계 최고 수준이 되었어도 증가하는 이유나 건설회사의 부실을 정부가 나서서 막아주는 이유가 그것이다. [162]

부동산공화국의 지표

구분		증가액(A)	부동산 증가(B)	증가율(B/A)
국내	GDP	1,373조	1경1,845조	9배*
가계	처분가능소득	706조	6,969조	10배*
기업	영업잉여	208조	3020조	15배**

최배근, 화폐권력과 민주주의, 2024, pp.73~78에서 요약 정리
* 2001~2021년, ** 1995~2022년

재개발과 도시재생

어떤 방식으로 더 나은 도시를 만들지를 구체화하는 게 바로 '도시계획urban planing'이다. 재개발과 도시재생은 논란이 되고 있는 도시계획이다. 왜 어떤 지역엔 재개발이 진행되고 어떤 지역엔 도시재생이 이뤄지는가? 재개발을 추구하는 보수 정치인과 도시재생을 지향하는 진보 정치인의 대리전 양상이다.

지역마다 필요한 해법은 모두 다르다. 어떤 곳은 재개발이, 어떤 곳은 도시재생이 필요할 수도 있다. 그러나 이 두 사업에는 자주 정치적이고 당파적인 가치가 개입하곤 한다. 일반 시민들은 재개발redevelopment과 재건축reconstruction 사업에서 '개발이익'을 추구하는 편이다. 반면 도시재생urban regeneration은 지역의 사회적·경제적·문화적 성장을 위한 지역 주민의 '생활안정'이 핵심이다. 이 때문에 도시재생과 재개발은 서로 대립·상충하지만 상호 보완하는 사업이다. 이는 우리나라의 이분법적 정치 논리와 당파 갈등에서 선택적이다.163

재개발은 기존 거주민과 경제적 약자들을 이주시켜 커뮤니티를 파괴하는 방식으로 진행되어 역사와 기억을 단절시키는 정책으로 진행되었다. 한편 도시재생은 성공적인 사업을 제외하고는 도시재생의 효과를 정량적으로 측정하기 어렵다는 한계가 있다. 또한 허가를 내주는 곳과 기준을 만드는 곳이 달라, 지자체와 중앙정부의 당파적 이해관계가 다르거나 소속된 정당이 다를 경우, 미묘한 긴장이 발생하기도 한다. 재건축의 안전 진단 기준은 정책적 목표와 정치적 성향에 따라 정당의 수단으로 이용되고 있다. 보수주의 철학의 기본은 개인의 자유에 대한 존중이다. 하지만 재개발이나 도시재생 과정에서는 개인의 선택에 대한 존중이나 자율성·다양성보다는 공공의 이익과 도시 전체의 효용을 더 중요시하는 경향이 있다.

요약하면 지역의 혁신으로 가는 재개발과 도시재생 사업의 공통된 가치관과 목표는 공공기여·상생·환경이다. 첫째, 여러 이해관계자들의 대화와 협력을 통한 상생 둘째, 개발이익의 지역사회 환원을 위한 공정성 확보의 상징인 공공기여 셋째, 도시경쟁력을 회복할 수 있는 지속가능한 환경의 조성을 통해 정치민주화, 경제민주화 및 공간민주화가 실현될 수 있다.

도시재개발과 도시재생 사업 비교

구분	도시재개발	도시재생
목적	노후화된 도시구역 재건 및 도시기반시설 마련	사회·경제·문화적으로 쇠퇴하고 노후된 도시활성화 및 도시기능 회복
사업핵심	토지개발을 통한 환경개선 및 주택공급	주민의 생활안정 및 일자리 제공, 지속가능한 도시활성화
범위	소규모	대규모·광역적
사업유형	재개발	재개발, 재건축, 재래시장, 항만재개발
사업주체	민간주도	민간 + 공공지원
사업방식	전면철거 재개발	역사 및 커뮤니티 보존
자금	민간자금, 주민분담금	공공자금
사업성격	주민 동의에 사업장기화	점진적·장기적 변화
사회적 특성	보수적	진보적

도시재생 사례와 정치적 영향

빌바오 도시재생

　쇠락한 공업도시 재생의 대명사 빌바오는 대홍수 이후 도심 복원을 위해 법률가, 건축가 등 15명의 민간 전문가로 구성된 빌바오 도시재생협회를 설립하고, 1987년 네르비온 강을 중심으로 한 도시기본계획을 수립하였다. 기존의 철강 산업 쇠퇴로 낙후 도시로 변해가던 스페인 빌바오는 당초 예산의 1,400%에 달하는 5천억여 원의 건축비를 들여 지은 프랑크 게리 설계의 '구겐하임 미술관' 덕분에 세계적 문화관광도시로 탈바꿈하였다. 이후 한 도시의 랜드마크 건축물이 도시경쟁력을 높이는 도시재생의 성공 현상을 '빌바오 효과'라고 부르게 되었다. 재생사업 성공의 세 가지 요인은 구겐하임 미술관의 건축적 아름다움과 함께 강 주변의 공공시설을 살리고, 세계 최초의 친환경 트램을 교통정책으로 도입하였다.

네르비온 강이 내려다보이는 빌바오시 전경　　　　　운행 중인 트램

아자부다이 힐즈 재개발

재생특별지구 지정

2023년 11월 개장한 일본 도쿄 최대의 복합개발 사업인 '아자부다이 힐스'는 낙후 주거지역을 재개발한 사업으로 도쿄 도심의 명소가 되었다. 도시재생특별조치법에 근거해 도시재생사업을 추진하며 세제 특례나 금융 지원을 확대했다. 도시재생특별지구로 지정하여 주변 지역까지 단계적·통합적 재개발사업이 될 수 있도록 계획하였다.[164]

일본의 성공적인 복합개발 사업지의 공통점은 '민관 협력'이다. 행정이 도시 비전을 실현하기 위해 대규모 전략시설을 건설하고 관광객 유치를 통해 도시 전체의 부가가치를 창출해낸다. 도시경쟁력을 높이기 위해 개발사와 협력하여 시민들을 위한 공공공간을 조성하고 토지의 사유화와 '공공성'을 제고하였다.

개발 전략

개발 목표 및 컨셉은 녹색으로 둘러싸여 사람과 사람을 연결하는 '광장' 같은 도시, 도시의 본질은 사람이며 인간 중심의 계획, 녹지와 건강Green&Wellness을 위하여 자연과의 조화 추구하고 풍요롭게 살 수 있는 환경을 조성하는 것이다.[165] 개발 전략은 다음과 같다.

□ 주민의 생활 및 주거 안정

아자부다이힐스의 총 개발 기간은 34년이었다. 개발 프로젝트

대부분을 300여 명에 달하는 소유자의 동의를 받는 데 써서 주민의 생활 안정에 기여했다. 2002년부터 변화가 시작되어, 고이즈미 준이치로 총리가 도심 주요 지역의 고도 제한을 없애고 용적률을 두 배로 올리는 등 규제를 풀었다. 주거 안정을 위하여 재정착률을 높일 수 있도록 아자부다이에 살던 기존 주민 대부분이 등가교환 제도에 따라 아자부다이힐스의 주거 공간에 거주하고 있다.[166]

□ **도시환경: 차별적 건축, 보행 네트워크, 풍부한 문화시설**

차별적 공간 경험이나 풍부한 문화시설, 편리한 보행 환경을 제공하며 머물고 싶고, 살고 싶고, 일하고 싶은 공간을 만드는 데 집중했다. 고밀 개발을 통해 사업성 제고 및 사회적 책임과 역할을 다하기 위해 공간의 지속성과 도시의 품격을 높이기 위해 노력하였다.

계획 개요

아자부다이 힐스는 '인간 중심의 발상'이라는 가치에서 출발하였다. 건물을 먼저 배치하고 빈 공간을 녹화하는 기존의 방식과 반대로, 사람의 이동 및 사람이 모이는 장소인 단지 중심에 정원 광장을 우선적으로 설계했다. 초고층은 녹지를 확보하기 위한 수단이다.

□ **사업 규모: 24,500평**

구역 면적 약 8.1ha, 연상 면적 약 86만㎡. 전체 부지의 30%를 중앙광장과 옥상정원 등에 녹지를 확보하여 개발 전의 5배 이상이 되는 약 24,000㎡를 조성하여 고밀개발과 공공성을 동시에 확보했다.

□ **건축개요**

낙후된 주거지역을 재개발한 사업으로, 도쿄 최고층 빌딩인 랜드마크타워(325.19m·지상 64층)와 1,400가구 규모의 주거용 타워(262m·237m)가 있다. 오피스, 레지던스, 상업 시설, 마켓, 호텔, 디지털 아트 뮤지엄, 갤러리, 인터내셔널 스쿨, 의료 시설 등 다양한 도시 기능이 집적된 콤팩트 시티다. 도시 전망을 위한 인증샷의 명소 33층에 전망대를 무료로 운영하면서 도시의 공공재 기능을 하고 있다. 미드타운 야에스 빌딩 지하 1~2층에 일본 최대 버스터미널이 단계적으로 들어선다.

저층부 상가의 녹지화 디자인　　상가 가로와 녹지 - 아자부 홈페이지

□ **외부공간계획**

아자부다이힐스는 입체적인 '버티컬 가든 시티'다. 콘크리트로 둘러싼 빌딩 숲이 아니라 전체 부지 면적의 37%(24,000㎡)가 녹지

다.167 저층부 상가와 주요 거리는 세계적인 건축가인 '토마스 헤더윅'이 참여해 입체적이고 독창적인 설계로 도쿄의 명물이 되었다. 자동차 이동을 최소화하고 보행로를 넓게 설계해 쾌적하고 안전하면서도 건물과 사람 간 접점을 극대화하여 사람 중심의 계획을 추구하였다.

아자부다이 힐즈 평가

2023년 11월 개장한 아자부다이힐스는 낙후 주거지역을 재개발한 사업으로, 다양한 도시 기능이 집적된 콤팩트 시티를 실현했다는 평가를 받는다. 도시에 최대한의 '녹지 공원'을 자산으로 남기기 위해 최대한의 고밀도를 선택했다는 점에서 도심 고밀도 복합개발의 이정표로 평가받는다. 풍부한 녹지공간과 입체적인 보행 네트워크, 저층부 상가의 차별적인 건축 디자인이 특징이다. 건물이 없는 녹지는 도시민들의 소중한 쉼터가 되었다. 사업자인 모리빌딩은 단기적으로 상가 면적 손해를 감수하더라도 그룹사의 장기적인 브랜딩과 차별적 공간 경험을 제공해 도시경쟁력을 키우는 과감한 결정을 내렸다.168

경사지 이용 공간배치
- 계단과 에스컬레이터

녹지 공간에 펼쳐진 수변 정원

삶의 질 향상을 위한 인간중심의 결단력 필요

정치인은 진정으로 지역을 사랑하는가?

도시계획 정책 중에서도 재개발은 단순한 경제 문제가 아니라 이해관계가 첨예하게 대립하는 정치적 갈등의 문제다.[169] 청년들은 주로 무주택자이고, 유주택자들은 대부분 장년이나 노년층이라 계층 갈등의 문제이기도 하다. 부동산 문제는 현재 경제적 문제를 넘어 출산율에도 큰 영향을 주어 우리 사회가 직면하고 있는 많은 근본적 모순의 출발점이라고 볼 수 있다.

재개발이나 도시계획, 지역개발 사업에 정치가 개입되는 사례를 자주 목격하고 있다. 그러나 재개발은 공공의 특징인 장기적 비전과 안정성, 민간이 가지는 창의성과 수익성을 유지하며, 사회적 문제를 해결하기 위하여 규제를 수단으로 한 정치적 성향이 강한 도시계획이다.

아자부다이 힐즈 프로젝트는 도시재생특별지구로 지정된 도시재생사업이다. 특히 장기간의 사업 기간에도 불구하고 주민들의 주거 안정을 위하여 34년간 주민 동의를 받았다. 재개발은 도시재생의 큰 그릇 속에 든 작은 그릇이다. 재개발만으로는 세계적 명소의 국제경쟁력을 달성할 수가 없다. 국가에서 정치와 경제를 분리시켜 생각할 수 없듯이, 도시계획에서 재개발과 도시재생을 구분하려는 시도는 나무만 보고 숲을 보지 못하는 근시안적인 선택이다.

공간민주화 투쟁(IR과 GB)
- 광주대단지 사건과 서울서부지법 폭동 사건

2025. 6. 2

개발독재와 철거 이주민의 고통

광주대단지 - '난장이가 쏘아올린 작은 공'의 배경

광주대단지 사건과 서울서부지방법원 폭동 사건, 두 사건 모두 우리 사회의 어두운 단면을 보여주는 역사적 사건이다. 공간민주화를 외친 젊은이들을 폭도로 만든 숨겨진 사연은 무엇일까? '어느 산골 소년의 아픈 사랑 얘기'가 생각나게 한다.

1970년대 한국의 심각한 문제였던 빈부격차와 노사 대립을 문학적으로 형상화한 작품으로서, 광주대단지사건을 소재로 했고 상대원공단도 배경으로 나온다. 1970년대 산업화 과정에서 삶의 기반을 빼앗기고 몰락해 가는 도시 빈민의 삶을 다루었고, 제목 '난장이'는 경제적으로 소외되고 힘없는 도시 빈민층을 상징하였다. 작품의 주소인 '낙원구 행복동'의 동네 명칭은 실제 삶의 괴리를 통해 비참한 현실을 반어적으로 나타내었다. 70년대 도시재개발로 밀려난 서민 가정의 고통을 그려낸 작품이다.

광주대단지의 역사적 배경

1971년 8월 10일 경기도 광주대단지(지금의 경기도 성남시) 주민 수만여 명이 정부의 무계획적인 도시정책과 졸속행정에 반발하며 도시를 점거했던 사건이다. 1960년대 서울시는 철거민 대책 중의 하나로 정착지 조성을 통한 '이주 정책'을 시행하였다. 이를 위해 광주군 중부면의 일부가 광주대단지로 지정되었다.[170]

광주대단지 위치. 성남시 우측 상부와 광주시의 경계부에 해당함
- 황현필, 광주대단지 사건, 경기문화재단

1969년 9월 1일부터 철거민 이주가 이루어졌고, 서울시는 땅을 분양하였다. 그러나 서울시는 기반 시설을 전혀 조성하지 않았고, 이주민들은 상하수도 시설조차 없는 곳에서 천막이나 판잣집을 지어 생활해야 했다. 1971년 6월 조사 당시 취업 대상자의 5%

만이 단지 내에서 직업을 가질 정도로 지역경제 기반조차 없었다. 하지만 살 곳을 찾던 각 지역 빈민의 유입이 급증하였고, 1971년 8월경의 거주인구는 15~17만 명까지 늘어났다.

토지대금 상환 조치 발표에 반발

배정된 땅은 20평에 각자가 주택을 지어 살아야 했다. 생활편의시설, 교통수단이 부족했고 공장 등 일자리가 부재한 상태에서 주민들의 불만이 고조되었다. 이런 상황에서 비용 회수를 위해 서울시는 용지 처분을 서둘렀고, 1971년 총선을 즈음해 대단지의 투기 붐은 절정에 달하였다. 그러나 선거가 끝나자 서울시는 분양증 전매 금지와 함께 높은 가격의 토지대금 일시상환 조치를 발표하였다.

주민들의 반발이 심해지며 일부는 광주대단지 제일교회 목사를 대표로 대책위원회를 구성하였다. 이들은 1971년 7월 19일 거리집회를 개최하고 대지가격 인하 및 분할상환, 구호대책 마련 등을 담은 대 정부 '진정서'를 제출하였다. 하지만 서울시는 이에 대한 응답 없이 분양가격 인상을 일방적으로 통보했고, 경기도는 세금을 독촉하였다. 이에 대책위는 '투쟁위원회'로 전환하였고, 8월 10일 최소 3만, 최대 6만에 이르는 대규모 궐기대회를 열었다. 당시 궐기대회에 참여한 주민들은 '백 원에 매수한 땅 만원에 폭리 말 것, 살인적인 불하 가격 결사반대, 공약 사업 약속 말고 사업하고 공약할 것, 배고파 우는 시민 세금으로 자극 말 것, 이간 정책 쓰지 말 것' 등을 주장하였다.

그러나 방문하기로 약속한 서울시장이 오지 않자 흥분한 주민들은 성남사업소, 출장소, 파출소 등 평소에 반감을 지닌 관공서를 파괴·방화하기 시작했다. 주민들은 기동경비대와 투석전을 벌이며 대치했고, 관공서 차량 파괴 및 차량을 이용한 서울 진출을 시도하기도 했다.

'국회는 잠자는가' 현수막과 주민 대치

전복된 채 불타는 관용지프 - 나무위키

사태 확산 방지 대책

사태가 확산되는 것을 방지하기 위해 양택식 서울시장은 당일 투쟁위원회 간부와의 협상에서 구호양곡 확보, 생활보호자금 지급, 도로 확장, 공장 건설, 세금 면제 등을 시급히 합의하였고, 오후 늦게 이 소식을 들은 시위대는 해산하였다. 이후 서울시는 최종적으로 서울 시내 철거민의 광주대단지 이주 중지, 광주대단지 내 재산의 경기도 이관, 경비 보조 등의 결정을 내렸다. 광주대단지사건 과정에서 검거된 총 22명의 주민은 징역 2년 이하를 선고받았다.

광주대단지 사건 평가 - 빈민운동의 시작

광주대단지 사건은 일회성으로 끝났으나 급속한 산업화 과정에서 생성된 대규모 도시 빈곤층의 생존 위협 상황을 여실히 드러낸 빈민운동의 시발점으로 평가된다. 2021년 3월 성남시는 광주대단지 사건의 명칭을 '8·10 성남(광주대단지)민권운동'으로 변경하기로 했다.

서울서부지방법원 폭동 사건

사건 개요

우리 헌정사상 최악의 사법 테러로 기록될 법원 폭동 사건이 발생했다. 2025년 1월 19일, 현직 대통령으로서 헌정 사상 최초로 체포된 윤석열에 대해 내란 우두머리 혐의로 구속영장이 발부되자, 영장실질심사가 이루어진 서울서부지방법원 주변에서 불법 시위를 벌이던 수백여 명의 지지자들이 저항권을 주장하며 법원을 습격·점거해서 시설을 파괴하고 경찰과 민간인, 기자를 상대로 무차별 폭력을 휘두른 폭동 시위 사태다. 폭도들은 경찰을 집단적으로 폭행했으며, 법원 청사의 유리창과 외벽을 깬 뒤 청사 내부로 진입하여 건물 전체를 파손했다. 일부는 계단을 올라 건물 3층까지, 심지어는 판사들의 사무실이 있는 5~7층에까지 무단 진입하여 구속영장을 발부한 판사를 색출하려고 시도했다.

이는 대한민국 헌정사에서도 보기 드문, 사법부의 결정에 반대하여 사법부인 법원과 민간인을 상대로 집단적인 불법 점거와 폭동 행위를 감행한 사건이다. 국가 주도의 폭력 사태를 제외하고, 헌정 이래 국내의 모든 사회운동, 소요에서 사건과 무관한 민간인을 상대로 폭행을 가하는 등 명백한 폭동으로 분류될만한 사건은 처음이다.

인적 물적 피해

폭도들은 경찰 저지선을 뚫고 법원 경내에 침입했다. 이들은 경찰 방어선을 붕괴시킨 뒤, 법원의 내외부를 파손하고 유리창과 문 등을 파괴하며 법원 내부로 진입하여, 내부 시설물과 법원 서류 등을 파손하였다. 중요한 보존 대상이 되는 과거 사건기록 같은 것들은 법원 외부에 소재한 서버에 저장되기 때문에 데이터 손상은 없지만, 파손된 장비 교체 및 수리 비용은 세금에서 충당하므로 심각한 범죄가 된다.

심지어 대한민국에서는 그 어떠한 과격 시위에서도 유례를 찾아보기 힘들었던 약탈까지 일어났다. 사실 지금까지 대부분의 과격 시위는 공권력만을 직접적인 공격 대상으로 삼았다. 그러나 이번 사태에서는 현금 도난 등 음료 자판기와 ATM을 털었고, 서울서부지법 인근 가게들까지 피해를 입었다.

경찰을 폭행하고 건물 내외부 파손

파괴된 법원 건물

서울서부지방법원 폭동 사건 비판

이번 폭동의 성격은 국가 권력 기관을 대상으로 민주화 투쟁을 명분으로 하였으나 대한민국 현대사에서 사법부의 판결 결과를 부정하는 사건이다. 지금까지는 재판부나 판사 개개인에게 불만과 불신을 가지거나 위해를 가할지언정, 사법부 자체를 상대로 판단에 불복하여 무력으로 대항하려는 시도는 없었다. 입법, 사법, 행정부를 통틀어 대한민국에서 국가 기관이 민간인의 폭동 시위로 인해 직접적 공격을 받은 것은 극히 드문 일이다. 또한 1989년 시위대 사태 이래로 무려 35년 만에 일어난 대규모 사법부 점령 사태이고, 이 사건은 스마트폰 등 촬영 장비의 발달로 법원의 시설들을 파손하고 무단 점거하는 장면이 실시간으로 생중계되어 더 충격을 주었다.

공간민주화 투쟁과
국토개발 전략(IR과 GB)

광주대단지 사건과 서울서부지법 폭동 사건 비교

두 사건은 도시공간을 대상으로 하여 시민의 정치적 요구를 실현하기 위한 투쟁의 성격을 띄고 있다. 명분은 민주화이지만, 공간의 파괴를 통하여 시민참여를 실현하려고 하였다. 생존을 위한 사회경제적 빈민운동 대 독재를 위한 정치투쟁의 무차별적 파괴라는 대립되는 역사적 갈등을 전달하는 사건이라는 점에서 흥미롭다.

광주대단지 사건과 서부지법 폭동 사건

구분	광주대단지 사건	서부지법 폭동 사건
배경	정부의 무계획적인 도시정책과 졸속행정에 반발	윤석열 구속영장 발부에 반발과 선동
장소	주거지, 경기도 광주대단지	건물, 서울 서부지방법원
시기	1971년 8월 10일	2025년 1월 19일
성격	사회경제적 빈민 저항	정치적 테러
참여인원	수만 명	극우 지지자 및 유튜버
피해규모	성남사업소, 출장소, 파출소 등 관공서 파괴·방화	법원 건물 파괴·파손, 민간인·경찰 97명 부상
체포·선고	주민 22명, 징역 2년 이하	49명 유죄(중앙250801)
영향·결과	성남시 탄생, 주민 요구 모두 수용	사법부 판단에 불복하여 무력으로 대항
공간민주화	도시 삶의 최저기준 회복	건축물 파괴를 통한 정치투쟁
평가	생존권 투쟁 위한 빈민운동 시발점	국가기관 공격, 백색테러

□ 인디언 보호구역Indian Reservation과 그린벨트Green Belt

　두 사건의 성격과 유사한 국토개발 전략으로서 인디언 보호구역Indian Reservation과 그린벨트Green Belt가 있다. 이들 제도는 보존을 목적으로 출발하였다는 명분상의 유사성이 있다. 인디언 보호구역I.R.은 아메리카 원주민을 보호하기 위한 것인 반면, 개발제한구역G.B.은 도시의 무질서한 확장을 막아 도시민의 삶의 질을 증진시키려는 것이다. 그러나 인디언 보호구역IR은 원주민 보호를 명분으로 원주민 강제 이주 및 토지 강탈 수단화 과정을 볼 수 있으며, 개발제한구역GB은 미래세대의 사용을 위하여 대도시 주변에 자연적 보호구역을 조성한 국가의 토지이용 규제다. 우리나라는 개발제한구역을 성공적으로 수행하고 있는 세계적인 모범 국가다.

하지만 이 제도들은 출발부터 상반되는 목적을 내포하고 있다. 개발제한구역G.B.은 지속가능한 공존의 생生을 지향하는 반면, 인디언 보호구역I.R.은 성남대단지 개발처럼 비자발적 이주를 위한 멸滅을 목표로 하고 있다. 최근의 우크라이나와 가자지구의 지구촌 국제전쟁은 누구를 위한 것인지 인류의 평화와 안녕과는 거리가 멀어 보인다.

도시의 불평등

- 중산층 재건과 지속가능한 발전

2023.12.2

새로운 도시 위기의 도래

도시경제학자 리처드 플로리다는『도시는 왜 불평등한가?The New Urban Crisis』에서 도시 발전의 모순과 불평등의 심화와 분리 segregation, 높은 주택가격과 주거이전, 중산층 소멸 등을 비판하고 있다.[171] 오늘날 도시 문제의 핵심은 도시 발전의 모순이다. 사람과 돈이 도시로 모이고 경제가 발전할수록 불평등은 심화된다. 중산층이 사라지고 부동산이 폭등하는 상황 속에서, 도시는 거주자의 경제력에 따라 모자이크처럼 나뉜다. 전 세계의 슈퍼스타 도시와 테크허브 도시들은 엄청나게 비싸져 출입이 제한된 부유층들만의 도시가 될 것이며, 이들 도시의 혁신과 창의의 불꽃은 결국 사라질 것이다. 극단적인 주거비용은 핵심 서비스 노동자들을 몰아내며, 오래된 산업 도시들은 재생의 기회를 잡지 못할 것이다.

교외 지역은 더 빈곤해질 것이고 더 불평등해질 것이다. 중산층이 더 많이 사라지고, 국가는 부자들만의 독립된 거주지역과 점점 넓어지는 쇠락한 도시와 지방으로 나뉠 것이다.

도시를 보는 2가지 관점

도시 낙관론자들은 도시재생과 인간의 생활 조건을 개선하는 도시화의 힘에 초점을 맞춘다. 도시가 더 풍요롭고, 안전하고, 깨끗하며, 도시화는 개선의 진정한 원천이라고 본다. 그들은 국가나 주 정부가 권력을 줄이고 도시와 시장이 더 많은 권력을 가지면 세상이 더 나은 곳이 될 것이라고 말한다. 반면, 도시 비관론자들은 현대도시는 화려하지만 사실상 외부인 출입금지 구역에 살며 과시적 소비를 일삼는 엄청난 부자들과, 그 주변에서 고통스런 가난과 열악한 환경 속에 사는 대중들로 나눠져 있다고 본다. 따라서 도시화의 본질적 특징은 진보나 경제적 발전이 아니라 슬럼화와 엄청난 규모의 경제적, 인도주의적, 생태적 위기라는 것이다.172 젠트리피케이션과 불평등은 부유하고 혜택을 누리는 사람들이 도시를 재식민지화하면서 발생한 결과물로 본다.

새로운 도시 위기

60~70년대는 도시의 경제적 유기와 경제적 기능 상실로 정의된다. 당시의 도시 위기의 특징은 도시 중심부가 텅 비는 도심공동화 현상이었다. 그러나 새로운 도시 위기는 과거보다 훨씬 더 심각하고 전면적이다. 뉴욕, 런던, 샌프란시스코와 같은 국제도시들

의 새롭게 성장하는 도시 중심부의 핵심적인 특징 두 가지는 불평등 심화와 주택가격 상승이다. 이들은 지속불가능한 경제를 바탕으로 도시 간에 새로운 형태의 불평등을 발생시킨다. 도시화 자체의 위기이자 현대 자본주의의 위기이기도 하다.

새로운 도시 위기들

선도적인 지식 중심 도시들은 경제적 격차가 심화되어 승자독식 도시화로 도시 간 불평등을 발생시킨다. 이 도시들은 감당할 수 없을 만큼 비싼 주택 가격과 놀랄 정도의 불평등에 직면해 있다. 젠트리피케이션은 '금권도시화Plutocratization'되었다. 최첨단 주택은 돈을 묻어두는 곳이다. 여기에서 밀려나는 사람들은 자신의 돈이 높은 주택 가격에 잠식당하는 것을 보고 있을 뿐이다. 그러나 경제적 피해에 직면하는 사람들은 생산직과 서비스직 노동자, 가난하고 불우한 사람들로서 그들은 밖으로 내몰리고 있다. 그러나 교사, 간호사, 병원 노동자, 경찰관, 소방관, 레스토랑과 서비스 노동자가 적절한 통근 거리 내에서 살 수 없게 되면 도시 경제 기능은 유지되기 어렵다.

불평등과 분리의 등급화로 중산층이 소멸disappearing middle되었다. 미국은 1970년도 이후 40여 년간 중산층 거주 지역에 사는 미국 가정 비율이 65%에서 49%로 줄었다. 반면 빈곤 지역 또는 부유한 지역에 사는 가정 비율은 많이 늘었다. 도시 집중화는 경제를 성장시키지만, 또한 도시와 사회를 심각하게 분열시킨다. 결과적으로 교외 지역은 가난, 치안 불안, 범죄가 증가하고 있다. 도시의 가족들이 더 저렴한 주거지를 찾아 유입하게 된다. 개발도상국에서는 성장 없는 도시화로 도시화와 생활 수준 향상이 단절되었다.

새로운 도시화 지식자본주의 시대에는 장소와 계층이 결합하여 사회경제적 이점을 강화하고 재생산한다. 최상위 계층에 속하는 사람들은 최고의 학교와 서비스, 최고의 경제적 기회에 접근할 수 있는 지역에 산다. 반면 나머지 사람들은 열악한 수준의 서비스와 기회를 제공하는 지역에 살면서 평생 계층 상승의 기회를 거의 얻지 못한다. 혜택받은 극히 소수 지역에 사는 부유한 사람들은 그들 자신과 자손을 위해 막대한 경제적 이익을 가져간다.[173]

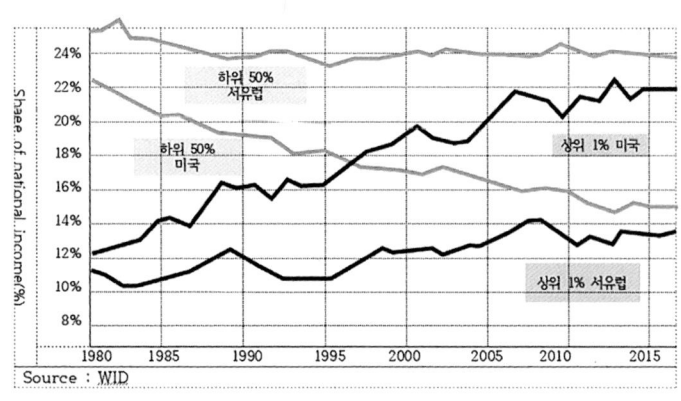

미국 상위 1%가 미국 하위 50%의 소득 비중을 훨씬 넘어서고 있다 - 주병기

모두를 위한 도시화 7가지 핵심

더 온전하고 공정한 도시화를 위한 새로운 틀과 전략이 필요하다. 리차드 플로리다는 새롭고 개선된, 더 사회통합적인 도시화 모델이 필요하며, 이것을 모두를 위한 도시화urbanism for all라고 부른다.[174]

- 집중화가 모두의 이익을 위해 기여할 수 있도록 조세 정책뿐만 아니라 도시의 용도지역 제도와 건축법을 개혁해야 한다.
- 인구밀도와 집중화를 유도하는 데 필요한 사회기반시설에 투자하고 값비싸고 비효율적인 도시확산을 제한해야 한다.
- 도시 중심지에 보다 적절한 가격의 임대주택을 건설해야 한다.
- 저임금 서비스직을 가족을 부양할 수 있는 직업으로 바꾸어 중산층을 늘려야 한다.
- 사람과 장소에 투자함으로써 고질적인 가난과 정면으로 맞서야 한다.
- 신흥 국가들의 급격한 도시화 지역에 더 강력하고 번영하는 도시를 건설하려는 세계적 차원의 노력에 참여해야 한다.
- 지역사회에 권한을 이양하여 지역사회 지도자들이 지역경제를 강화하고 새로운 도시 위기에 대처하도록 해야 한다.

모두를 위한 도시화

도시 위기의 실태

경제학자 폴 크루그먼은 경제적 문제에서 벗어나는 최선의 방법은 정부가 인프라 시설에 더 많이 투자하여 경기를 부양하는 것이라 믿는다. 19세기부터 20세기에 걸쳐 운하와 철도, 시내 전차와 지하철, 도로와 고속도로에 대한 막대한 투자가 주택 소유자를 위한 풍부한 보조금과 결합되면서 경제 성장 시대가 연장되었다. 하지만 오늘날 우리에게 필요한 것은 집적과 집중이 가능한 도시

발전을 위한 인프라 시설에 대한 전략적 투자다.

신 도시재생의 방향

합리적 가격대의 내 집 소유는 도시 외곽의 보수적인 지역에서 더 많이 이루어질 수 있다고 믿는다. 혁신과 경제적 진보에 필요한 도시의 인구밀도 증가와 집중을 방해하는 러다이트 운동 -기술혁신 반대운동-에서 인구밀도를 제한하는 용도지역제와 건축법을 개혁하자는 움직임이 있다. 리차드 플로리다는 '모두를 위한 도시화'를 실천하기 위한 몇 가지 생산적인 전략을 제안하고 있다.[175]

1) 유익한 일자리 클러스터를 만들기

시장 도시주의자들은 시장이 필요한 만큼 건축할 수 있는 능력을 제약하는 제한적인 용도지역제와 건축법을 없애는 것이라고 주장한다. 토지이용 탈규제만으로는 고가의 최고급 고층빌딩만 늘어날 가능성이 있다. 필요한 합리적 가격의 주택을 공급하는 데는 거의 기여하지 못할 것이다. 탈규제는 지나친 수직적 확장을 촉진하여 죽어버린 빌딩숲의 도시경제로 변질시켜, 가장 혁신적인 도시지역을 손상할 수 있다. 도시는 지속적인 혼합과 상호작용을 촉진하는 중간 높이의 복합적 밀집 주택에 의해 작동된다. 여기에 "보행체계가 없으면 도시 밀도는 큰 문제가 될 수 있다"고 제인 제이콥스Jane Jacobs는 경고하고 있다.

2) 사회기반시설 투자

미국은 대중교통에 거의 투자하지 않은 결과, 지하철과 대중교통 역 주변의 토지와 주택 가격이 매우 비싸졌다. 일자리 접근성이 좋고 거주자의 계층 상승 기회가 개선된다. 자동차 의존도를 낮출 수 있는 대중교통이 필요하다. 대중교통은 효율적으로 이동하고 필요한 밀도와 저렴한 주택을 만들고 전반적인 경제성장을 창출할 수 있는 사회기반시설을 갖추는 문제다. 이와 함께 세계의 거대도시들은 교통혼잡세를 제도화하기 시작했다. 운전자에게 도로 이용 대가를 부담시켜 교통량, 도시팽창, 오염을 완화한다.

3) 적정한 가격대의 임대주택 건설

구매할 수 있는 적정가의 주택은 새로운 도시 위기를 극복할 수 있는 핵심 요소다. 미국 주택은 가장 혜택 받은 30퍼센트 사람들을 제외한 누구도 살 수 없을 만큼 비싸다. 경찰과 교사, 병원 노동자, 도시의 서비스 제공자는 도심과 핵심 경제활동 지역에서 점점 더 멀리 밀려나고 있다. 도시의 대규모 상업 개발자들은 노동자들을 확보하기 위해 '도시 노동자 주택'을 요구하고 있다. 적정가의 주택이 부족하기 때문에 지역을 재생산하고 경제를 회복시키는 능력이 저하된다. 미국은 너무 많은 세입자가 주거비 때문에 심각한 부담을 느끼고 있다. 비용 부담의 한계치로 간주되는 소득의 30% 또는 그 이상을 임대료로 지출하는 세입자 수도 50% 이상 증가했다. 한국도 상당히 부족한 임대주택은 물론, 지나치게 비싼 주택 구입을 위한 금융지원 제도의 왜곡 운영 결과, 전 세계에서 GDP 대비 가장 높은 가계부채의 비율이 국가 경제의 발목을 잡고 있다.

4) 저임금 직업을 중산층 직업으로 바꾸기

정책의 출발점은 최저임금을 올리는 것이다. 최저임금을 일반적인 평균임금의 50%로 설정해도 부작용이 별로 나타나지 않는다. 1968년 연방정부의 최저임금은 평균임금의 55%였다. 결국 새로운 중산층 창출은 서비스에 대해 좀 더 많은 비용을 지불해야 한다는 뜻이다. 만일 현대 우리가 우리 자녀와 노인들을 돌보고 필수적인 서비스를 제공하는 사람들에게 생활임금을 지불하여 새로운 중산층을 만들 수 있다.

5) 빈곤 대처 위해 사람과 지역에 투자하기

새로운 도시 위기 중 가장 고통스럽고 심란한 문제는 고질적이고 집중된 빈곤의 확산이다. 빈곤퇴치 방법 두 가지는 첫째, 사람 중심 접근방법으로 가난한 가정에 자원을 제공하거나 더 좋은 지역으로 이주하는 것을 돕는 것이다 둘째, 장소중심 접근방법으로 학교 투자, 필요한 사회서비스의 제공, 범죄와 폭력을 줄여 열악한 지역 환경을 개선하는 것이다. 오늘날은 도시화한 자본주의의 불평등 악화를 해결할 수 있는 새로운 사회안전망을 구축할 때다.

6) 도시와 지역사회에 권한 이양

도시정책은 지역의 여건과 필요에 가장 적합하게 수립되어야 한다. 지방 관리들은 정치인들보다 더 실용적이다. 그들의 경제

개발과 지역사회 개발 의제는 당파적 이념보다 지역의 필요에서 비롯된다. 더 나은 도시화는 우리의 도시보다 더 사회통합적인 도시화의 등장에 달려 있다. 도시와 지역사회가 경제를 건설하고 새로운 도시 위기를 해결하는데 필요한 더 많은 관리 권한을 부여하는 것이다.

호주의 보수 정부는 도시와 건축 환경을 담당하는 장관직을 신설하여 국가 차원에서 도시개발을 지원하게 했다. 2015년 영국 기업 지도자, 정책입안자, 경제학자, 도시계획 전문가들은 도시에 권한을 이양하기 위한 핵심 내용을 다음과 같이 제시했다. 의사결정 권한을 중앙정부에서 도시와 대도시권 지역으로 이양, 도시에 더 많은 세금 및 권한 부여, 도시 지도자들의 국가 대의기관 참여, 도시 지도자들이 영구적으로 정부 내각에 참여할 수 있는 직위 신설, 대도시 지역 전체의 사회기반시설, 인재, 경제개발에 대한 주요 투자를 조정하는 새로운 매커니즘 구축을 포함하고 있다.

한국의 소득 불평등과 출산율 저하

경제전문가 최배근 교수에 따르면, 가계부채의 증가는 IMF 이후부터 민주주의의 알맹이인 공공금융의 사실상 해체의 산물이라는 것이다. 일자리와 소득 창출 등이 어려운 경제에서 가계부채의 증가는 가계 소비를 억압하는 요인으로 작용했다. 이런 구조에서 가계부채로 부동산자산 가치를 떠받치는 것은 지속 불가능하다. 그리고 한국은 오래전에 불평등의 사회적 현상인 '격차 사회'가 되었다는 것이다. 대기업과 중소기업, 정규직과 비정규직 그리고 임금노동자와 자영업자 간 소득 격차가 그것들이다. 이 중에서 가장

큰 소득 격차가 임금노동자와 자영업자 간 소득 격차인데 이 격차
는 한국 사회의 특성이기도 하다.

이러한 임금 불평등은 결혼율을 하락시키는 요인이라 말한다.
경제학에서는 출산율을 결혼율로 설명하고, 결혼율을 결정하
는 가장 중요한 경제 요인을 소득 격차로 설명한다. OECD의 자
영업자 기준으로 약 670만 명에 달하는 한국의 자영업자 비중은
2022년 23.5%로 OECD에서 8번째로 높다고 한다. 미국은 6.6%,
일본은 9.6% 정도이다. 지난 30년간을 비교해 볼 때, 1992년 자영
업자의 1인당 소득은 임금노동자 1인당 소득의 94%가 넘었으나
2022년 37% 아래로 떨어졌다. 같은 기간 출산율 또한 1.76에서
0.78로 추락했다. 가계부채 비중이 10% 증가할 때마다 출산율은
0.16명 씩 하락해왔다.[176]

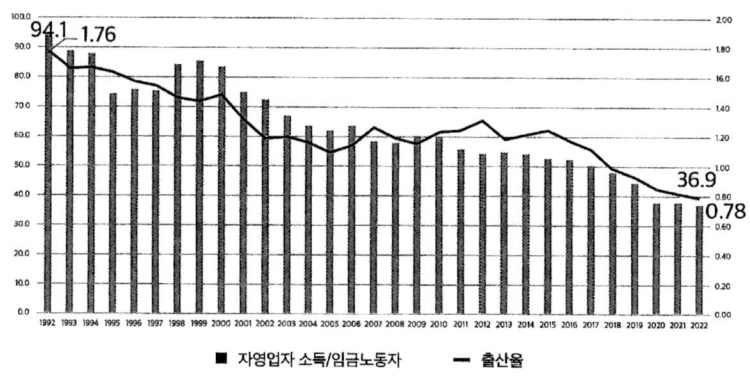

(자영업자 소득/임금노동자 소득) 비중과 출산율 - 최배근, p.130

공간 기부의
공간민주화

2025.1.10

도시공간의 발견과 창조

기부는 자선 사업이나 공공사업을 돕기 위하여 돈이나 물건 따위를 대가 없이 내놓는 것을 말한다. 공간 기부는 도시민들의 공공공간 조성을 위해 공간을 제공하는 것이다. 지리학자 데이비드 하비는 『희망의 공간』에서 '건축가여, 반란을 꿈꿔라. 공간 미화가 아닌 삶을 위한 장소를 위하여'라고 외쳤다. 도시가 추구하는 미래적 가치와 도시민 다수가 공유할 수 있는 권리를 되돌려 주기 위해 지나치게 비대해진 개인의 권리를 제어하는 것이 도시의 공공성이다.

개인의 이해관계가 극대화하는 과정을 규제하는 사회적 제어 장치가 공공성이다. 공간의 헤게모니는 자본이 아니라 공공성이 쥐고 있어야 한다. 공간 헤게모니는 정책입안자나 개발 사업자에게 있는 게 아니라 도시의 삶을 사는 시민들의 손에 있어야 한다. 여기에 서로가 공유하는 사회성과 공공성이 결합된 도시는 모든 사람들에게 즐거움을 준다. 최근의 민주화를 위한 집회 현장에서는 다양한 공간에의 참여 및 기부 방식을 통해 공간의 민주화를 실현하고 있다.

공간의 사회적 공유와 공간 기부

서구의 공간 기부 전통

덴마크 건축가 얀 겔Jan Gehl은 '사람 제일 건축정책'과 '사람 살기 좋은 도시 만들기'를 위해 코펜하겐시의 도심 환경을 보행자, 자전거 친화적으로 개선하였다.[177] 외부공간은 사람들의 활동에 필요하며, 외부공간의 활동은 공공성 확보가 중요하다고 하였다. 외부 공간의 질은 그 공간이 내포하고 있는 사회적 가치의 질이다. 민주적 공공성이 확보되고, 사회적 공유가 가능한 공간을 말한다. 공간의 사회적 공유는 공간 안에 담긴 사회 구성원들의 세계가 공유되는 것을 말한다.[178]

사람제일 건축 지향 - 얀겔, 아는 동네

누가 공간의 소유를 마다하고 자신이 소유한 알짜배기 공간을 선뜻 이웃을 위해 내놓을 수 있을까? 공간 기부 운동은 공간 자체의 부담으로 실행이 무척 어렵고 지체된다. 그래서 공간을 통한 기부와, 기부를 통한 공유와 공존의 실천이 선행되어야 한다. 유럽에서는 왕과 귀족 소유의 성채와 정원이 도시의 문화공간과 공원으로 조성되어 유럽의 기부 문화의 상징처럼 된 사례가 많다.

런던은 녹색도시이며 환경도시다. 전체 면적의 40%가 공원과 녹지공간으로 구성되었다. 대부분 공원은 왕족의 유산이며 이런 공원들은 시내에 있으면서 시민들에게 휴식 공간을 제공해 준다. 런던의 하이드 파크는 1536년 헨리 8세가 왕과 왕족을 위한 사냥 터로 만든 곳이다. 넓은 울타리에 사냥을 즐길 수 있도록 조성된 공간을 헌팅 파크hunting park라고 불렀다. 400여 년의 역사를 가진 왕립 공원 중 하나로서 시내 한 가운데에 위치한 140헥타르에 달하는 런던의 대표적인 대형 공원이다.[179]

하이드 파크 전경

하이드 파크는 전통적인 데모 장소로 유명하다. 2002년 자유, 생명 행진의 참가자들은 행진을 하이드 파크에서 시작했다. 이 공원은 1851년 대박람회장이었으며, 이를 위해 조셉 팩스턴은 수정궁Crystal Palace을 디자인하였다. 영국은 기부 문화가 생활 속에 자리하고 있다. 대표적인 예가 동네마다 있는 채리티 숍Charity Shop이다. 자선단체들이 자원봉사자들을 통해 기부받은 물건들을 수선하여 판매하는 중고품 자선 가계다. 영국에는 20여만 개의 채리티 숍이 운영되고 있다. 유럽의 생활 문화인 집안을 청소하다 오래된 물건들을 자선 가계에 기부하면 저가에 판매한다.

한국의 공간 기부와 공공공간 확보

한국에서도 이제 공간 기부에 대한 관심이 높아가고 있다. 하지만 부동산 소유욕이 강해 부동산 시장의 흐름에 따라 상속 및 증여 관련 세제 개편에 사회의 관심이 더 높은 것은 개선되어야 한다. 재정적자와 자산 양극화의 출발이며 사회정의에도 모순되기 때문이다. 도시공간은 소유보다 이용의 중요성이 강조되는 이유다. 저성장과 인구 감소 시대의 도시재생 방안으로 관심을 모으는 타운 매니지먼트가 그것이다.

우리 사회는 지역 공동체를 위한 생활 공간 같은 무수히 많은 공간을 필요로 한다. 공공의 생활 문화 복지 성격이 강하기 때문에 정부나 지자체와 같은 공공부문의 부담이 클 수밖에 없다. 공간 조성 및 운영까지 모든 것이 예산의 뒷받침 없이는 불가능하다. 인터넷 세상이 되면서 가상 공간을 통한 기부와 사회적 공유가 무척 활발해졌다. 기부는 도덕적 강제가 느껴져 사람들이 회피하는 경향이 강하다. 하지만 여기에는 공간 기부, 공간의 공유, 사회적 책임, 환경 실천 및 지구 보호의 잠재력이 담겨있다.

기부와 상속은 상반된 소유권 개념이다. 2023년 2분기 국세청이 국세 통계와 통계청 연평균 사망자 수를 처음 비교·분석한 상속세 신고 현황을 보면, 상속재산 가액은 총 56조 5천억 원이다. 부동산값 상승으로 상속세 납부 대상이 늘었으며 절반가량(43%)은 10억~20억 원 구간이 제일 많으나 납부세액은 5%에 불과하다. 납부세액이 가장 큰 구간은 '500억 원 초과' 38명이 납부세액 약 8조 원으로 전체 납부세액의 58% 비중을 차지한다. [180]

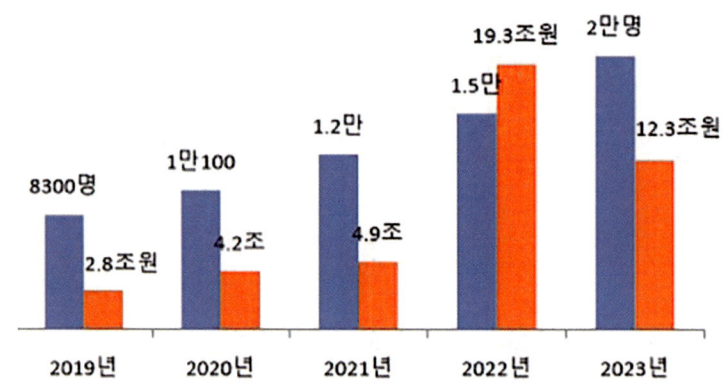

상속세를 냈다면 상위 6% 해당 (상속세 '500억 원 초과자' 전체 납부세액의 58% 차지)

문화공간 신탁제도

부동산 매입을 피하면서 공공이나 민간(개인)과 함께 재산의 소유권을 보장하며 문화 공간화하는 다양한 공간 기부의 방식이 요청된다. 팔고 싶지 않지만 떠나고 싶은 개인 소유자와, 사고 싶지만 살 수 있는 예산 부족의 지자체들에서 윈윈 게임이 되는 방법이 문화공간 신탁제도다.181 문화예술 공간은 대부분 대규모 복합공간으로 지어진다. 부지나 건물의 매입에 시간도 많이 걸리고 예산도 늘어난다. 예산 확보를 위한 타당성과 절차도 복잡하다. 그래서 제대로 된 공간을 짓기 위해 규모도 커지고 포함된 문화예술 프로그램도 많아진다. 문화예술전용공간보다 복합공간이 자꾸 생기는 이유다.

부동산 신탁제도는 건물이나 땅을 개인으로부터 일정 기간 동안 신탁받아 건물의 소유권은 개인이 그대로 유지하고, 문화공간으로 신탁된 기간 동안 신탁된 부동산의 소유권 거래도 가능하다. 장기 신탁자는 추가 신탁 기간에 대해 일정한 대가를 지불하고, 공간 운영의 이익을 분배함으로써 개인의 재산권을 추가로 보장할 수도 있다. 도시 내 학교, 산업시설 및 군부대 이전에 따른 유휴 공간을 생활 문화 예술공간으로 활용할 수 있다. 문화공간 신탁제도는 공공부문의 막대한 예산이 소요되는 부동산 매입을 피하면서 문화공간 프로그램에 동의하는 공공이나 민간(개인)과 함께 재산의 소유권을 보장하고 문화 공간화하여 도시 내에 필요한 문화예술 프로그램 공간을 확산할 수 있는 협의된 공간 기부 방식이다.

공간 기부에서 진화하는 민주 광장

주먹밥의 역사 - 전투식량으로 시작

주먹밥은 한국인의 전투식량이었다. 기록은 430여 년 전인 임진왜란까지 거슬러 올라간다. 선조 때 학자 이식의 시문집 『택당집』에 중전 의인왕후의 일화가 담겨있다. 일본이 침략해 선조가 먼저 피난을 떠나고 의인왕후가 뒤따랐는데, 평안북도 의주 인근에서 쉬어가던 중 주먹밥으로 허기를 달랬다는 이야기다. 주먹밥은 시급한 상황에 요긴하게 쓰여왔고 전투를 위한 식량으로 자리를 잡았다. 전투뿐만 아니라 생사가 걸린 상황에서 제 몫을 했다. 불과 50년 전엔 농번기 서민들의 새참이었다. 당시만 해도 농사는 생존을 위한 전투였고 새참인 주먹밥은 전투식량이었다.

주먹밥은 6·25 전쟁에서 문자 그대로 전투식량으로서 진가를 발휘했다. 전쟁 중이라 밥은 더 철저하게 챙겨 먹어야만 했고. 병사들이 전투가 벌어지지 않을 때는 함께 주먹밥을 빚는 모습을 볼 수 있었다. 후방에서 쌀을 지원받아 주먹밥을 빚었는데, 밥이 반드시 뭉쳐져야 휴대가 가능했기에, 끈기 있는 쌀을 보내달라고 당부했다고 한다. 어른 주먹보다 큰 주먹밥을 겨울이면 입김으로 녹여 먹어 주린 배를 달래가며 싸웠다.[182]

재능 기부에서 선결제 시스템을 광장문화로

12·3 비상계엄의 민주 광장에서 주먹밥의 정신이 다시 살아났다. 인터넷의 힘으로 시민들이 삽시간에 여의도 국회의사당으로

모여 계엄군과 경찰의 진입을 막았다. 국회는 필사적으로 집결해 민주주의적 표결로 계엄을 무효화시켰다. 시민들의 민주화 광장에는 어묵과 닭꼬치 행상이 등장하여 열정과 분노의 밤에 춥고 주린 이들을 달래주었다. 그렇게 본격적인 평화 시위가 벌어지면서 '금강산도 식후경' 문화와 주먹밥 정신이 어우러져 돌연 '선결제'라는 거대하고도 다채로운 움직임이 벌어지기 시작했다.

시작은 따뜻한 커피였다. 시위 장소 인근 카페에 미리 돈을 지불해 이름이나 별명을 대면 다양한 음식도 찾아 먹고 마실 수 있는 여건이 조성되었다. 무명의 시민들로부터 시작한 선결제 열풍은 연예인의 참여와 재능기부로, 민주 광장에 참여한 이들의 추위와 허기를 용기와 단결로 전환시켜 주었다. 탄핵까지 12일간 선결제 열풍은 여의도를 뜨겁게 달구었고 그 바탕에는 5·18 민주화운동의 주먹밥 정신이 깔려 있었다. 시위 현장의 선결제 정보를 모아 알렸던 '시위도 밥먹고(https://torchmap.kr)'는 "518에 사심 없이 주먹밥을 쥐던 손길이 2024년 12월 여의도에서 재현된 것"이라는 소감을 밝혔다.[183]

온라인 사이트 '시위도 밥먹고'는 시민들이 선결제한 매장 위치는 물론 각 매장에 남은 수량 등을 확인할 수 있다. 지도에 표기된 선결제 매장은 서울 국회 인근은 물론, 대전, 대구, 광주, 경남, 부산, 제주 등 전국 각지에 분포돼 있다. 하지만 누구든 주먹밥이 필요한 투쟁의 순간이 다시 찾아올 거라고는 전혀 예상하지 못했다.

'시위도 밥먹고' 선결제 지도

사회적 공유의 실현

주역에 의하면, "국민이 같이 만나 함께 사용하는 것은 신이 된다(民咸用之, 謂之神)"[184]고 하였으며, "국민의, 국민에 의한, 국민을 위한 정부는 세상에서 사라지지 않을 것이다" 라는 링컨의 연설이 생각나는 시국이다. 비상계엄의 시작부터 시민들의 SNS 연락, 라이더들의 지원, 응원봉을 든 여인들, '푸드 트럭과 쉼터용 난방 버스' 및 예술인들의 선결제의 지원으로 각자의 위치에서 저마다의 재능기부로 민주주의를 지킬 수 있었다. 자신들에게 가장 소중한 것들로 희망의 사회를 만들 수 있다는 연대와 자신감을 준 사회적 공유의 상징이 되었다.

공간에 생명을 부여하는 것은 물과 에너지다. 건축이 존재하는 그 순간까지 함께한다. 삶의 현장에서 인간의 존엄성이 훼손당하는 최후의 굴욕이 '단전과 단수'다.[185] 겨울왕국의 '외딴 마을 한남동'에 이런 재난이 닥칠지도 모르겠다. 재능기부가 불가능한 물과 에너지라서 안타까움이 더 크다.

서울 랜드마크
산책

2024. 8. 8.

도시의 상징 랜드마크

100년마다 역사적 문화유산을 건설한 파리

본래 랜드마크landmark라는 의미는 탐험가나 여행자가 여러 지역을 돌아다니다가 특정 장소로 돌아올 수 있도록 만든 표식을 가리키는 말이다. 먼 곳에서도 잘 보이는 땅에 세워져 다른 지역과 구별되는 지형이나 시설물을 가리키는 것으로, 주위의 경관 중에서 두드러지게 눈에 띄는 것이 자연스레 랜드마크가 되는 경우가 많다. 오늘날에는 그 의미가 더욱 확대되어 건물, 조형물, 문화유산, 지형 등과 같이 어떤 곳을 상징적으로 대표하는 의미를 가질 때 랜드마크라고 부른다. 고대의 랜드마크는 신성시되고 믿음의 대상이었다면, 현대의 랜드마크나 마천루는 서로 높이 경쟁을 하며 보는 사람에게 위압감을 주기도 한다. 최근의 랜드마크는 브랜드화되어 한 지역의 정체성을 나타내는 것으로 인식되는 경우가 많다. 유명한 랜드마크에는 해마다 수천만 명의 관광객들이 몰리면서 지역 경제에 긍정적 영향을 주어 침체되었던 도시에 새로운 활력을 불어넣기도 한다.

단체장마다 랜드마크를 창조하려는 서울 그리고 한국에 비해, 파리는 100년마다 국제적 행사나 도시 혁신을 위해 파리대개조 계획을 추진하여 왔다. 오스만 시장의 파리대개조 계획 수행에서 도시를 관통하여 행정·산업·위락·철도역 등을 결합하여 1892년 도로망을 확장하였다. 이에 수많은 공원들이 도로와 어울려 공원 체계가 완성되었으며, 베르사이유 궁전과 루브르 궁을 연결하기 위해 건설한 샹젤리제 거리는 오늘날 세계에서 가장 아름다운 거리의 하나가 되었다. 파리는 용적률 250%의 고밀도 도시개발로 서울의 160%보다 훨씬 높아 저층고밀도 도시계획의 모범사례가 되고 있다. 우리도 저층고밀도 재개발·재건축을 실현할 때가 되었다.

파리는 미래를 내다보는 도시개발과 문화유산을 창조해가고 있다. 1789년 프랑스대혁명 후 개선문은 프랑스혁명과 나폴레옹 전쟁 시기에 전사한 프랑스 병사들을 기리기 위하여 1806년 건설 시작하여 1836년 완공되었다. 프랑스혁명 100주년과 엑스포를 기념하여 파리대개조 사업 추진 중 1889년 에펠탑이 건설되었다. 그 후 20세기 들어 파리 도심부 인구 증가로 도시개발이 요구되었으나 파리 구시가지의 도시경관 및 역사적 자산 보존의 중요성이 부각되었다. 이에 따라 프랑스혁명 200주년인 1989년 고층의 신도시 라데팡스 건설과 함께 도시 중심축 상에 랜드마크로 그랜드

아치를 건립하게 되었다. 그리고 이러한 랜드마크들을 이용하여
2024 파리올림픽을 성공적으로 개최하였다.

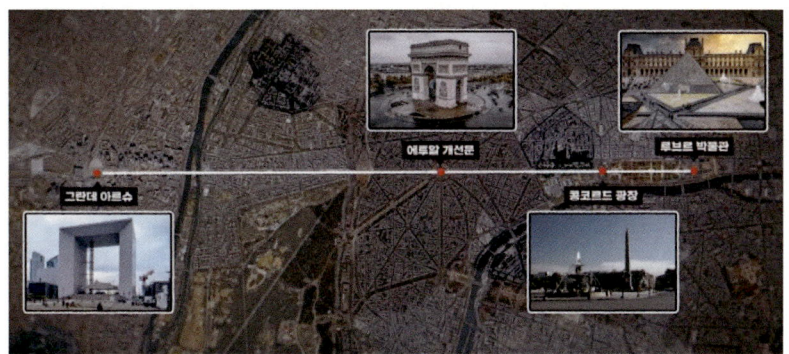

파리의 중심축, 루브르에서 라데팡스 - 셜록현준

에펠탑과 도쿄타워

　파리는 유럽대륙에서 자연·기후·교통 등이 가장 좋은 입지의 도
시라서 외부의 침입을 많이 받아왔다. 그래서 변화에 민감했고 개
혁의 선두에 서게 되었다. 파리는 평지이고 주변에 고층 건물이
없어, 어디서나 잘 보이는 인상적인 디자인의 에펠탑은 세계인이
사랑하는 랜드마크가 될 수 있었다. 그러나 그 맞은편에 솟은 몽
파르나스 빌딩은 유일한 고층 건물이라서 파리 시민들이 가장 싫
어하는 건물로 남아있다. 에펠탑이 세계 최고의 랜드마크가 된 요
인은 마르스 광장·공원과 함께 하기 때문이다. 파리올림픽의 중심
무대도 에펠탑과 주변의 광장이다.

　반면 1958년에 건설된 도쿄타워는 높이 330m이며 건설 당시 일
본에서 가장 높은 건축물이었다고 한다. 철탑을 쌓는 데 약 4,000t

에펠탑과 도쿄타워의 랜드마크 효과 비교, 마르스 공원의 올림픽 경기장
- 파리올림픽 공식 홈페이지, wikimedia commons

의 철강 구조물을 사용하였는데, 에펠탑(7,000t 사용)이 세워진 1889년 당시보다는 기술이 발달하여 더 적은 철근량으로 더 높게 만들었다. 에펠탑보다 더 높은 도쿄타워는 도심의 고층 건물들 속에 입지하여 그렇게 높아 보이지도 않을 정도로 그 존재감이 상실되었다. 자연과 조화를 이룬 에펠탑에 비해서 색상도 도시와 조화를 이루지 못한 편이다. 랜드마크는 입지 선정이 중요한 이유다.

서울의 숨겨진 랜드마크 북한산 진흥왕 순수비

고대국가의 세 가지 조건: 율령체계, 종교, 영토의 확장

케네스 클라크Kenneth Clark는 『문명Civilization』에서 고대국가가 성립되기 위해서는 반드시 세 가지를 갖추어야 한다고 했으니 첫째는 율령체계, 둘째는 종교, 셋째는 영토의 확장이다. 유홍준 교수는 『나의 문화유산답사기』에서 "신라가 이 세 가지를 확실히 갖춘 것은 법흥왕(재위 514~540)부터 진흥왕에 이르는 시기였다"고 기술하고 있다. 영토의 확장이란 국민총생산을 높일 수 있는 토대를 마련하는 것이었다. 이는 전쟁에 의한 정복 사업으로만 가능한 것인데 진흥왕은 영토 확장에 나서 가야를 정벌하고, 고구려를 중원에서 몰아내 마침내 한강 유역과 함경도까지 정복했다. 진흥왕 순수비는 한반도의 동남쪽에 위치한 작은 나라 신라가 당당한 왕국으로 발전해나갔다는 사실을 상징적으로 말해주는 유적이다.[186]

영토 확장의 상징 북한산 진흥왕 순수비

북한산에서 가장 중요한 유적은 북한산 신라 진흥왕 순수비(국보 제3호)이다. 순수비는 임금이 살피며 돌아다닌 곳을 기념하기 위하여 세운 비석이다. 유홍준 교수는 "이 비가 있기에 북한산은 한반도에 있는 어느 산 못지않은 높은 역사성을 지니게 됐다. 이 진흥왕 순수비가 지닌 역사적 의의는 고구려 광개토대왕비에 버금가는 것이다. 문자 그대로 역사적인 기념비다."라고 북한산의 영토적 중요성을 강조하고 있다.

신라 제24대 진흥왕은 540년 불과 7세의 어린 나이에 즉위하여 18세부터 친정을 시작하면서 연호를 개국開國으로 바꾸고 적극적으로 영토 정복 사업을 전개했다. 진흥왕 29년(568) 35세의 진흥왕은 마침내 한강 유역과 함경도까지 정벌하고 직접 순수하면서 새로 편입된 지역의 주민들을 무마하며 신라의 백성으로 받아들일 것을 약속하는 순수비를 세웠다. 현재 발견된 순수비는 북한산, 황초령, 마운령 등 셋이 있다.

진흥왕 순수비 5기 위치도

북한산 진흥왕 순수비. 1972년 국립
중앙박물관으로 이전한 뒤, 현재는
복제비만 남아있다 - 유홍준

　진흥왕 순수비는 세월의 풍화로 글자의 마모가 심해 전문을 알
수 없다. 북한산 진흥왕 순수비는 1972년 국립중앙박물관으로 이
전한 뒤, 현재는 복제비만 남아있다. 3기의 순수비는 같은 서체
에 같은 문체로 왕이 순수를 행하게 된 뜻을 기록한 비슷한 내용
이다. 그중 가장 글자가 많이 남아있는 황초령비의 비문은 다음과
같다.187

　"8월 21일 계미에 진흥태왕이 관경管境을 하고 돌에 새겨 기록하였
다. 제왕은 연호를 세워 스스로를 닦아 백성을 편안히 하지 않음이
없다. 그러나 짐은 하늘의 은혜를 입어 운수를 열어 보여, 어둡고 막
막한 중에서도 신에 감응되어 사방으로 영토를 개척하여 백성과 토
지를 널리 획득하니 이웃 나라가 신의를 맹세하고 화친을 요청하는
사신이 서로 통하여 오도다. 이에 무자년(568) 가을 8월에 관경을 순
수하여 민심을 살펴서 백성의 노고에 보답하고자 한다. 충성과 신의

에 정성을 갖추고, 재주를 다해 나라에 충절한 공을 세운 사람들이 있다면 벼슬을 올려주고 포상을 더하여 공훈을 표창하고자 한다."

추사 김정희의 진흥왕 순수비 재발견 과정

진흥왕 순수비 3기는 모두 세월의 흐름 속에 잊혔다. 북한산 순수비를 사람들은 무학대사비라고 했다. 이것이 진흥황 순수비임을 확인한 이는 추사 김정희였다. 추사는 어렸을 때 삼각산 유람을 가는 아버지를 따라 승가사에 왔다가 한번 비봉에 오른 적이 있다. 그때 추사는 이 비가 세상에 도선국사비라고 전한다고 들은 바 있었다. 세월이 지나 30세 때인 1816년 추사는 이 비를 조사하기 위해 친구와 함께 비봉에 올랐다. 그리고 비문 첫행에서 진흥태왕이라는 글자를 확인했고, 나중에 황초령 순수비와 비교하여 이것 또한 진흥왕비임을 확인했다.

그리고 추사는 이듬해에 이 비를 정밀조사하기 위해 조인영과 또다시 비봉에 올랐다. 이번에는 정교하게 탁본을 하기 위해 기술자인 탑공을 데리고 갔다. 내려와서 탁본을 보며 글자를 해독하고 있는데 '순수'라는 두 글자가 눈에 들어왔고 '관경'이라는 두 글자도 나타났다. 추사는 놀랍도록 반가운 사실을 조인영에게 편지로 써서 알렸다. '진흥태왕 순수관경眞興太王 巡狩管境' 여덟 글자가 됩니다,188 이 예는 황초령비에 있습니다.

이리하여 추사는 무학대사비나 도선국사비라고 전해오던 것을 신라 진흥왕 순수비로 재발견한 것이다. 그는 북한산 순수비 측면에 이 비가 진흥왕 순수비이고 이를 두 차례 찾아와 고증했음을 다음과 같이 새겨두었다.

"이것은 신라 진흥왕 순수비이다. 병자년 7월 김정희·김연경이 와서 읽었다. 정축년 6월 8일 김정희·조인영이 함께 와서 남아있는 글자 68자를 면밀히 살펴보았다."

대동여지도를 만든 고산자 김정호와 진흥왕 순수비를 고증한 추사 김정희 같은 선열들의 깊은 뜻에 저절로 머리가 숙여진다. 국방의 중요성이 피부로 느껴지는 시국이다. 김정호 선생은 『지도유설地圖類說』에서 이렇게 기록하고 있다.

"나라를 다스리기 위해 국방상의 요충지를 잘 알아야 하고, 재물과 세금이 나오는 곳과 군사를 모을 수 있는 원천을 잘 알아야 하며, 여행과 왕래를 위해 지리를 잘 알아야 하므로 지도를 제작한다. 또 세상이 어지러우면 쳐들어오는 적을 막고 사나운 무리들을 제거하는 데 지도가 쓰이고, 시절이 평화로우면 나라를 경영하고 백성을 다스리는 데 지도가 소용된다."

축복의 땅 서울

금수강산의 상징 도시

서울은 산과 하천으로 이루어진 금수강산의 대표적 도시다. 여기에 600여 년의 역사적 문화 자산으로 가득 찬 축복의 도시다. 서울 외곽에는 북한산·도봉산·관악산·수락산 등 해발 300m 이상인 산이 14곳이며, 도심에는 인왕산, 북악산, 남산 및 한강 등이 랜드마크로서의 역할을 하고 있다. 여기에 지역적으로 6.3빌딩, DDP 및 롯데타워 등이 분산 배치되어 있다.

　금수강산의 의미는 그림처럼 마음으로 자유롭게 상상할 수 있다. 겸재 정선은 다양한 대상을 산수화로 그린 화공이었다. 특히 금강산의 경치를 그리는데 많은 정성을 쏟았다. 〈금강내산전도〉는 겸재의 실경산수화 화법이 모두 반영된 작품이다. 금강산의 아름다움을 세필로 선을 이용하여 쭉쭉 뻗은 기암 절벽을 섬세하면서도 수려하게 표현하고 있다.189

　　"담채로 바위산의 날카로움을 강조하면서도 왼쪽에 점묘로 산의 우거진 수풀을 표현하고, 기암 절벽 사이에 소나무의 모습을 그려 절벽만을 그림으로써 오는 삭막함을 수풀이 우거진 부드러운 산의 곡선을 그려 절묘한 대조를 이루고 있다. 멀리 금강산의 최고봉인 비로봉을 중심으로 각 봉우리와 산사(장안사, 표훈사, 정양사 등)의 모습들이 다양하게 보인다."

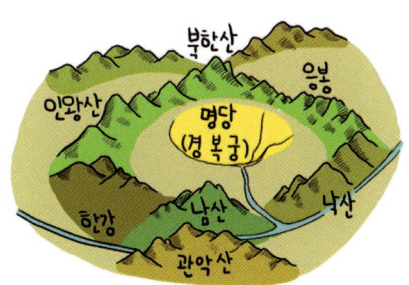

한양 명당 풍수지리 - 위키백과

서울의 심리적 경계와 랜드마크

도시의 경계와 랜드마크

조선의 도읍지 한양 천도 시, 한양의 경계는 북으로는 주산 북악산과 안산 남산 사이에 도성을 자리 잡았다. 이제는 서울의 성장으로 그 영역이 북한산과 관악산 사이로 서울의 경제활동 범위가 넓어졌다. 역사적으로 국력을 상징하는 지표로는 전제 군주 시대나 제국주의 시대에는 영토 확장, 법제도와 종교 문화의 전파, 토목건축의 인프라 건설 등이 있다. 20세기 이후 현대에 들어서는 영토 확장을 위한 전쟁보다는 경제적 부의 축적의 결과를 초고층건축물의 높이로 경쟁하고 있다. 우리나라는 삼국시대에는 광개토대왕비와 진흥왕 순수비가 영토의 확장과 국력을 증명해주고 있으며, 20세기 한국경제의 고도성장은 고층 건물로 가득 찬 도시경관이 말해주고 있다.

현대 들어 수도권 인구집중에 따른 서울 및 수도권의 확장은 신도시 개발과 교통수단의 발달과 함께 서울의 공간적 경계가 남쪽으로 이동해 왔다. '서울공화국'의 확장 과정을 약술하면 다음과 같다.

조선시대 한양의 경계는 남산이었고 광화문이 랜드마크였다. 일제 강점기에는 한강과 조선총독부 건물이 그 역할을 하였을 것이다. 해방 후 박정희 시대에는 서울의 경계가 강남으로 확대되고 31빌딩이 건설되었다. 김영삼 정부 들어 과천과 1기신도시들이

한강에서 보이는 남산 - 이한우   **한강과 롯데타워**

개발되며 도심에는 63빌딩이 들어섰다. 노무현 정부에서는 KTX
개통과 1호선 천안역 개통으로 수도권이 급속도로 확장되었고 이
때 63빌딩이 서울의 랜드마크가 되었다. 그 후 박근혜 정부에서
롯데타워 개관에 맞춰 SRT가 개통되며 롯데타워가 명실공히 국
제도시 서울을 상징하는 랜드마크가 되었다. 이때부터 서울은 '강
남'과 '강북'으로 지역적으로 구분하여 인지하기 시작하였다.

서울공화국의 경계와 랜드마크 확장

시대	개발이슈(연도)	심리적 경계	랜드마크
조선시대	경복궁	남산	광화문
일제시대	조선총독부	한강	조선총독부
박정희	31빌딩, 고속도로 (70)	강남	31빌딩
전두환		과천	63빌딩
김영삼	과천신도시입주 (92)	과천(안성)	-
노무현	KTX개통 (04) 1호선천안역 (04)	천안(수도권)	-
박근혜	롯데타워. SRT개통 (16)	천안	롯데타워

지금 서울은 경제적 발전과 함께 사회적 갈등이 누적된 도시가 되었다. 이제 '서울에 롯데타워를 능가하는 랜드마크가 필요한가?'라는 허영된 질문과 '수도권은 어디까지 확대될 것인가?' 하는 국토균형개발의 절실한 선택 과제가 우리 앞에 놓여 있다.

서울 도심의 랜드마크

경복궁과 광화문 광장

서울의 도심에서 인왕산과 북악산은 겸제의 〈인왕제색도〉가 말해주듯이 한양을 상징하는 자연의 랜드마크다. 조선 한양의 궁궐 경복궁과 대한민국의 청와대는 대한민국의 수도 1번지의 상징이다. 한국에 가면 꼭 가보고 싶은 곳이 되었다. 그래서 광화문 광장 축이 서울의 상징가로가 되었고 이것을 보존해야만 하는 이유다. 그동안 여러 번의 광화문광장 개조계획들이 실행되고 있는 중에도 숨겨진 역사문화유산들이 발견되고 있다.

광화문 광장의 발전 과정을 건축문화 측면에서 다양하게 고려해 본다. 건축가의 시각은 "광화문 광장이 시위의 장소가 되는 데는 광화문 광장에서 마땅히 할 일이 없기 때문이다. 광장은 만들었지만 별다른 콘텐츠가 없는 빈 공간이기에 시위라는 행위가 채워지게 되는 것이다."[190] 반면 사회학자는 "이제는 광화문광장은 '광화문랜드'처럼 되어버렸다. 광장이 가끔은 집회나 시위 용도로 사용될 수 있다. 문화예술 공연을 넘어 먹거리와 볼거리, 놀거리를 매일매일 경쟁적으로 기획하고 소비하는 국가대표 '핫플'로 자리 잡았다. 아마도 광화문광장은 전 세계에서 가장 다양하고 다이내믹한 광장이 아닐까 싶다."[191] 광화문 광장은 지금도 진화하고 있다.

남산과 한강

남산은 조선 한양의 안산으로 출발했으나 현대 들어 서울이 확장됨에 따라 구도심의 중심이 되었고 남산타워가 들어서서 파리의 에펠탑처럼 서울을 상징하는 랜드마크가 되었다. 더불어 한강은 '한강의 기적'이라는 신화를 만들 정도로 한국의 발전을 상징하는 브랜드가 되었다. 세느강과 비교하면 한강이 워낙 큰 규모라서 서울의 성장과 함께 한강과 남산은 서울을 상징하는 랜드마크가 되었다. 국제도시급 수도에서 서울 어디서나 보이는 도심에 남산만큼 멋진 산으로 이루어진 경관을 볼 수 있는 도시는 거의 없다. 남산타워는 서울의 에펠탑으로 자리잡았다. 도심의 남산은 '깜짝 선물surprise' 같은 서울의 보배다.

요즘 전 세계의 사랑을 받고 있는 에니메이션 〈케이팝 데몬 헌터스〉의 명장면 중 하나가 남산타워와 정상에 건립된 '환상의 공연장'을 보여주고 있다. 이제부터 남산에 올 외국 관광객들은 이 공연장에서 케이팝 공연을 보겠다는 꿈을 실현하려고 할 지도 모르겠다. 한류 열풍과 함께 영화의 '핫플' 명소를 방문하여 기념사진으로 남기는 것이 사실상 여행의 목적이 되었다. 이제는 남산에 'K-Pop 전용공연장'을 실현에 옮기는 것도 고려해 볼 가치가 있다고 유치하게 상상해본다.

서울 랜드마크 남산타워 - 서울시정보소통관 　　〈케데헌〉의 남산타워 공연장에서 본 서울
- Netflix

서울 랜드마크 건설 어디로 가고 있나?

서울의 랜드마크는 자연의 지형물과 인공물로 구분할 수 있다. 전술한 바와 같이 지형적으로는 한강을 비롯하여 도심의 북악산, 인왕산 및 남산이 있고 외곽은 북한산, 도봉산 및 청계산 등이 있으며, 인공물로는 남산타워, 롯데타워, 파크원타워 등이 눈에 띈다. 그런데 현재 서울시가 추진하는 랜드마크에 논란이 되고 있는 두 가지의 상반된 시각이 흥미롭다. 하나는 '태극기 게양대'고 다른 하나는 국제교류복합지구의 '현대자동차GBC'다. 태극기 게양대는 광화문 광장에 100미터나 높게 만들겠다는 것이고, 반대로 현대GBC는 100층 이상의 초고층 건물을 낮은 건물 2개로 변경하여 높이로 승부하지 않는 랜드마크를 지향한다는 점이다. 추진의 배경에는 이념과 가치 지향의 출발점부터가 다르다.

광장의 역사가 유구한 서구와 달리 우리나라는 2002년 월드컵 개최 이후 급조된 관제官製 광장이 대부분이다. 그 대표적인 사례가 광화문광장이다. 광화문광장 태극기 게양대 설치안은 이번이 처음은 아니다. 10년 전쯤 정부가 추진했다가 서울시 반대로 무산된 적이 있다. 이는 이념적 접근이나 정치적 해석을 넘어 광장의 존재 이유에 대한 보다 본질적 질문이 필요한 사안이다. 인문지리학자 이푸 투안Yi-Fu Tuan은 '유서 깊은 도시는 일부러 목소리를 크게 내지 않아도 보여줄 게 많다'고 한다. 이처럼 광화문광장 주변에는 랜드마크가 될 수 있는 것이 많다. 광화문, 북악산, 인왕산, 세종문화회관도 있지만 세종대왕 동상과 이순신 장군 동상도 있으며, 이제는 '촛불혁명'과 '빛의혁명'의 세계적인 민주성지가 되었다.192

고층 건물들로 둘러싸인 도쿄타워는 에펠탑보다 높아도 눈에 띄지도 않고 인상적이지도 않으며 더욱이 아름답게 보이지도 않다. 높이보다는 입지 선택의 중요성을 강조하는 말이다. 그런데

911테러 뉴욕 월드트레이드 센터 - 나무위키

공격받는 우크라이나 고층 아파트, 랜드마크는 전시 상황에서 제일 먼저 공격의 목표가 될 수 있다

나의 도시 경험에서 볼 때, 대도시의 인공적 랜드마크 중 최고의 걸작은 남산타워가 아닐까 한다. 다른 도시의 타워들은 평지에서 높이 경쟁을 하지만 서울은 남산이 있어 높이로 승부하지 않는, 자연과의 조화 속에 '첫눈에 반할 서울의 매력'을 간직한 강렬한 unique 상징성이 있다. 금수강산의 한국적인 고귀한 아름다움을 간직하고 있기 때문이다. 역사와 문화는 돈으로 살 수 있는 것이 아니다. 마음속에 간직하는 것이다!

　문형배 전 헌법재판소장의 공정과 상식에서 출발한 주거권 보장의 필요성을 역설한 인터뷰 내용으로 글을 마치려고 한다. 국가의 기본인 헌법기관의 수장으로서 그리고 지방에 거주하는 국민의 한 사람으로서 '헌법의 기본권으로서 주거권'의 명시를 제안한 그의 혜안에 더 이상의 할 말이 없어진다. 집은 누구나 가장 잘 알고 있고, 그들이 가지고 있는 생명 같은 모든 것이기 때문이다.

　향후 헌법 개정 과정에서 "부의 양극화, 서울 집중 구조를 해결하기 위해서는 주거권을 보장하는 내용이 필요하다"며, 그가 가장 좋아하는 헙법 조문은 '모든 국민은 인간으로서의 존엄과 가치를 가지며 행복을 추구할 권리를 가진다. 국가는 개인이 가지는 불가침의 인권을 확인하고 이를 보장할 의무를 진다'라는 헌법 10조다. 국가의 존재 이유가 거기에 다 있다. "국민이 기본권을 보장하기 위해 국가를 만든 것이다. 헌법 10조를 1조로 옮겨야 한다"

고 생각하고 있다. "프랑스는 '지방분권 국가'라는 조항도 갖고 있다. 우리는 행정수도법을 국회가 통과시키고 대통령 후보가 공약을 걸고 당선됐음에도 불구하고 헌재가 납득되지 않는 이유로 위헌 결정을 하였다. 제가 재판관이었다면 당연히 합헌이었을 것이다"라고 강조한다.193

이와 함께 개헌에 더 필요한 내용으로는 "주거권을 명시했으면 좋겠다. 서울은 집이 없어서, 지방은 집이 남아서 난리다. 부의 양극화가 일어나고 있는데 대표적인 예가 집이다. 집을 투자의 대상이 아니라 기본권의 목적물로 만드는 게 필요하다. 그렇게 기본권을 명시하면 국가의 정책 우선순위가 바뀔 수밖에 없다. 기본권을 보장하기 위해 국가가 노력해야 되기 때문에 어떻게 하면 국민들에게 적절한 주거를 제공할 건가, 사회주택을 만들어야 할 의무가 생기는 것이다. 집이라고 하는 건 가족들과 함께 따뜻하게 밥을 먹고 이야기를 나누고 미래를 꿈꾸는 그런 공간이 되어야지, 큰 부자가 되려고 투자 또는 투기 수단으로 집이 사용된다는 건 비극이다"라며 헌법에 '주거권 보장'을 명시할 것을 제안했다.

이에 덧붙여 필자의 생각으로는 국민들의 국토균형발전과 지역에 대한 이해를 높이기 위해서 '중앙정부 공직자들의 인적 교류와 지방 근무'를 승진의 전제조건과 인센티브로 채택할 것을 건의하고 싶다. 군인들과 법조계 공직자들은 전국에서 순환 근무하며 대한민국을 폭넓게 이해하고 있어 국토의 균형발전의 필요성을 인지하고 있을 것으로 생각된다. 이제는 한반도 전체로 사고의 폭을 넓혀야 할 때이다. 남북의 교류가 이루어질 때쯤이면 지방에 투자할 여유가 더 없어진다. 지금은 지방시대가 되어야 한다.

이제까지 먼 발치에서만 봐오던 산불과 홍수 같은 자연재해가 일상의 뉴노멀이 되었다. 인간의 기술적 문화적 활동이 지구의 생태계를 불가역적으로 변화시킬 지구온난화의 가능성이 현실화되었고, '자연에 대한 인간의 책임'을 공감하기 시작했다. 자원 고갈, 폐기물 누적, 생물종 감소, 생태계의 열악화라는 지구 규모의 사건에 직면하여 한국의 역할과 책임이 소홀하다는 지구촌의 비판이 높다. 책을 마무리하며 공간민주화는 우리 사회가 나아가야 할 새로운 방향임을 제안하여 본다.

미주

1장 | 청와대 개방과 대통령실 이전

1 이영석, 대통령 집무실 용산 이전 논란, 소통이냐 안보냐?- 한겨레 칼럼 왜 냐면, 2022.3.29

2 유홍준, 나의 문화유산답사기11- 서울편3, 창비, 2022, pp.31-34

3 역사 속의 오늘, 국민일보, 220322

4 유홍준, 전게서, pp.39-42

5 이성우, 청와대와 주변의 역사문화 유산, 월간중앙 2020.6

6 유홍준, 나의 문화유산답사기11- 서울편3, 창비, 2022, pp.60- 64

7 이석우, 겸재정선, 북촌, 2016,

8 유홍준, 전게서 ,pp.76-88

9 이석우, 겸재정선, p.129

10 https://blog.naver.com/nadri97/177330585

11 https://blog.naver.com/igrammy/222551067564

12 이석우, 겸재정선, pp.78-85

13 아시아경제 160602

2장 | 용산 시대의 도시공간정책

14 서울역사박물관, 매일경제 240102

15 유홍준, 나의 문화유산 답사기12, 서울편4, 강남과 강북, p.304

16 에드윈 길레아, 경향 221103

17 뉴시스 221102

18 일요신문 231016

19   강양석, 도시관리와 교통통제, 도시칼럼, 무등일보 240621

20   기획재정부 홈페이지

21   경향 230702

22   한문도, 뉴스하이킥 230710

23   유승민, 뉴스하이킥 230713

24   노블레스 230130

25   서울시 공식블로그

26   노블레스 230130

27   김봉렬, 대가족의 요새형 아파트, 푸젠 토루, 중앙일보 240923.

28   중국민가기행, 푸젠성 객가 토루, 이코리아 171020

3장 | 계엄령과 공간민주화

29   황석영…그가 한강 노벨상을 축하하며 힌 말, 위키트리 241014

30   야마모토 리켄, 판교하우징, 공동체의 만남을 위한 집, 중앙 241025

31   '판교 미분양 굴욕' 日건축가 반전…'건축계 노벨상' 받았다, 왜, 중앙
       240306

32   야마모토 리켄 외, 마음을 연결하는 집, 안그라픽스, 2014 , p.180

33   공간의 주인공 인간을 재발견한 건축가 반 시게루, 매일경제 210226

34   노벨문학상은 어떤 사람이 받나?, 조승연의 탐구생활, 241102

35   공간의 주인공 인간을 재발견한 건축가 반 시게루, 매일경제 210226

(https://shigerubanarchitects.com(/works/cultural/cardboard-cathedral/)

36   김여사의 다음 호칭, 조선칼럼, 241108

37   계엄군 총 잡은 안귀령 대변인, BBC '올해의 인상적 사진' 선정, 한국
       241222

38   한강 "전쟁으로 주검 실려 나가는데 무슨 노벨상 잔치", 국민일보 241012

39   "축제인가 시위인가"… '응원봉'·'이색 깃발' 달라진 집회 문화, 머니
       241226

40 "손흥민, 美친 코너킥골"…美CBS 등 외신 극찬 '논스톱', 싱글리스트 241223.

4장 | 공간민주화의 가치와 미래

41 Mike Berry, Morality and Power: On Ethics, Economics, and Public Policy, Massachusetts: Elgar, 2017, p.99. (김유현, 민주정치와 공공경제, 나무와숲, 2024 pp.87-88)

42 Karl Polany, The Great Transformation,1944 (홍기빈 역, 거대한 전환, 길, 2009, pp.241-242)

43 디오게네스, 나남, p.529,

44 https://www.greelane.com/

45 치퍼필드,뉴욕타임즈 230307

46 프리츠커상 건축가가 바라본 서울, 셜록현준, 231115

47 도올 김용옥, 상식, 통나무, 2025 ,p.229. 사회조직형태론을 필자가 공간관으로 정의함.

48 박구용, 빛의 혁명과 반혁명 사이, 시월, 2025. pp.226-228

49 박구용, 상게서. p.229

50 Micheal J. Sandel, What Money Can't Buy: The Moral Limits of Markets, New York: Farrar, Straus and Giroux, 2009, p.209

51 마이클 샌델, 공정하다는 착각, 와이즈 베리, 2020, p.353

52 마이클 샌델, 상게서, p.351

53 조성찬, 상생도시, 토지가치 공유와 도시재생, 알트, 2015, p.15

54 토마 피케티, 마이클 샌델, 기울어진 평등, 장경덕 옮김, 와이즈베리, 2025, p.101

55 토마 피케티, 마이클 샌델, p.102

56 토마 피케티, 마이클 샌델, 기울어진 평등, 장경덕 옮김, 와이즈베리, 2025, pp.103-104

57 구윤철, 포용적 혁신 재정, 기본사회와 잘사니즘, 다반, p. 265

58 구윤철, 상게서, p. 267

59 장하준, 경제학 레시피, 부키, 2024, pp. 284-285

60 머니S. 240505

61 https://m. blog. naver. com/PostList. naver?blogId=bg_urc&tab=1

62 국토교통부 210211

63 철길 위 24시간 살아 움직이는 공간, 아시아경제 190828

64 파리 리브고슈(Rive Gauche) 프로젝트, LH 도시재생뉴딜 공식블로그
    210507

65 LH 도시재생뉴딜 공식블로그 210507

66 아시아경제 190828

67 LH 도시재생뉴딜 공식블로그 210507

68 서울정책아카이브 -DDP, http://infra. seoul. go. kr/

69 https://ddp. or. kr/

70 서울정책아카이브 -DDP, http://infra. seoul. go. kr/

71 (2013), Dongdaemun Design Plaza & Park 사업편

72 서현, 안드로메다에서 온 교훈, 중앙 231012

73 서현, 안드로메다에서 온 교훈,

74 우규승 블로그. https://blog. naver. com/theplanblog/223695486095

75 조선 120224

76 빛의 숲(Forest of Light), 문화체육관광부

77 유현준, 차이나는 클래스

78 조선일보 230726

79 유홍준, 나의 문화유산답사기 12, 서울편4, 강북과 강남, 창비, 2022,
    p. 261

80 유홍준, 나의 문화유산답사기 12, 서울편4, 강북과 강남, 창비, 2022,
    pp. 261-3

81 서울경제 220523

82 이영석, 연백평야, 북랩, p. 208

83　휴전선 해시넷: http://wiki.hash.kr/index.php/

84　이형석, 미군 유해 송환과 비핵화 관련 미국 내 동향, 이슈브리프 2018, 국가안보전략연구원

85　설록현준, 미국이 희생당한 이들을 기억하는 방법 - 베트남 참전용사 기념관

86　https://blog.naver.com/joy8david/221370607434

87　베트남 참전용사 기념비-마야 린, 네이버블로그-세상의 중심은 나

88　https://blog.naver.com/designpress2016/222483536818

89　https://blog.naver.com/chowoo111/221455300981

90　2030 주거환경정비 기본계획, 서울시

91　서울시 녹지생태도심 재창조전략, 서울시, 2022

5장 | 주택 및 부동산 정책

92　하성규, 시민의 도시, 경실련도시개혁센타, 한울, 1997, p.128

93　하성규, 서민주거안정과 주거권 보장, 시민의 도시, 경실련 한울, 1997, p.130

94　구윤철, 포용적 혁신 재정, 기본사회와 잘사니즘, 다반, p.64-65

95　구윤철, 상게서, p.66

96　최배근, 화폐권력과 민주주의, 월요일의 꿈, 2024, p.179

97　리처드 플로리다, 도시는 왜 불평등한가? 매일경제신문사, 2023.

98　중앙일보 250710

99　채상욱 김정훈, 피크아웃 코리아, 커넥티드그라운드, 2024, p.55

100　안홍섭, 중앙Sunday 250816

101　최배근, pp.219-20

102　채상욱, 전게서, pp.57-58

103　구윤철, 포용적 혁신 재정, 기본사회와 잘사니즘, 다반, p.85

104　김재철, 정화영(2023),“가계의 사적연금소득과 주택연금의 역할” 자본

105 구윤철, 전게서, p.87

106 채상욱 김정훈, 피크아웃 코리아, 커넥티드그라운드, 2024, p.61

107 채상욱 김정훈, 상계서, p.177

108 채상욱 김정훈, 상계서, pp.180-181

109 채상욱 김정훈, 상계서, p.183

110 최배근, 전게서, pp.81-82

111 이영석, 서울 집중의 역설과 출산율 제고를 위한 주택정책, 도시칼럼 시리즈, 무등일보 240405

112 한국주택금융공사, 이코노미스트 240331

113 최배근, 화폐권력과 민주주의, 월요일의꿈, 2024, p.156,

114 아이 낳을 결심 주거 때문에 꺾는다. 2024 한국사회조사 -한국 241113

115 서울인구 순유출, 통계청 국가통계포털(KOSIS), 매일경제 240205

116 홍기빈, 『비스포르스, 복지국가와 잠정적 유토피아』, 책세상, 2011, p.295

117 고원, 『대한민국 정의론』, 한울, 2012, p.265

118 조국, 디케의 눈물, 2024, p.219-220

119 이계안, 『누가 칼레의 시민이 될 것인가?』, 위즈덤하우스, 2009, p.22

120 조국, 전게서, p.238

121 최배근, 화폐권력과 민주주의, 월요일의 꿈, 2024, p.219

122 손낙구, 『부동산 계급사회』, 후마니타스, 2008, pp.218~233, 291~292

123 김상조·유종일·홍종학·곽정수, 『한국경제 새판짜기』, 미들하우스, 2007, p.183 (조국 p.241)

124 김유현, 민주정치와 공공경제, 나무와숲, 2024, p.245

125 네덜란드 공공주택, 국토연구원

126 Paul Krugman, "What Happen to Asia," Mimeo, January 1998,

127 Franklin Allen and JooYun Hong, "Why Are There Global Imbalances?: The Case of Korea"

128 중앙 250511

129   한겨레 250513

130   토마 피케티, 마이클 샌델, 기울어진 평등, 장경덕 옮김, 와이즈베리, 2025, p. 19

131   토마 피케티, 마이클 샌델, 상게서, p. 99

132   토마 피케티, 마이클 샌델, 기울어진 평등, 와이즈베리, 2025, pp. 95-100

133   장하준, 경제학 레시피, 부키, 2024, p. 37

134   마이클 샌델, 공정하다는 착각, 와이즈 베리, 2020, pp. 338-9

135   Warren E. Buffet, "Stop Coddling the Super-Rich," The New York Times, August 14, 2011.

136   마이클 샌델, 전게서, p. 321

137   김유현, 민주정치와 공공경제, 나무와숲, 2024 p. 255

138   김유현, 상게서, p. 110

139   마이클 샌델, 공정하다는 착각, 와이즈 베리, 2020, p. 343

140   Rona Foroohar, Makers and Takers: The Rise of Finance and the Fall of American Business (New York: Crown Business, 2016), p. 13 (마이클 샌델, 공정하다는 착각, pp. 340-341)

141   최배근, 한국 경제에 떨어진 윤석열 폭탄, 정준희, 토요토론 250108.

142   최배근, 화폐권력과 민주주의, 월요일의꿈, 2024, p. 77

143   최배근, 상게서, pp. 77-78

144   Henry George, Progress and Poverty: An Inquiry into the Cause of Industrial Depressions and of Increase of Want with Increase of Wealth: The Remedy, 1879 (김윤상 역, 『진보와 빈곤』, 비봉출판사, 2017, p. 304)

145   김유현, 민주정치와 공공경제, 나무와숲, 2024, pp. 291-292

146   상게서, p. 292

147   차규근, 국회국정감사 지적, 조세일보 251014

148   김유현, 전게서, p. 292

149   김유현, 전게서, p. 307

150　비즈워치 250320

151　한국 250319

152　중앙 250320

153　2023년 HUG의 전세대출보증 발급액은 32조 9386억원이다. 한국 250627

154　토건 보수와 개미 진보, 중앙일보 250704

155　중앙 250717

156　송인호, KDI, 머니투데이 231016

157　이광수, 전세대출의 특성과 분양가 상승 관계, 중앙 2507

6장 | 재개발·재건축과 공간민주화 투쟁

158　하성규, 180910

159　최배근, 전게서, p. 222

160　이영석, Influence of Citizen Participation on the Planning Process in Japan, (일본도시계획에서 시민참여의 영향에 관한 연구, 한중일 국제 도시계획학회, 2001

161　김민석, 재개발의 정치학, 북저널리즘, 2023, p. 216

162　최배근, 화폐권력과 민주주의, 2024, pp. 73-78

163　김민석, 전게서, p. 124

164　무등일보 240220

165　https://www.azabudai-hills.com/ko/about/index.html

166　한국경제 240111

167　한국경제 240111

168　아자부 힐즈 소개 동영상: https://youtu.be/-U9wY6cRXSM?t=5

169　전성인, 주간경향 231204

170　한국민족문화대백과사전

171　리처드 플로리다 도시경제학자, 도시는 왜 불평등한가? 매일경제신문

사, 2023.

172 Richard Florida, The Rise of the Creative Class, NY: Basic Books, 2012

173 리처드 플로리다, 전게서, pp. 31-34

174 리처드 플로리다, 전게서, p. 36

175 리처드 플로리다, 전게서, pp. 289-314

176 최배근, 전게서, pp. 153-56

177 아는 동네 https://www.iknowhere.co.kr/magazine/30581

178 이영범, 도시의 죽음을 기억하라, 미메시스, 2009, p. 332

179 런던, 세계의 도시, 국토연구원, 2002

180 국세청, 연합 230629

181 이영범, 전게서, p. 340

182 이용재, 주먹밥의 역사, 한국 241220

183 이용재, 한국 241220

184 [계사전 71] 우리 역사가 지금 열리고 있다, 도올TV 250108

185 이영석, 공간 기부의 공간민주화, 『건축』 시론, 대한건축학회, 2502

186 유홍준, 나의 문화유산답사기11, 서울편3, 창비, p. 334

187 유홍준, 전게서, pp. 330-331

188 유홍준, 전게서, pp. 335-337

189 겸제 정선의 금강내산전도(金剛內山全圖), 골동품 사랑, kbs 더 컬렉션.

190 유현준, 도시는 무엇으로 사는가, 을유문화사, 2015, p. 280

191 전상인, 100m 태극기 게양대 논란, 광화문 광장은 왜 필요한가, 조선일보 240715

192 전상인, 조선일보 240715

193 문형배, 한겨레 250901